修订版

冯友兰文集

【第七卷】

中国哲学简史

长春出版社
国家一级出版社
全国百佳图书出版单位

图书在版编目（CIP）数据

中国哲学简史/冯友兰著；邵汉明编．—修订本．
—长春：长春出版社，2017.1
（冯友兰文集；第七卷）
ISBN 978-7-5445-4654-6

Ⅰ.①中… Ⅱ.①冯… ②邵… Ⅲ.①哲学史—中国
Ⅳ.①B2

中国版本图书馆 CIP 数据核字（2016）第 276734 号

冯友兰文集

著　　者：冯友兰
编　　者：邵汉明
责任编辑：张中良　李春龙
封面设计：王国擎

出版发行　长春出版社　　　　　　　总编室电话：0431-88563443
地　　址：吉林省长春市建设街1377号　发行部电话：0431-88561180
邮　　编：130061
网　　址：www.cccbs.net
制　　版：吉林省久慧文化有限公司
印　　刷：吉广控股有限公司
经　　销：新华书店

开　　本：787毫米×1092毫米　1/16
字　　数：3960千字
印　　张：209
版　　次：2017年1月第1版
印　　次：2017年1月第1次印刷
印　　数：3 000册
定　　价：（全十二卷）598.00元

版权所有　盗版必究
如有印装质量问题，请与印厂联系调换　　　　印厂电话：0431—81067999

1948年2月，冯友兰离美回国途中在夏威夷。

1948年9月，在南京出席中央研究院第一届院士会议。此为院士们合影。二排左二为冯友兰，右一为汤用彤；一排右四为胡适，左一为萨本栋；三排左二为梁思成；后排左二为陈省身。

目 录

自 序 ……………………………………………………………… 001

第一章 中国哲学的精神 …………………………………………… 003
  第一节 哲学在中国文化中的地位 …………………………… 003
  第二节 中国哲学的精神和问题 ……………………………… 006
  第三节 中国哲学家表达自己思想的方式 …………………… 009
  第四节 语言障碍 ……………………………………………… 011

第二章 中国哲学的背景 …………………………………………… 012
  第一节 中华民族的地理环境 ………………………………… 012
  第二节 中华民族的经济背景 ………………………………… 013
  第三节 《上农》——农业的价值 …………………………… 014
  第四节 "反者道之动" ………………………………………… 014
  第五节 对自然的理想化 ……………………………………… 015
  第六节 家族制度 ……………………………………………… 015
  第七节 入世和出世 …………………………………………… 016
  第八节 中国艺术与诗歌 ……………………………………… 016
  第九节 中国哲学的方法论 …………………………………… 017
  第十节 海洋国家和大陆国家 ………………………………… 018
  第十一节 中国哲学中的"常"与"变" ……………………… 019

第三章 诸子的由来 ………………………………………………… 021
  第一节 司马谈和六家 ………………………………………… 021
  第二节 刘歆和他关于各家缘起的理论 ……………………… 022
  第三节 对刘歆理论的修正 …………………………………… 023

第四章 孔子：第一位教师 ………………………………………… 026

第一节	孔子与六经	026
第二节	作为教育家的孔子	027
第三节	正　名	028
第四节	仁　义	028
第五节	忠　恕	029
第六节	知　命	030
第七节	孔子的心灵修养	031
第八节	孔子在中国历史上的地位	032

第五章　墨子：孔子的第一位反对者 … 034

第一节	墨家的社会背景	034
第二节	墨子对儒家的批判	036
第三节	兼　爱	036
第四节	天志和明鬼	038
第五节	一个看似表里不一的问题	038
第六节	国家的起源	039

第六章　道家的第一阶段：杨朱 … 041

第一节	早期道家与隐者	041
第二节	杨朱的基本思想	042
第三节	杨朱思想举例	042
第四节	老庄著作中的杨朱思想	043
第五节	道家思想的发展	044

第七章　儒家的理想主义流派：孟子 … 046

第一节	性善说	046
第二节	论儒家与墨家的基本不同点	047
第三节	政治哲学	049
第四节	神秘主义	051

第八章　名　家 … 053

第一节	名家和"辩者"	053
第二节	惠施关于事物相对性的理论	055
第三节	公孙龙关于共相的学说	057

第四节　惠施和公孙龙学说的意义 ·· 060
第九章　道家的第二阶段：老子 ·· 061
　　第一节　老子其人和《老子》其书 ·· 061
　　第二节　道，无名 ·· 062
　　第三节　自然的不变规律 ··· 063
　　第四节　为人处世 ·· 065
　　第五节　政治理论 ·· 067
第十章　道家的第三阶段：庄子 ·· 069
　　第一节　庄子其人和《庄子》其书 ·· 069
　　第二节　得到相对快乐的途径 ·· 069
　　第三节　政治与社会哲学 ··· 070
　　第四节　感情和理性 ··· 071
　　第五节　达到至乐的途径 ··· 073
　　第六节　有限的观点 ··· 073
　　第七节　更高层次的观点 ··· 074
　　第八节　更高层次的知识 ··· 075
　　第九节　神秘主义的方法论 ··· 077
第十一章　后期的墨家 ·· 079
　　第一节　关于知识和名的讨论 ·· 079
　　第二节　关于"辩"的讨论 ·· 080
　　第三节　澄清兼爱说 ··· 082
　　第四节　为"兼爱"辩 ·· 083
　　第五节　对其他学派的批判 ··· 084
第十二章　阴阳家和中国早期的宇宙发生论 ······································ 087
　　第一节　六种术数 ·· 087
　　第二节　《洪范》所描述的五行 ·· 088
　　第三节　《月令》 ··· 089
　　第四节　邹　衍 ··· 090
　　第五节　历史哲学 ·· 091
　　第六节　"易传"中描述的阴阳原则 ··· 092

第十三章	儒家的现实主义流派：荀子	095
第一节	人的地位	095
第二节	关于人性的学说	096
第三节	道德的根源	097
第四节	关于礼乐的学说	098
第五节	关于逻辑的理论	100
第六节	论其他学派的谬误	101
第十四章	韩非子与法家	103
第一节	法家的社会背景	103
第二节	韩非子，法家的集大成者	104
第三节	法家的历史哲学	105
第四节	治国之道	106
第五节	法家与道家	107
第六节	法家与儒家	109
第十五章	儒家的形而上学	110
第一节	事物之"理"	110
第二节	万物生成之"道"	112
第三节	万物变易之"道"	113
第四节	"中"与"和"	114
第五节	"庸"与"常"	115
第六节	从启蒙到止于至善——明与诚	116
第十六章	治国平天下的哲学主张	118
第一节	秦朝统一中国前的中国政治情况	118
第二节	中国的统一	119
第三节	《大学》	120
第四节	《荀子》中的折中倾向	121
第五节	《庄子》哲学中的折中倾向	122
第六节	司马谈和刘歆的折中主义思想	123
第十七章	汉帝国的理论家：董仲舒	126
第一节	阴阳家和儒家的合流	126

第二节	对宇宙本体的理论	127
第三节	人性的学说	128
第四节	社会伦理学说	129
第五节	政治哲学	130
第六节	历史哲学	130
第七节	对《春秋》的解释	131
第八节	社会进步的三个阶段	132

第十八章　儒家兴盛和道家再起　134

第一节	思想的统一	134
第二节	孔子在汉代思想界的地位	135
第三节	汉代经学中古文学派和今文学派之争	136
第四节	扬雄和王充	137
第五节	道家与佛学	138
第六节	政治和社会背景	139

第十九章　新道家：崇尚理性的玄学　142

第一节	名家再次引起人们的兴趣	142
第二节	对孔子的重新诠释	143
第三节	向秀和郭象	144
第四节	道是"无"	144
第五节	万物的"独化"	145
第六节	典制与道德	146
第七节	有为与无为	147
第八节	知识与模仿	147
第九节	齐万物	149
第十节	终极的自由与快乐	150

第二十章　新道家：豁达率性的风格　152

第一节	风流与浪漫精神	152
第二节	"杨朱的乐园"	153
第三节	率性的生活	154
第四节	感　情	156

第五节　情　爱 …… 157

第二十一章　中国佛学的基础 …… 159
　　第一节　佛教的传入及其在中国的发展 …… 159
　　第二节　佛学的一般概念 …… 160
　　第三节　二谛义 …… 161
　　第四节　僧肇的哲学 …… 162
　　第五节　道生的哲学 …… 164

第二十二章　禅宗：潜默的哲学 …… 168
　　第一节　禅宗起源的旧说 …… 168
　　第二节　第一义不可说 …… 169
　　第三节　修禅的方法 …… 170
　　第四节　顿　悟 …… 171
　　第五节　无成之功 …… 172

第二十三章　更新的儒家：宇宙论者 …… 174
　　第一节　韩愈和李翱 …… 174
　　第二节　周敦颐的宇宙论 …… 176
　　第三节　精神修养的方法 …… 176
　　第四节　邵雍的宇宙论 …… 178
　　第五节　事物演化的规律 …… 179
　　第六节　张载的宇宙论 …… 181

第二十四章　更新的儒家：两个学派的开端 …… 183
　　第一节　程颢对"仁"的认识 …… 183
　　第二节　程朱的"理"的观念的来源 …… 185
　　第三节　程颐的"理"的观念 …… 186
　　第四节　陶冶感情的方法 …… 187
　　第五节　寻孔颜乐处 …… 188

第二十五章　更新的儒学：主张柏拉图式理念的理学 …… 191
　　第一节　朱熹在中国历史上的地位 …… 191
　　第二节　"理"或原理 …… 192
　　第三节　太　极 …… 193

第四节 "气" …………………………………………………………… 194
　　第五节 性和心 ………………………………………………………… 195
　　第六节 政治哲学 ……………………………………………………… 197
　　第七节 修心养性的方法 ……………………………………………… 198

第二十六章 更新的儒学中的另一派：宇宙心学 …………………………… 200
　　第一节 陆九渊论心 …………………………………………………… 200
　　第二节 王守仁的宇宙观 ……………………………………………… 201
　　第三节 "明德" ………………………………………………………… 202
　　第四节 良知——来自直觉的认识 …………………………………… 203
　　第五节 "正事" ………………………………………………………… 204
　　第六节 "用敬" ………………………………………………………… 205
　　第七节 对佛学的批评 ………………………………………………… 206

第二十七章 西方哲学的传入 ………………………………………………… 207
　　第一节 反对更新的儒学的思潮 ……………………………………… 207
　　第二节 孔教运动 ……………………………………………………… 209
　　第三节 西方思想的传入 ……………………………………………… 211
　　第四节 西方哲学的传入 ……………………………………………… 213

第二十八章 厕身现代世界的中国哲学 ……………………………………… 216
　　第一节 哲学家和哲学史家 …………………………………………… 216
　　第二节 抗日战争时期的哲学耕耘 …………………………………… 217
　　第三节 哲学的性质 …………………………………………………… 219
　　第四节 人生的境界 …………………………………………………… 220
　　第五节 形而上学中的方法论 ………………………………………… 222

英文版编者引言 ………………………………………………………………… 224

译后记 …………………………………………………………………………… 229

自 序

小史①者，非徒巨著之节略，姓名、学派之清单也。譬犹画图，小景之中，形神自足。非全史在胸，曷克臻此。惟其如是，读其书者，乃觉择焉虽精而语焉犹详也。历稽载籍，良史必有三长：才，学，识。学者，史料精熟也；识者，选材精当也；才者，文笔精妙也。著小史者，意在通俗，不易展其学，而其识其才，较之学术巨著尤为需要。余著此书，于史料选材，亦既勉竭绵薄矣，复得借重布德博士（Derk Bodde）之文才，何幸如之。西方读者，倘觉此书易晓，娓娓可读，博士与有力焉；选材编排，博士亦每有建议。本书小史耳，研究中国哲学，以为导引可也。欲知其详，尚有拙著大《中国哲学史》②，亦承布德博士英译；又有近作《新原道》③，已承牛津大学休士先生（E. R. Hughes）英译；可供参阅。本书所引中国原籍，每亦借用二君之译文，书此致谢。1946—1947年，余于宾夕法尼亚大学任访问教授，因著此书。此行承洛克斐勒基金会资助，乘此书出版之际，致以谢意。该校东方学系师生诸君之合作、鼓励，亦所感谢；该系中文副教授布德博士，尤所感谢。国会图书馆亚洲部主任恒慕义先生（A. W. Hummel）为此书安排出版，亦致谢意。

冯友兰
1947年6月
于宾夕法尼亚大学

---

① 本书英文原本出版时，中文名为《中国哲学小史》，但1933年商务印书馆曾出版著者另一本《中国哲学小史》，作为万有文库百科小丛书之一。因此，著者将本书定名为《中国哲学简史》。

② 《中国哲学史》上卷，布德译，书名 *A History of Chinese Philosophy, the Period of Philosophers (from the beginning to circa 100B. C.)* 由 Henry Vetch, Peiping：Allen and Unwin, London 于1937年出版。布德继续译出下卷后，上、下两卷均由 Princeton University Press 于1952年出版。

③ 《新原道》，一名《中国哲学之精神》，休士译，书名 *The Spirit of Chinese Philosophy*，由 London：Routledge Kegan Paul 于1947年出版。

第一章　中国哲学的精神

哲学在中国文化中的地位，历来被看为可以和宗教在其他文化中的地位相比拟。在中国，哲学是每一个受过教育的人都关切的领域。从前在中国，一个人如果受教育，首先就是受哲学方面的启蒙教育。儿童入学，首先要读的就是《论语》《孟子》《大学》《中庸》。这"四书"也是宋以后道学（在西方被称为"新儒学"）认为最重要的文献。孩子刚学认字，通常所用的课本《三字经》，每三个字为一组，每六个字成一句，偶句押韵，朗读时容易上口，也便于记忆。事实上，这本书乃是中国儿童的识字课本。《三字经》的第一句"人之初，性本善"，便是孟子哲学的基本思想。

第一节　哲学在中国文化中的地位

在西方人眼里，中国人的生活渗透了儒家思想，儒家俨然成为一种宗教。而事实上，儒家思想并不比柏拉图或亚里士多德思想更像宗教。"四书"在中国人心目中诚然具有《圣经》在西方人心目中的那种地位，但"四书"中没有上帝创世，也没有天堂地狱。

当然，哲学和宗教的含义并不十分明确，不同的人对哲学和宗教的理解可能全然不同。人们谈到哲学或宗教时，心目中所想的可能很不同。就我来说，哲学是对人生的系统反思。人只要还没有死，他就还是在人生之中，但并不是所有的人都对人生进行反思，至于作系统反思的人就更少。一个哲学家总要进行哲学思考，这就是说，他必须对人生进行反思，并把自己的思想系统地表述出来。

这种思考，我们称之为反思，因为它把人生作为思考的对象。有关人生的学说，有关宇宙的学说以及有关知识的学说，都是由这样的思考中产生的。宇宙是人类生存的背景，是人生戏剧演出的舞台，宇宙论就是这样兴起的。思考本身就是知识，知识论就是由此而兴起的。按照某些西方哲学家的看法，人要思想，首先要弄清楚人能够思考什么,这就是说,在对人生进行思考之前,我们先要对思想进行思考。

这些学说都是反思的产物,甚至"人生"和"生命"的概念、"宇宙"的概念、"知识"的概念也都是反思的产物。人无论是自己思索或与别人谈论,都是在人生之中。我们对宇宙进行思索或与人谈论它,都是在其中进行反思。但哲学家所说的"宇宙"和物理学家心目中的"宇宙",内涵有所不同。哲学家说到"宇宙"时,所指的是一切存在的整体,相当于中国古代哲学家惠施所说的"大一",可以给它一个定义,乃是:"至大无外"。因此,任何人,任何事物,都在宇宙之中。当一个人对宇宙进行思索时,他就是在反思。

当我们对知识进行思索或谈论时,这种思索和谈论的本身也是知识,用亚里士多德的话来说,它是"关于思索的思索",这就是"反思"。有的哲学家坚持认为,我们在思索之前,必须先对思索进行思索,仿佛人还有另一套器官,来对思索进行思索,这就陷入了一个恶性循环。其实,我们用来思考的器官只有一个,如果我们怀疑自己对人生和宇宙思考的能力,我们也同样有理由怀疑自己对思索进行思索的能力。

宗教也和人生相关联。任何一种大的宗教,它的核心部分必然有哲学。事实上,每一种大的宗教就是某种哲学加上一定的上层建筑,包括迷信、教义、礼仪和体制。这是我对宗教的认识。

如果从这个意义——也就是人们通常的认识——来看待宗教,就可以看出,儒家不是一种宗教。许多人习惯地认为,儒、道、佛是中国的三种宗教。其实,儒家并不是一种宗教。道家和道教是不同的两回事,道家是一种哲学,道教才是宗教。它们的内涵不仅不同,甚至是互相矛盾的:道家哲学教导人顺乎自然,道教却教导人逆乎自然。举例来说,按老庄思想,万物有生必有死,人对于死,顺应自然,完全不必介意,而道教的宗旨却是教导长生术,这不是反乎自然吗?道教含有一种征服自然的科学精神。如果有人对中国科学史有兴趣,《道藏》里许多道士的著作倒是可以提供不少资料。

至于佛教,佛学和佛教也是有区别的。对中国知识分子来说,佛学比佛教有趣得多。在中国传统的丧事仪式中,僧人和道士同时参加,并不令人感到奇怪。中国人对待宗教的态度,也是充满哲学意味的。

今天,许多西方人看到:中国人不像其他民族那样重视宗教。例如,德克·布德教授在《构成中国文化的主要思想》一文中写道:"他们(中国人)并不认为宗教思想和宗教活动是生活中的重要部分。……中国文化的精神基础不是宗教(至少不是有组织形式的宗教),而是伦理(特别是儒家伦理)。……这一切使中国和其他主要文明国家把教会和神职人员看为文明的重要组成部分，有基本的不同。"

从某种意义来说，这话一点不错。但是人们会问：这是为什么？如果追求彼岸世界不是人类内心的最深要求之一，为什么对世界许多人来说，宗教信仰和宗教活动成为生活中十分重要的组成部分呢？如果宗教信仰和宗教活动是人类的基本要求之一，何以中国人成为例外呢？有人认为，中国文化的精神基础不是宗教，而是伦理，这是否意味着中国人不曾意识到，在道德伦理之上，还有更高的价值呢？

比伦理道德更高的价值可以称之为超伦理道德的价值。爱人是一个道德价值，爱神是一个超越道德的价值，有的人或许喜欢称之为宗教价值。但是如果有人征求我的意见，我会说，这个价值不仅限于宗教，除非宗教在这里的含义和我在上面所说的不同。举例来说，基督徒看爱神是一个宗教价值；而在斯宾诺莎的哲学思想里，神的含义就是宇宙。严格说来，基督徒所说的爱神，也并不是超越道德伦理的，基督教所信仰的神是具有位格的，因此，基督徒爱神可以比拟为儿子爱父亲，而儿子爱父亲便是一个伦理价值。因此，基督教所讲的爱神是否超越道德，便成了问题。它只是类似超道德，而斯宾诺莎哲学中的"爱神"才是真正超越道德的价值。

现在来回答上面的问题。人不满足于现实世界而追求超越现实世界，这是人类内心深处的一种渴望，在这一点上，中国人和其他民族的人并无二致。但是中国人不那么关切宗教，是因为他们太关切哲学了；他们的宗教意识不浓，是因为他们的哲学意识太浓了。他们在哲学里找到了超越现实世界的那个存在，也在哲学里表达和欣赏那个超越伦理道德的价值；在哲学生活中，他们体验了这些超越伦理道德的价值。

根据中国哲学的传统，哲学的功能不是为了增进正面的知识（我所说的正面知识是指对客观事物的信息），而是为了提高人的心灵，超越现实世界，体验高于道德的价值。《道德经》第四十八章说："为学日益，为道日损。"这里不谈"损"和"益"的区别，我对老子这句话也并不完全同意。援引这句话是为了借此表明：中国哲学传统对于"学"和"道"是有所区别的。"学"就是我在前面所说的增长正面知识，"道"则是心灵的提高。哲学是在后一个范畴之中的。

哲学，特别是形而上学，其功能不是要增长正面知识，这一点在当代西方哲学中，已有维也纳学派加以阐述。但是，维也纳学派是从另一个角度，为了另一个目的。我不同意这一学派认为哲学的功能只是为了澄清概念，把形而上学的性质看成只是概念的抒情诗；但是，从他们的论辩中可以清楚看到，如果哲学果真去谋求提供正面知识，它将陷于荒谬。

宗教倒是提供有关实际的正面信息，但是，它所提供的信息与科学提供的不同。因此，在西方出现宗教与科学的冲突。科学每前进一步，宗教便后退一步；它的权威在科学前进的历程中不断被削弱。维护传统的人们对这个事实感到遗憾，惋惜大众离开宗教，结果是自身的衰退。如果除宗教外，没有什么办法可以达到更高的价值，则今日人们的宗教意识日益淡薄，的确应当为之惋惜，因为大众抛弃了宗教，也就抛弃了更高的价值。他们只得被囿于现实世界之中，而与精神世界隔绝。幸好除宗教外，还有哲学能够达到更高的价值。而且，这条通道比宗教更直接，因为通过哲学达到更高价值，人不需要绕圈子，经由祈祷和仪式。人经过哲学达到的更高价值比经由宗教达到的更高价值，内容更纯，因为其中不掺杂想象和迷信。将来的世界里，哲学将取代宗教的地位，这是合乎中国哲学传统的。人不需要宗教化，但是人必须哲学化。当人哲学化了，他也就得到了宗教所提供的最高福分。

第二节　中国哲学的精神和问题

上面对哲学的性质和功能，作了一般性的论述，下面将具体地谈中国哲学。在中国哲学的历史进程中，有一个主流，可以称之为中国哲学的精神。为了解它，我们需要首先看一下，中国大多数哲学家力求解决的是些什么问题。

人是各式各样的。每一种人，都可以取得最高的成就。例如，有的人从政，在这个领域里，最高成就便是成为一个伟大的政治家。同样，在艺术领域里，最高成就便是成为一个伟大的艺术家。人可能被分为不同等级，但他们都是人。就做人来说，最高成就是什么呢？按中国哲学说，就是成圣，成圣的最高成就是：个人和宇宙合而为一。问题在于，如果人追求天人合一，是否需要抛弃社会，甚至否定人生呢？

有的哲学家认为，必须如此。释迦牟尼认为，人生就是苦难的根源；柏拉图认为，身体是灵魂的监狱。有的道家认为，生命是个赘疣，是个瘤，死亡是除掉那个瘤。所有这些看法都主张人应该从被物质败坏了的世界中解脱出来。一个圣人要想取得最高的成就，必须抛弃社会，甚至抛弃生命。唯有这样，才能得到最后的解脱。这种哲学通常被称为"出世"的哲学。

还有一种哲学，强调社会中的人际关系和人事。这种哲学只谈道德价值，因此对于超越道德的价值觉得无从谈起，也不愿去探讨。这种哲学通常被称为"入世"的哲学。站在入世哲学的立场上，出世的哲学过于理想化，不切实际，因而是消极的。从出世哲学的立场看，入世哲学过于实际，也因而过于肤浅；它诚然积极，但是像一个走错了路的人，走得越快，在歧途上就走得越远。

许多人认为，中国哲学是一种入世的哲学，很难说这样的看法完全对或完全错。从表面看，这种看法不能认为就是错的，因为持这种见解的人认为，中国无论哪一派哲学，都直接或间接关切政治和伦理道德。因此，它主要关心的是社会，而不关心宇宙；关心的是人际关系的日常功能，而不关心地狱或天堂；关心人的今生，而不关心他的来生。《论语》第十一章十一节记载，有一次，孔子的学生子路问孔子："敢问死？"孔子回答说："未知生，焉知死？"孟子曾说："圣人，人伦之至也。"（《孟子·离娄章句上》）这无异于说，圣人是道德完美的人。就表面看，中国哲学所说的圣人是现世中的人，这和佛家所描述的释迦牟尼或基督教所讲的圣徒，迥然异趣；特别是儒家所说的圣人，更是如此。这便是引起中国古代道家嘲笑孔子和儒家的原因。

不过，这只是从表面上看问题。用这种过分简单的办法是无从了解中国哲学的。中国传统哲学的主要精神，如果正确理解的话，不能把它称作完全是入世的，也不能把它称作完全是出世的。它既是入世的，又是出世的。有一位哲学家在谈到宋朝道学时说它："不离日用常行内，直到先天未画前。"这是中国哲学努力的方向。由于有这样的一种精神，中国哲学既是理想主义的，又是现实主义的；既讲求实际，又不肤浅。

入世和出世是对立的，正如现实主义和理想主义是对立的一样。中国哲学的使命正是要在这种两极对立中寻求它们的综合。这是否要取消这种对立？但它们依然在那里，只是两极被综合起来了。怎么做到这一点呢？这正是中国哲学力图解决的问题。

按中国哲学的看法，能够不仅在理论上，而且在行动中实现这种综合的，就是圣人。他既入世，又出世；中国圣人的这个成就相当于佛教中的佛和西方宗教里的圣徒。但是，中国的圣人不是不食人间烟火、漫游山林、独善其身；他的品格可以用"内圣外王"四个字来刻画：内圣，是说他的内心致力于心灵的修养；外王，是说他在社会活动中好似君王。这不是说他必须是一国的政府首脑，从实际看，圣人往往不可能成为政治首脑。"内圣外王"是说，政治领袖应当具有高尚的心灵。至于有这样的心灵的人是否就成为政治领袖，那无关紧要。

按照中国传统，圣人应具有内圣外王的品格，中国哲学的使命就是使人得以发展这样的品格。因此，中国哲学讨论的问题就是内圣外王之道；这里的"道"是指道路，或基本原理。

听起来，这有点像柏拉图所主张的"哲学家—国王"理论。柏拉图认为，在一个理想国里，哲学家应当成为国王，或国王应当成为哲学家。一个人怎样能成为哲学家呢？柏拉图认为，这个人必须先经过长期的哲学训练，使他在瞬息万变的世界事物中长成的头脑得以转到永恒理念的世界中去。由此看来，柏拉图和中国哲学家持有同样的主张，认为哲学的使命是使人树立起内圣外王的品格。但是按照柏拉图的说法，哲学家成为国王是违反了自己的意志，担任国王是强加给他的职务，对他是一种自我牺牲。中国古代的道家也持这样的观点。《吕氏春秋·贵生》篇里载有一个故事讲，古代一个圣人被国人拥戴为君，圣人逃上山去，藏在一个山洞里；国人跟踪而去，用烟把圣人从山洞里熏出来，强迫他当国君。这是柏拉图思想和中国古代道家相近的一点，从中也可看出道家哲学中的出世思想。到公元3世纪，新道家郭象根据中国主流哲学的传统，修改了道家思想中的这一点。

按照儒家思想，圣人并不以处理日常事务为苦，相反地，正是在这些世俗事务之中陶冶性情，使人培养自己以求得圣人的品格。他把处世为人看作不仅是国民的职责，而且如孟子所说，把它看为是"天民"的职责。人而成为"天民"，必须是自觉的，否则，他的所作所为，就不可能具有超越道德的价值。如果他因缘际会，成为国君，他会诚意正心去做，因为这不仅是事人，也是事天。

既然哲学所探讨的是内圣外王之道，它自然难以脱离政治。在中国哲学里，无论哪派哲学，其哲学思想必然也就是它的政治思想。这不是说，中国各派哲学里没有形而上学、伦理学或逻辑，而是说，它们都以不同形式与政治思想联系在一起，正如柏拉图的《理想国》既代表了柏拉图的全部哲学，又同时就是他的政治思想。

举例来说，名家所辩论的"白马非马"，似乎与政治毫不相干，但名家代表人物公孙龙"欲推是辩，以正名实，而化天下焉"（《公孙龙子·迹府》）。在今日世界，政治家们个个都标榜他的国家一心追求和平，事实上，我们不难看到，有的一面侈谈和平，一面就在准备战争。这就是名实不符。按公孙龙的意见，这种名实不符应当纠正。的确，要改变世界，这就是需要加以改变的第一步。

既然哲学以内圣外王之道为主题，研究哲学就不是仅仅为了寻求哲学的知识，还要培养这样的品德。哲学不仅是知识，更重要的，它是生命的体验。它不是一种智力游戏，而是十分严肃的事情。金岳霖教授在一篇未发表的论文中说："中国哲学家，在不同程度上，都是苏格拉底，因为他把伦理、哲学、反思和知识都融合在一起了。就哲学家来说，知识和品德是不可分的，哲学要求信奉它的人以生命去实践这个哲学，哲学家只是载道的人而已，按照所信奉的哲学信念去生活，乃是他的哲学的一部分。哲学家终身持久不懈地操练自己，生活在哲学体验之中，超越了自私和自我中心，以求与天合一。十分清楚，这种心灵的操练一刻也不能停止，因为一旦停止，自我就会抬头，内心的宇宙意识就将丧失。因此，从认识角度说，哲学家永远处于追求之中；从实践角度说，他永远在行动或将要行动。这些都是不可分割的。在哲学家身上就体现着'哲学家'这个字本来含有的智慧和爱的综合。他像苏格拉底一样，不是按上下班时间来考虑哲学问题的；他也不是尘封的、陈腐的哲学家，把自己关在书斋里、坐在椅中，而置身于人生的边缘。对他来说，哲学不是仅供人们去认识的一套思想模式，而是哲学家自己据以行动的内在规范，甚至可以说，一个哲学家的生平，只要看他的哲学思想便可以了然了。"

第三节　中国哲学家表达自己思想的方式

一个开始学习中国哲学的西方学生，首先遇到的困难是语言的障碍，其次是中国哲学家表达自己思想的方式。这里，先从后一个问题说起。

一个西方人开始阅读中国哲学著作时，第一个印象也许是，这些作者的言论和著述往往十分简短，甚至互不连贯。打开《论语》，每一小段只包含几个字，各段之间往往也没有联系。打开《老子》，全书只有约五千字，只相当于一般杂志上一篇文章的篇幅，但是老子的全部哲学都在其中了。习惯于长篇大论地进行理性论辩的学生，遇到这种情况，会感到摸不着头脑，不知这些中国哲学家在说什么，由此不免会认为，这是中国哲学家的思想不够连贯。假若果真是这样，中国哲学就不存在了。不相连贯的思想，怎能称得上是哲学呢？

可以说，中国哲学家的言论著述，表面看来似乎不相连贯，乃是由于它们本不是专门的哲学著作。按照中国传统，学习哲学不是一个专门的行业。人人都应当读经书，正如在西方传统看来，人人都应当去教堂。读哲学是为了使人得以成为人，而不是为了成为某种特殊的人。因此，中国没有专业的哲学家；非专业的哲学家不认为自己要写专门的哲学著作。在中国历史上，没有专门哲学著作的哲学家比有专门著作的哲学家，为数多得多。如果要想读这些人的著作，就需要从他们对友人和学生的言论集和书信中去辑录，这些书信的写作时间不一，记录作者言论的人也不是同一个人，因此，其中不免有不相连贯，甚至互相矛盾的地方，这是不足为怪的。

以上所述可以说明，何以有些中国哲学家的著述中，内容不相连贯，但还没有说明，何以有些中国哲学家的著述十分简短。在有些哲学家如孟子、荀子的著作里，的确也有长篇大论的文章。但是，如果和西方哲学家的著作相较，它们仍然显得篇幅短小，未曾把道理讲透。这是因为中国哲学家惯于用格言、警句、比喻、事例等形式表述思想。《老子》全书都是以格言形式写成；《庄子》书中充满寓言和故事。即便在中国哲学家中以说理见长的孟子和荀子，把他们的著作和西方哲学家的著作相较，其中的格言、比喻和事例也比西方哲学著作中要多。格言总是简短的，而比喻和事例则总是自成段落，与前后文字不相衔接的。

用格言、比喻和事例来说理，难免有不够透彻的地方，只能靠其中的暗示补足。明述和暗示正好相反，一句话越明晰，其中就越少暗示的成分；正如一种表达，越是采取散文的形式，就越不像是诗。中国哲学家的语言如此不明晰，而其中所含的暗示则几乎是无限的。

富于暗示而不是一泻无余，这是中国诗歌、绘画等各种艺术所追求的目标。在诗歌中，诗人往往意在言外。在中国文学传统中，一首好诗往往是"言有尽而意无穷"。因此，一个慧心的读者，读诗时能从诗句之外去会意，读书时能从字里行间去会意。这是中国艺术所追求的情趣，它也同样成为中国哲学家表述思想时的风格。

中国艺术的这种风格是有其哲学背景的。《庄子》第二十六章《外物》篇最后说："筌者所以在鱼，得鱼而忘筌；蹄者所以在兔，得兔而忘蹄；言者所以在意，得意而忘言。吾安得夫忘言之人而与之言哉！"得忘言之人而与之言，这时两人不是用语言来交谈，《庄子》书中说到的两位圣人，相遇而不言，因为"目击而道存矣"（《庄子·田子方》）。按照道家的思想，道不可道，只能暗示。语言的作用不在于它的固定含义，而在于它的暗示，引发人去领悟道。一旦语言已经完成它的暗示的作用，就应把它忘掉，为什么还要让自己被并非必要的语言所拖累呢？诗的文字和音韵是如此，绘画的线条和颜色也是如此。

在公元三四世纪期间，玄学（在西方称之为"新道家"）是在中国思想界影响最大的哲学流派。当时有一部书，名为《世说新语》，其中记载当时名士们的隽语韵事，所记载的名士言论，往往十分简短，有的甚至只有几个字。这部书的《文学》篇里记载，一位高官（本人也是一个哲学家）问一位哲学家，老、庄和孔子思想上的异同何在。哲学家回答道："将无同？"这位高官对哲学家的回答很满意，立即委派他做自己的秘书。这位哲学家的回答只有三个字，因此他被称为："三字掾"（"掾"是古代官署属员的通称）。他回答高官的问题，既无法说，老、庄与孔子毫无共同之处；又无法说，他们之间毫无区别。于是，他用回问的方式作为答复，实在是一个聪明的回答。

《论语》和《老子》两书中的简短词句，并不是本来根据某种讨论前提作出的结论，现在由于前半遗失而使它们显得无头无脑。它们是充满提示的箴言。正由于富于提示，才使它们具有巨大的吸引力。我们如果把《老子》书中提到的概念列举出来，重述一遍，可能用上五万字或五十万字，它可能帮助读者了解《老子》一书的含义，但它本身将成为另一本书，而永不可能代替《老子》的原著。

在前面，我曾经提到过的郭象是《庄子》一书的著名注释家。他的注释本身就是道家的一本重要古典文献。他把庄子使用的寓言和隐喻，用理性论辩的方式加以阐述，又把《庄子》书中的诗句用散文予以重述，他的论述比《庄子》一书清晰得多。但是，《庄子》原书富于提示，郭象的注释则明晰具体。人们会问：两者之中，哪个更好呢？后来一位禅宗僧人曾说："曾见郭象注庄子，识者云：却是庄子注郭象。"（《大慧普觉禅师语录》卷二十二）

第四节　语言障碍

任何人如果不能用原文阅读某种哲学著作，要想完全理解原著，的确会有困难，这是由于语言的障碍。中国哲学著作由于它们的提示性质，语言的困难就更大。中国哲学家的言论和著述中的种种提示，很难翻译。当它被翻译成外文时，它由提示变成一种明确的陈述。失去了提示的性质，就失去了原著的味道。

任何翻译的文字，说到底，只是一种解释。当我们把《老子》书中的一句话译成英文时，我们是在按照自己的理解来阐述它的含义。译文通常只能表达一种含义，而原文却可能还有其他层次的含义。原文是提示性质的，译文则不可能做到这一点。于是，原文中的丰富含义，在翻译过程中大部分丢失了。

《老子》和《论语》都有许多种译本。每个译者都不免认为其他译本不够满意。但是，无论一个译本如何力求完美，它总不及原著。只有把《老子》和《论语》的所有译本，加上将来的各种新译本，才可能显示《老子》和《论语》原书的风貌。

5世纪时的佛教高僧鸠摩罗什是把佛教经典译成中文的一位翻译大家。他曾说，翻译工作恰如嚼饭喂人。如果一个人自己不能吃饭，要吃别人的唾余，所吃到嘴里的当然没有原来那饭的香味和鲜味。

第二章　中国哲学的背景

在前一章里我曾说，哲学是对人生的系统反思。人在思想时，总不免受到生活环境的制约，处于某种环境之中，他对生活就有某种感受，在他的哲学思想里就不免有些地方予以强调，而另一些地方又受到忽略，这些就构成了他的哲学思想特色。

这种情况就个人来说是如此，就一个民族来说，也是如此。在这一章里，我将对中国的地理环境和经济环境略作分析，可以帮助我们对中国文化何以有某些特点，有一个一般的了解，具体到中国哲学何以有某些特点，也是一样。

第一节　中华民族的地理环境

在《论语》里，孔子说："知者乐水，仁者乐山。知者动，仁者静。知者乐，仁者寿。"（《雍也》第二十三节）读孔子的这段话，使我想到古代中国人和古代希腊人思想不同的由来。

中国是一个大陆国家。在古代中国人心目中，世界就是他们生活的这片土地。在中文里，有两个词语常常被用来表达"世界"，一个是"普天之下"，一个是"四海之内"。住在海洋国家的人民，如希腊人，会不明白，居住在"四海之内"（比如说，住在克里特岛上），怎么就是住在"普天之下"。而在中文里，它就是如此，而且是有理由的。

从孔子的时代直到19世纪末，中国的思想家们从来没有到海上冒险的经历。在现代人看来，孔子和孟子所住的地方都离海不远。但是在《论语》里，孔子只有一次提到海："道不行，乘桴浮于海。从我者，其由与？"（《公冶长》第七节）仲由即子路，在孔子的学生中，以勇敢著名。据说，仲由听到孔子的这句话，非常高兴。孔子却并没有因仲由的过分热心而高兴，他说："由也，好勇过我，无所取材。"（意思说，仲由虽然勇敢，可惜不能裁度事理。同上）

孟子提到海的话也同样简短。他说："观于海者难为水，游于圣人之门者难为言。"（《孟子·尽心章句上》）孔子只想，泛舟浮于海，孟子也只是望海惊叹，并不比孔子好多少。对比之下，苏格拉底、柏拉图和亚里士多德，出生在海洋国家，漫游列岛，又是多么不同啊！

第二节 中华民族的经济背景

古代中国和古代希腊的哲学家们不仅生活在不同的地理环境之中，还生活在不同的经济环境之中。中国是个大陆国家，中华民族历来依靠农业来维持生存。直到今日，中国的农业人口还在全体人口中占75%—80%。在一个农业国家里，财富的首要基础是土地。因此，在中国历史上，一切社会、经济思想以至政府的政策措施都以土地的分配和利用为中心。

在一个农业国家里，无论和平时期或战争时期，农业都同样重要。中国历史上，公元前480—前220年是战国时期——和今日世界在很多方面都颇为相似。当时中国分裂为许多封建的小王国。每个小国都把"耕战之术"作为国家的要务。最后，"七雄"中的秦国，在经济和军事上都占优势，得以战胜其他六国，从而使中国在历史上第一次实现了政治统一。

中国哲学家们的社会经济思想都强调要区别"本"和"末"，农业生产被认为是立国之本，而商业则被看为是立国之末端，因为经济生产主要靠农业，而商业只关系到产品的交换。商品的交换终究要以生产为前提，在一个以农业为基础的国家里，农产品是主要的产品，因此在中国历史上，各种社会、经济的理论和政策都重农轻商。

在一个重农轻商的国家里，商人自不免受到轻视。在中国的传统社会里，把民众按行业分为士、农、工、商四等，士通常是来自地主阶级，农就是从事农业生产的农民，这两种行业受到社会的尊重，任何人出身于"耕读世家"，往往引以为傲。

读书人通常并不亲自耕地，但他们一般出身于地主家庭，家庭的兴衰和农业生产的好坏直接联系在一起：农业收成好，他们受益；农业收成坏，他们也受连累。因此，他们的宇宙观和人生观都主要反映了农民的思想。再加上他们受过教育，使他们得以表达农民自己没法表达的思想，这种表达在中国就采取了哲学、文学和艺术的形式。

第三节 《上农》——农业的价值

著于公元前3世纪的《吕氏春秋》书中，辑有各家哲学撮要，有一章名为《上农》，其中比较农民的生活方式和商人的生活方式，认为农民像婴儿那样单纯朴实，惯于顺服长上，比较不自私，他们的物质财产复杂多样、难于移动，因此，国家遭难时，农民不会弃置不顾；商人则自私奸诈，计谋多、不顺服，他们的财产简单、易于转移，因此国家有难时，商人往往自己逃跑，不顾国家。这一章认为，把农业和商业相比，不仅农业对国家更重要，而且农民的生活方式也比商人的生活方式高尚。这就是为什么要以农业为上。（见《吕氏春秋》第二十六篇第三节）这一章的作者看出：人的生活方式受经济背景的制约，而他以农业为上的思想又显示那个时代的经济背景对他的思想制约。

从《吕氏春秋》的观察中，反映出中国哲学里道家和儒家关于社会经济两派思想的根源。这两派思想主张如同两极那样背反，但它们又像同一个轴的两极，两个方面都同样反映了农民的思想。

第四节 "反者道之动"

在比较儒道两家的不同思想之前，让我们先看一下两家共同的一种理论思想，就是都注意到，无论在自然和人生的领域里，任何事物发展到极端，就有一种趋向，朝反方向的另一极端移动。借用黑格尔的哲学术语，任何事物都包含了对它自己的否定。这是老子哲学思想的一个主题，也是儒家阐发《易经》时的一个主题。它无疑受到太阳、月亮运行和四季嬗替的启发。对农民来说，注意这些自然变化是农业生产的必需。在"易传"中说："寒往则暑来，暑往则寒来"（《系辞下》），又说："日中则昃，月盈则食"（《丰卦·彖辞》）。"易传"中称这样的运动为"复"，《复卦·彖辞》说："复，其见天地之心乎？"在《道德经》第四十章，我们也读到类似的话，说："反者道之动。"

这个理论对中华民族有巨大的影响，帮助中华民族在漫长的历史中克服了无数的困难。中国人深信这个理论，因此经常提醒自己要"居安思危"；另一方面，即使处于极端困难之中，也不失望。在刚结束不久的抗日战争中（本讲稿成于1946—1947年间。——编者注），这种希望成为中国民众的心理武器，即使处于最黑暗的时期，还深信："黎明即将到来"。正是由这种信仰形成的意志帮助中国人民度过了这场战争。

这个理论还对儒家和道家都主张的中庸之道提供了主要论据。"不为已甚""毋太过"成为儒道两家共同的格言。"过犹不及"，但处事宁愿不及，也不要过甚，因为行事过分，就将适得其反。

第五节　对自然的理想化

道家和儒家不同，因为他们是对农民生活中的不同方面加以理论化。农民生活简单，思想纯真。道家从这一点出发，谴责文明，鼓吹返璞归真；把儿童的天真烂漫理想化，鄙视知识。《道德经》第八十章说："小国寡民……使民复结绳而用之。甘其食，美其服，安其居，乐其俗。邻国相望，鸡犬之声相闻，民至老死不相往来。"这不是对农民社会的田园诗式颂歌吗？

农民时刻和自然打交道，他们爱慕自然。道家把这种爱慕发挥到淋漓尽致，同时把属于自然和属于人的东西严格区分：一个是自然的，另一个是人为的。自然令人快乐，人为给人痛苦。战国时期的儒家思想家荀子评论道家"蔽于天而不知人"（《荀子·解蔽》）。道家这种思想最后发展到主张"天人合一"，即人与自然、与宇宙合一。

第六节　家族制度

农民靠土地生活，而土地是无法挪动的。地主阶级出身的读书人也无法离开土地。一个人若没有特殊的才能，他无法离开祖辈生活的这片土地，他的子孙也只有世世代代生活在这片土地上。这就是说，同一个家庭的后代，由于经济的原因，不得不生活在一起。由此发展起中国的家族制度，它的复杂性和组织性是世界少有的。儒家思想在很大程度上便是这种家族制度的理性化。

中国的社会制度便是家族制度。传统中国把社会关系归纳成五种，即君臣、父子、昆弟、夫妇、朋友。在这五种社会关系中，三种是家庭关系，另两种虽不是家庭关系，却也可以看作是家庭关系的延伸。譬如君臣关系，被看成是父子关系；朋友则被看作是兄弟关系。这还只是主要的家庭关系，此外还有许多。在中国最古老的辞书——著于公元前的《尔雅》一书中，有关家庭各种关系的名称有一百多种，其中多数在英语中没有与之相当的词语。

中国的祖先崇拜也是这样发展起来的。世代居住在一个地方的一族人，他们追溯首先在这地方定居的祖先，敬拜他。祖先成为家族的共同象征，作为一个巨大复杂的组织，这样一个象征是必不可少的。

儒家思想中的一大部分是这种社会制度的理性论证，也就是它的理论表现。经济环境成为这种社会制度的基础，儒家思想反映了它的伦理价值。由于这种社会制度是一定经济条件的产物，这些经济条件又是地理环境的产物。因此，对中华民族来说，这个社会制度和它的理论表现都是自然而然的。正是因此，儒家思想成为中国正统的哲学，一直保持到近代欧洲和北美工业化的潮流侵入中国，改变了中国社会的经济基础为止。

第七节　入世和出世

儒家思想不仅是中国的社会哲学，也是中国人的人生哲学。儒家思想强调个人的社会责任，道家则强调人内心自然自动的秉性。《庄子》书中说：儒家游方之内，道家游方之外。方，就是指社会。公元三四世纪（魏晋）间，道家思想再次兴起。当时人认为，孔子重"名教"（把各种社会关系规范化），老庄贵"自然"（顺应事物和人的本性）。中国哲学中的这两种思潮，大体类似于西方思想中的古典主义和浪漫主义两种思潮。试读杜甫和李白两人的诗，这两位伟大的诗人都生活于8世纪，从他们的诗里却不难分辨出中国思想两大流派——儒家和道家——对两人的不同思想影响。

儒家"游方之内"，显得比道家入世；道家"游方之外"，显得比儒家出世。这两种思想看来相反，其实却是相反相成，使中国人在入世和出世之间，得以较好地取得平衡。

在三四世纪间，有一批道家试图使道家思想靠近儒家思想，后世称他们为"新道家"；在11—12世纪间（宋朝），也有一批儒家试图使儒家思想靠近道家思想，后世称他们为"新儒家"。这些运动使中国哲学既是入世的，又是出世的。在本书第一章里，我已经指出了这一点。

第八节　中国艺术与诗歌

儒家把艺术看作是道德教育的工具。道家对艺术没有正面提出系统的见解，但是他们追求心灵的自由流动，把自然看为最高理想，这给了中国的伟大艺术家无穷的灵感。由于这一点，许多中国艺术家把自然作为艺术的对象，就不足为怪了。中国美术作品中的许多杰作都是写山水、花鸟、树木、竹枝。在许多山水画里，山脚下、溪水边，往往能看见一个人，静坐沉醉在天地的大美之中，从中领会超越于自然和人生之上的妙道。

在中国的诗歌里，让我们读陶渊明（372—427）的诗《饮酒·其五》：

> 结庐在人境，而无车马喧。
> 问君何能尔？心远地自偏。
> 采菊东篱下，悠然见南山。
> 山气日夕佳，飞鸟相与还。
> 此中有真意，欲辨已忘言。

这正是道家所追求的最高精神境界。

第九节 中国哲学的方法论

农民的眼界不仅制约着中国哲学的内容，如前举的"反者道之动"，更重要的是它还制约着中国哲学的方法论。诺斯洛普教授（Prof. S. C. Northrop）曾提出：概念可分两种，一种来自直觉，一种来自假定。"来自直觉的概念指向某个事物，它的完整的意义可以立即从某个事物领会到。例如：蓝色是人对某种颜色的感觉，它是由直觉得到的概念。……至于由假设得出的概念，它的完整的意义是根据一个假设，用演绎法推演出来，从而认定的。……例如，'蓝色'用来描述电磁波的波长数字时，它是一个假定的概念。"（Filmer S. C. Northrop：《东方的直觉哲学和西方的科学哲学可以互补的重点》。见 C. A. Moore：《东西方哲学》，普林斯顿大学出版社，1946 年，第 187 页）

诺斯洛普教授还进一步说到，来自直觉的概念又可以分为三种："在连续审视中已予区分的概念；连续审视而还未予区分或称不确定的概念；以及区分的概念。"（同上）按照他的意见，"儒家的思想可以界定为一种精神状态，其中不明确的概念以直觉、多重的运动构成思想的背景；而具体的区分的概念则以相对的、人文主义的、过渡性的往复形成哲学的内容。"（同上书，第 205 页）至于道家思想，"则是以连续审视而不确定或未区分的概念构成哲学的内容"（同上）。

对诺斯洛普教授这篇文章中的观点，我并不完全同意。但是，在这些话里，他的确抓住了中西哲学的基本不同点。一个读哲学的中国学生开始学习西方哲学时，他会高兴地看到希腊哲学家也区别"有"和"无"、有限和无限。但是，希腊哲学家认为"无"和无限低于"有"和有限，这又使中国学生惊异不解，因为按中国哲学的看法，应该倒过来才对。之所以会产生这种不同的见解，是因为"有"和有限都是明确的，而"无"和无限则是不明确的。由假设观念出发的哲学家喜欢明确的东西，而由直觉出发，则需要重视不明确的东西。

如果我们把诺斯洛普在这里所说的和我在本章开始时所说的结合起来，就会看见：在连续审视中已予区分的概念，由它衍生出还未区分的概念和分辨的概念（同上书，第187页），都在基本上是农民的概念。农民日常与之打交道的，诸如田地和庄稼，都是他们一看就认识的东西。他们处于原始和纯真的心态之中，把直接认知的东西看为宝贵的东西，这就无怪反映他们思想的哲学家们也同样把直接认知的东西看为哲学思维的出发点。

这也足以解释何以认识论在中国哲学里从未得到发展的原因。中国哲学家们对于自己眼前的这张桌子究竟是真实的，抑或只是幻觉的存在，从不认真对待（唯有佛家是对它认真对待的，而佛学来自印度）。认识论的问题之所以产生，是由于主观和客观已经有了明确的界限。而在一个连续审视过程之中，还没有明确区分主观与客观之间的界限，认识的主体和认识的客体还是浑然一体的。

这也有助于说明，中国哲学的语言何以是提示性的而并不明晰。它不明晰，因为它不代表用理性演绎得出的概念。哲学家只是告诉人们，他看见了什么。因此，他所述说的内容非常丰富，而使用的语言却很简短。这就是何以中国哲学家的语言往往只作提示而并不明确的原因。

第十节　海洋国家和大陆国家

希腊人生活在海洋国家里，靠贸易维持繁荣，他们首先是商人。商人就要与账目的抽象数字打交道，然后，他们才和数字所代表的具体事物打交道。这些数字是诺斯洛普所说的来自假设的概念，因此，希腊哲学家也以从假设得到的概念作为思维的出发点。他们发展了数学和数学的思维。这就解释了为什么认识论成为他们的问题，而且使用的语言如此明晰。

商人同时又是居住在城镇中的人。他们的活动要求他们在城镇聚居，因此他们的社会组织不是根据家族的共同利益，而更多是反映城镇的共同利益。这是何以希腊人以城邦为中心来组成社会，而中国的社会制度则或许可以称之为"家邦"，因为在中国的社会制度下，是通过家族来理解国家的。在一个城邦里，社会组织难以形成专制独裁统治，因为在同一等级的城镇居民中，难以找出理由来论证张三比李四更重要，应当享有更高的社会地位；但是在一个"家邦"里，社会组织是按人生来的地位，等级式地形成的，在一个家庭里，父亲的权威天然地高于儿子的权威。

中国人大多数是农民，这也可以用来说明，何以中国未能兴起一个工业革命，把中国带入现代世界。在《列子》一书里，有一个故事说，宋国国君有一次叫一个巧匠按照树叶雕刻一瓣玉叶。巧匠用三年时间刻出了一瓣玉叶，它如此逼真，以致无人能把它与真的树叶区别出来。国君感到十分得意。列子听说这事后评论说："使天地之生物，三年而成一叶，则物之有叶者寡矣。"（《列子·说符》）这是崇尚自然、谴责人为的人的见解。农民的生活方式容易倾向于顺乎自然。他们爱慕自然，谴责人为；在原始的纯真中，也很容易满足。他们不喜欢变革，也无法想象事物会变化。在中国历史上，曾有不少发明和发现，但它们不曾受到鼓励，却相反受到了打击。

处身在海洋国家的商人们，情况迥然不同。他们有更多的机会见到语言、风俗都不同的他族人民。他们习惯于变化，对新奇事物并不惧怕，而且为了货物得以销售，他们必须对所制造的货物不断创新。西方的工业革命首先发生在英国这样一个靠贸易维持繁荣的海洋国家，不是偶然的。

在本章前面援引的《吕氏春秋》中对商人的评论，也可以用来形容海洋国家的人民；只是要作一点修正，把抨击商人奸诈、不讲道德，改为赞许他们聪明精巧。我们还可以仿效孔子的话说：海洋国家的人聪明，大陆国家的人善良，然后照孔子的话说："知者乐水，仁者乐山。知者动，仁者静。知者乐，仁者寿。"

由于篇幅所限，这里不能详细论证希腊和英国在地理、经济条件上的相似之处，以及科学思想与民主政治之何以在西方兴起。但希腊和英国的地理、经济条件与中国迥然不同，就足以从反面论证我在本章对中国历史的论点。

第十一节 中国哲学中的"常"与"变"

科学的发展已经战胜了地理的限制，今日中国已不再是封闭在"四海之内"。中国也走上了工业化的道路，虽然还落后于西方，但来得迟比不来好。说东方被西方侵略，并不确切，不如说是现代化侵入了中世纪世界。中国要在现代世界生存，就必须现代化。

人们会问一个问题：既然中国哲学产生于过去中国的经济环境之中，它的内容是否只对过去的中国才有意义？

这个看法，也对，也不对。任何民族在任何时代的哲学里，总有一些内容只对处于当时经济条件下的大众有用；但是，除此之外，还会有一部分哲学思想具有持久的价值。我不敢说那是绝对真理，任何人都不可能担当起判定绝对真理的任务；只有神——如果有神的话——才能决定什么是绝对真理。

让我们从希腊哲学中取一个实例：亚里士多德曾论证奴隶制度的合理性，这是古代希腊人的经济生活对他的思想制约。指出这一点，并不是说亚里士多德的全部社会哲学都只具有一时的意义。这个道理同样适用于中国思想。中国实现工业化后，旧的家族制度势必衰颓，儒家对家族制度所作理性论证的话也将随之而去。指出这一点，并不是说，儒家的社会哲学中就都是相对的东西了。

这是因为，古代希腊和中国的社会虽然不同，却都是属于我们称之为"社会"的这个大概念。有关希腊社会和中国社会的理论，其中有一部分是只对希腊或中国有效的理论，但同时，也都有一部分是有关人类社会的一般性理论。正是这后一部分，具有持久的而不是一时的价值。

这个道理也同样可以应用于道家思想。道家认为人类的理想国在于回到原始，这显然是错的。现代人相信历史是进步的，认为人类生活的理想国在于人类未来的创造，而不是在已经过去的古代。但是，有些现代人把无政府主义看作人类的理想国，这与道家的思想不无相似之处。

哲学还提供一种人生的理想。这种理想中有一部分是提出这种人生哲学的哲学家所处时代、地区和经济条件的产物，但也还有一部分是对于人生的一般见解，因此，不是只有一时的意义，而还有持久的意义。儒家的人生哲学大概可以属于这一类。按照儒家的理论，理想的人生虽然包含对宇宙的高度认识，但还是处在三纲五常的范围之内。这些人际关系的内容性质虽然随环境而变化，但是理想本身不会改变。如果认为，五种伦常关系的某些内容已经失去时效，因此儒家的人生理想应当全部抛弃，这显然是错的。反过来，如果因为儒家的人生理想应当保持，从而认为五种社会关系也不应改变，这显然也是错的。我们在学习哲学史时，应当对其中哪些是有永久价值的，哪些是可以改变的，进行合乎逻辑的分析。每一种哲学中，都有永久性的东西，各种哲学也总有其共同性的东西；正因此，不同的哲学才能互相比较，并进行翻译诠释。

中国哲学的方法论将来是否会改变？也就是说，新的中国哲学是否会不再把哲学思想局限于"由直觉得到的概念"之内？这是当然的，它没有理由不这样做。事实上，它已经在变化。本书末章将对这种变化作进一步探讨。

第三章 诸子的由来

在上一章里，我说到，儒家和道家是中国思想中的两个主要流派，这是经过长期演化的结果。从公元前5世纪到公元前3世纪末，儒道两家只是许多互相竞争的学派中的两派。在这时期中，思想流派多到如此程度，以至在中国历史上称之为"诸子百家"。

第一节 司马谈和六家

后代史家试图对"百家"进行分类。首先进行这种尝试的是司马谈（卒于公元前110年），他是司马迁的父亲；父子二人著述了中国第一部通史性质的《史记》。在《史记》最后一章，司马迁援引了他的父亲司马谈的一篇文章《论六家要旨》，其中，司马谈把在他之前几个世纪中的哲学家分为六家。

首先是阴阳家。它是讲宇宙论的一派，由于它把宇宙的原理归结为阴阳两个主要原则，因此被称为阴阳家。阴是代表女性的原则，阳是代表男性的原则，两者相生相克，相反相成，由此产生了中国人心目中所见的宇宙一切现象。

第二个学派是儒家。儒字的本义是读书人（儒生）或思想者。在西方称之为"孔子学派"，这个名字没有指出，它的队伍主要是由学者和思想家所组成。他们讲授古代的经书，因此是古代文化的传承者。孔子无疑是这一学派的领袖人物，也是这一学派的创始人。但这一学派之称为"儒"，还有更广的含义。

第三个学派是墨家。这一学派在墨子领导下，内部有严格的纪律和组织。这一派已经自称是"墨者"，所以，它的名称不像其他某些学派的名称，是司马谈的发明；"墨者"的名称是原来就有的。

第四个学派是名家。这一派的兴趣是分辨名实，究明它们之间的关系。

第五个学派是法家。在中文里，"法"的含义是规范或法律。这一学派源自一些政治家不赞成当时一些儒生强调政府要以德治国，他们认为，一个好的政府必须建立在一个成文法典的基础之上。

第六个学派是道德家或称道家。这一派人的形而上学和社会思想都"尚无","无"也就是"道",并认为它是人天生的本性,也就是"德"。"德"是"道"在任何事物内的具体化,成为事物内含的能力,如果把它译成英文,或许译作"能力"较妥。司马谈把这一派称为道德家,后来简称为道家。在第一章里,我曾指出,道家和道教必须加以区别。

第二节 刘歆和他关于各家缘起的理论

试图对"百家"进行分类的第二位历史家是刘歆(约前46—公元23)。他是当时最著名的学者之一。他和他的父亲刘向一起,对宫廷所藏图书进行整理,分类编目。这个附有说明的分类编目名为《七略》。后来,另一位汉代历史家班固(32—92)便用《七略》作为《汉书·艺文志》的基础。从《艺文志》中可以看出,刘歆把诸子百家分为十类,其中六家同于司马谈所列出的六家。另四家为:纵横家,这是当时的外交家;以及杂家,这是当时不拘于一家之言的折中派;还有农家和小说家。刘歆在结论中说:"诸子十家,其可观者,九家而已。"意思是说,小说家不如其他九家重要。

在这个分类中,刘歆并没有比司马谈深入多少,但他系统追溯了各家的起源,这在中国历史上是第一次。

刘歆的理论经后来的学者,特别是章学诚(1738—1801)、章炳麟(1869—1936)予以发展。刘歆的理论主要是说,在周朝(前1122?—前255元年)礼崩乐坏(即社会动乱、政制解体)之前,即周朝前期,吏与师不分。换句话说,政府各个部门的官员便负责把有关这一部门的知识传下去。这些官吏和贵族诸侯一样,是世袭的。因此,当时只有"官学",没有"私学"。这就是说,当时没有任何私人教师,担任教师的都是政府的官吏。

按照这个理论,当后来周朝皇室失去权力时,官吏们也失去了原来的优裕地位,而散落民间,他们便以私人身份招收学生,传授他们的知识。这时,他们已经不是"官",而成为"师"。就在教师与官吏分化的过程中,兴起了诸子百家。

刘歆这段分析的原文是:

> 儒家者流,盖出于司徒之官……游文于六经之中,留意于仁义之际,祖述尧舜,宪章文武,宗师仲尼,以重其言,于道最为高。孔子曰:"如有所誉,其有所试。"唐虞之隆,殷周之盛,仲尼之业,已试之效者也。

家者流，盖出于史官，历记成败存亡祸福古今之道，然后知秉要执本，清虚以自守，卑弱以自持……此其所长也。

阴阳家者流，盖出于羲和之官，敬顺昊天，历象日月星辰，敬授民时，此其所长也。

法家者流，盖出于理官，信赏必罚，以辅礼制。……此其所长也。

名家者流，盖出于礼官。古者名位不同，礼亦异数。孔子曰："必也正名乎！名不正则言不顺，言不顺则事不成。"此其所长也。

墨家者流，盖出于清庙之守。茅屋采椽，是以贵俭；养三老五更，是以兼爱；选士大射，是以上贤；宗祀严父，是以右鬼；顺四时而行，是以非命；以孝视天下，是以尚同：此其所长也。

纵横家者流，盖出于行人之官。孔子曰："诵《诗》三百，使于四方，不能专对，虽多亦奚以为？"又曰："使乎，使乎！"言其当权事制宜，受命而不受辞，此其所长也。

杂家者流，盖出于议官。兼儒、墨，合名、法，知国体之有此，见王治之无不贯，此其所长也。

农家者流，盖出于农稷之官。播百谷，劝耕桑，以足衣食，……此其所长也。

小说家者流，盖出于稗官。街谈巷语，道听涂说者之所造也。……如或一言可采，此亦刍荛狂夫之议也。"（《汉书·艺文志》）

以上是刘歆关于十家来源的陈述。他对于各家意义的阐述并不充分，对有些流派所由来的官职，也有任意牵强之处，例如：关于道家，他只说到老子的思想，对庄子竟全未涉及。尤其是说到名家时，没有注意到它的主张与礼官职司并无相近之处，只不过他们都注意各种名分的区别。

第三节　对刘歆理论的修正

刘歆理论的某些细节虽可能有错误，但他从政治和社会环境去探求各家的由来，无疑是一种正确的观点。上面较多地引述了他的见解，因为他对各家的描述已成为中国史料学在这方面的一种经典式见解。

当代以来，尤其是1937年抗日战争前几年，中国史学的研究有了长足的进步。根据这些研究成果，我对诸子百家的起源形成了自己的见解。我的理论在精神上和刘歆是一致的，但需要换一种方式来说明，这就是说，对这问题要用一个新的角度来考察。

让我们来想象一下，公元前10世纪中国的政治和社会是什么样子。在政治社会结构顶端的是国君和周王室，后者是列国的"共主"。在周王室下面是数以百计的小国，分别由这些小国的国君统治。其中有些是周王朝开国时所封给皇族贵胄的；还有一些是由原与周王室争霸的诸侯所统治，这些诸侯后来尊周为"共主"，因而受册封的。

在每一个小国里，国君又把国土分为若干采邑，封给他的家族成员，使这些家族成员成为诸侯。当时的政治权力和经济权力是不分的。拥有采邑的诸侯，既是土地的领主，成为经济的主人，又是采邑百姓的主人。他们被称为"君子"，意思是"国君之子"，这也成为封建诸侯的共同名称。

另一个社会阶级是"小人"或"庶民"，意思是普通百姓。他们是封建诸侯的农奴，平时为君子（诸侯）种田服劳役，战时为君子作战服兵役。

贵族不仅是政治统治者、地主，而且是唯一有机会受教育的阶级。因此，诸侯的家宅不仅是政治和经济权力的中心，还是文化的中心；各种各样有专长、有某项知识的人，都要投靠诸侯，指望为诸侯所用。至于普通百姓，既没有受教育的机会，自然也没有文化知识，因此在他们中间也没有出现什么学者。这就是刘歆所说西周时期"吏师不分"的历史背景。

中国的这种封建制度到公元前221年秦朝建立后被废除。在它被正式废除前几百年间，这种制度已经逐渐瓦解，而两千年后，这种封建制度的残余，还保留在地主阶级的权势之中。

现代的历史学家对于中国封建制度何以瓦解的原因，迄今没有一致意见。这里由于篇幅所限，也不可能探讨这些原因，但我们只要记住一点就够了，即：公元前7世纪到公元前3世纪——春秋战国时期——是中国社会政治大转变的时期。

中国早期的政治封建制度，究竟几时开始瓦解，现在还难以断定。但可以说，公元前7世纪时，已经有贵族由于战争或其他原因，失去了土地和封号，降为庶民。另一方面，也有庶民，由于技有专长或其他原因，获得诸侯的宠信，成为高官。这是周朝礼崩乐坏的真正意义，不仅周室的政治权力瓦解了，更重要的是，整个社会制度瓦解了。

在社会政治瓦解过程之中，各种知识的官方代表散落民间。这些人可能自己就是贵族，或者是以一技之长服侍君王诸侯、获得世袭官职的官吏。在上面援引的刘歆的《汉书·艺文志》中，他还援引了孔子在《论语》中所说的一句话："礼失而求诸野"，也就是这个意思。

就是这样，先前的贵族官吏，散落民间后，凭他们的专门知识或技能，开馆招收生徒，以维持生计。这些传授知识、发挥议论的私人教师，就成为"师"。这是"师"与"吏"分离的开始。

在中文里，"家"首先是指家庭或住家，它表明是个人的或私人的事情。在有教师以私人身份讲学、发表个人的意见之前，谈不到有思想家。

既然这些教师各有自己的专长，又是各人发挥自己的思想见解，于是有些教师以讲授经书、礼乐见长，他们被称为"儒"或"士"；还有些教师精通兵法或武艺，他们被称为"侠"；还有些教师擅长辩论，被称为"辩者"；另有一些人以巫医、星相、占卜、术数见长，他们的知识被称为"方术"，这些人被称为"方士"；还有一些人凭对政治的实际知识，献纵横捭阖之策，成为诸侯王公的顾问或官员，被称为"法术之士"；最后，还有些人，具有学识才干，而对当时的现实政治失望，遁入山林，被称为"隐者"。

按照我的理论，从这六种人里面，形成了司马谈所称的六家。套用刘歆的说法，我们可以说：

> 儒家者流，盖出于文士；
> 墨家者流，盖出于游侠之士；
> 道家者流，盖出于隐者；
> 名家者流，盖出于辩者；
> 阴阳家者流，盖出于方士；
> 法家者流，盖出于法术之士。

以下各章将对上述见解逐一进行解释。

第四章　孔子：第一位教师

孔子姓孔名丘，出生于公元前551年的鲁国，在今山东省南部，祖先是周朝之前的商朝后裔，商朝被周朝取代后，后裔被封宋国。由于政治动乱，孔氏家族在孔子出生前已经失去贵族身份，迁居鲁国。

孔子生平详见中国最早的史籍《史记》（约完成于公元前86年）第四十七章《孔子世家》。从中可以知道，孔子家世贫寒，在鲁国政府任职，到五十岁时已经升到高位。由于政局混乱，被迫退职出走。此后十三年间，他周游列国，指望有机会实现他的政治、社会改革理想，却到处碰壁；晚年回到鲁国故乡，三年后逝世，时为公元前479年。

第一节　孔子与六经

在上一章里我说，中国古代的各派哲学家由于有了私学而兴起。其中，孔子是中国历史上大量招收私人学生的第一人，有些学生还陪伴他周游列国。传统的说法里，孔子有三千弟子，其中七十人成为大贤。"三千弟子"的说法显然夸大，但他无疑是一位有影响的教师，而且，更重要的是，他是创立私学的第一人。他的思想见于他的言论集《论语》，这是由他的几个学生搜集编纂而成的。

孔子是一个"儒生"，是儒家学派的创始人。上一章曾经提到，刘歆论到儒家时说："游文于六经之中，留意于仁义之际。"孔子时代的私学，讲授"六艺"，是指儒生应当学习的《诗》《书》《礼》《乐》以及《易》《春秋》这六门功课，它们就构成六经。其中的《诗经》《书经》《礼记》，从书名就可以知道它们的内容。另一本《乐经》现已佚失，《春秋》是鲁国编年史，记载了鲁国从公元前722年到前479年（即孔子卒年）的历史。《易经》原来是一本卜筮之书，后来儒家把它作为形而上学来看待。

关于孔子和六经的关系，学术界历来有两种意见，一派认为六经是孔子所著；另一派认为，孔子著《春秋》，编《诗经》和《书经》，评注《易经》，修订《礼记》和《乐经》。

其实，六经之中，没有一卷是孔子所著、所编、所评注或编纂。孔子在有些方面是维护传统的保守派。在礼和乐两方面，他对于背离传统的做法的确进行了纠正，在《论语》中不乏这样的记载。从《论语》中有关孔子的论述看，孔子并不是有意识地写书给后人阅读。当时，私人著述还未兴起。孔子是中国的第一位私人教师，但他并不是中国的第一位私人著述家。私人著述是在孔子之后才兴起的。

早在孔子之前，六经便已经存在了。它们是孔子所继承的文化遗产。周朝最初的几个世纪里，便以六经中的材料作为教育皇族子弟的教材。大约从公元前7世纪起，周朝的封建统治开始没落，皇族子弟的教师，以及有些皇族成员本人都散落民间，以教授经书为生，有的因谙习礼仪而成为人家婚丧嫁娶、祭祀或其他礼仪的襄礼（司仪）。这些人被称为"儒"。

第二节　作为教育家的孔子

孔子并不仅仅是通常意义的"儒生"。在《论语》中，我们所见的孔子的确只是一位教师。他希望经他教导的学生成为国家和社会的栋梁之材，即所谓"成人"，因此，他以经书包含的各种知识教诲学生。作为教师，他认为自己的首要任务是向青年学生解释古代的文化遗产。因此，在《论语》中，孔子说他自己"述而不作"。但是，这只是孔子的一个方面；他还有另一方面，在解释古代的典制、思想时，孔子是以自己对道德的理解去诠释古代的经书。例如古礼规定，父母死，儿子要为父母服"三年之丧"，孔子解释这一点时说："子生三年，然后免于父母之怀。夫三年之丧，天下之通丧也。"（《论语·阳货》）这是说，孩子出生后，前三年离不开父母的怀抱；因此，儿子为父母守丧，也应有三年，以感父母之恩。再如讲授《诗经》的时候，他强调其中的伦理价值，说："《诗》三百，一言以蔽之，曰：'思无邪'。"（《论语·为政》）这些实例都说明，孔子在讲授经书时，注入了新的东西。

孔子的弟子也仿效老师，在传授经书时注入了自己的思想见解。这样，在历代传授经书的过程中，形成了无数注解和诠释，后来形成的《十三经注疏》，其中大部分便是对六经的注疏。

这是孔子和与他同时的其他儒生不同的地方，使他成为一个学派的创始人。

由于这派学者都是谙习六经的专家，因此他们被称为"儒家"。

第三节　正　名

孔子不仅对经书予以新的解释，他对个人与社会、人与天、与其他人的关系也都有自己的见解。

关于社会，他认为，一个社会要想能够走上轨道、井然有序，首要的是"正名"。这就是说，客观存在的种种事物应当与它们名字的本来含义一致起来。《论语·子路》篇记载，孔子的弟子子路问老师："卫国国君期待您去施政治国，您准备首先做什么？"孔子回答说："必也正名乎！"（一定要先正名分。）《论语·颜渊》篇还记载，一次，齐景公问政于孔子，孔子对曰："君君，臣臣，父父，子子。"（君要像君，臣要像臣，父要像父，子要像子。）换句话说，每类事物有一个共同的名字，这个名字含有一定的含义。这类事物应该做到与它们名字的含义，也就是其理想的本质相一致。一个国君的本质就是一个理想的国君应有的品质，即"为君之道"。如果一个君王按照为君之道行事，他就不仅有君的"名"（名分），也有君的"实"（实质），成为名实一致。如果一个君王空有其名，而没有君王应具的品质，即便在大众面前他是君王，其实他配不上"君"的名字。在社会关系中，每一个名字包含有一定的社会责任和义务。君、臣、父、子，在社会里，各有责任和义务，任何人有其名，就应当完成其责任和义务。这便是孔子主张"正名"的意义。

第四节　仁　义

对于个人的品德，孔子强调仁和义，尤其是仁。义者宜也，即一个事物应有的样子。它是一种绝对的道德律。社会的每个成员必须做某些事情，这些事情本身就是目的，而不是达到其他目的的手段。如果一个人遵行某些道德，是为了不属于道德的其他考虑，即便他所做的客观上符合道德的要求，也仍然是不义。用孔子和后来的儒家常用的一个贬词来形容，这是图"利"。儒家认为"义"和"利"是截然相反的。孔子说："君子喻于义，小人喻于利。"（《论语·里仁》）后来的儒家常常强调"义利之辨"，认为这是道德学说中最重要的一点。

"义"是一种观念形式的规范，"仁"的观念则具体得多。一个人在社会里行事为人，有他应循的义务，那是他应该做的。但是这些义务的本质应当是"爱人"，即"仁"。为父之道就是由爱子之心出发去对待儿子，为子之道就是由爱父之心出发去对待父亲。《论语·颜渊》篇中记载：樊迟问仁，孔子回答说："爱人。"一个人必须对别人存有仁爱之心，才能完成他的社会责任。因此，在《论语》里，孔子用"仁"这个字时，有时不是仅指一种特定的品德，而是泛指人的所有德性，这便是"仁人"一词的含义。在这场合下，"仁"的含义是"品德完美"。

第五节 忠 恕

《论语·颜渊》篇里记载，仲弓问仁，孔子回答说："……己所不欲，勿施于人。……"《论语·雍也》篇里还记载，孔子说："夫仁者，己欲立而立人，己欲达而达人。能近取譬，可谓仁之方也已。"

因此，仁的实践包含了为人着想。"己欲立而立人，己欲达而达人。"换句话说，"己之所欲，亦施于人。"这是"仁"的积极方面，尽己为人谓之忠。"仁"的含义并不仅是"己之所欲，亦施于人"，还有另一方面"恕"，就是"己所不欲，勿施于人"。这两方面合起来，称作"忠恕之道"，孔子认为，这就是把仁付诸实践的途径，也就是孔子所说的"仁之方"。

后来，有的儒家把忠恕之道称为"絜矩之道"，意思是说，以自己作为尺度来规范自己的行为。《礼记》中有一章《大学》，汇集了公元前3世纪到前2世纪，儒家的一些著述，其中说："所恶于上毋以使下，所恶于下毋以事上，所恶于前毋以先后，所恶于后毋以从前，所恶于右毋以交于左，所恶于左毋以交于右，此之谓絜矩之道。"

《礼记》中还有一章《中庸》，传说是孔子的孙子子思所作。其中第十三节说："忠恕违道不远，施诸己而不愿，亦勿施于人。……所求乎子，以事父……所求乎臣，以事君……所求乎弟，以事兄……所求乎朋友，先施之……"

上述《大学》的段落着重讲的是一个人本着"忠"和"恕"的原则做人时，怎样由人及己，懂得所不当做的方面；引自《中庸》的段落着重讲的则是一个人本着"忠"和"恕"的原则做人时，推己及人，怎样主动去做。无论是哪种情况，用以衡量自己行为的准则，都出乎自己，而不在于别人。

"忠"和"恕"的做人原则也就是"仁"的原则。因此，一个人按"忠""恕"行事为人，也就是"仁"的实践。这种实践引导人去完成对社会的责任和义务，其中就包含了"义"这种为人的品质。因此，"忠"和"恕"乃是人的道德生活的开头，也是它的完成。《论语》中，孔子说："'参乎！吾道一以贯之。'曾子曰：'唯。'子出，门人问曰：'何谓也？'曾子曰：'夫子之道，忠恕而已矣。'"（《论语·里仁》）

每人内心都有衡量行为的一把尺（絜矩），随时都在使用它来衡量别人和自己。实践"仁"的方法就是这样简单。因此孔子说："仁远乎哉？我欲仁，斯仁至矣。"（《论语·述而》）

第六节 知 命

儒家从"义"又发展出"为而无所求"的思想。人做自己所当做的，因为这是道德本身的要求，而不是由于道德要求之外的任何考虑。在《论语·宪问》篇里，一位隐士讥讽孔子说他是"知其不可而为之者"。《论语·微子》篇中，子路告诉另一位隐士老人说："君子之仕也，行其义也。道之不行，已知之矣。"

后面将会说到，道家主张"无为"，儒家则教导"为而无所求"。在儒家看来，一个人不可能什么事都不做，因为每人都有应当去做的事情。但他做这些事情时，并不是为了其他的什么目的，一个人做所当做的事情，其价值就在"做"之中，而不在于达到什么外在的结果。

孔子自己的一生就是这种主张的例证。他处身在一个社会政治动乱的时代，竭尽己力去改造世界，像苏格拉底那样周游列国，与各种各样的人交谈；虽然一切努力都没有效果，他从不气馁，明知不可能成功，却仍然坚持不懈。

《论语·宪问》篇里记载孔子论到自己时说："道之将行也与，命也；道之将废也与，命也。"他尽了己力之所及，而把事情的成败交付给命。"命"字通常译作"命数"或"命运"或"天意"。就孔子来说，这个字的含义是"天命"或"天意"；换句话说，这是朝着一定目标前去的一股力量。到了后期儒家，"命"的含义是宇宙间一切存在的条件和一切在运动的力量。我们从事各种活动，其外表成功，都有赖于各种外部条件的配合。但是，外部条件是否配合，完全不是人力所能控制的。因此，人所能做的只是：竭尽己力，成败在所不计。这种人生态度就是"知命"。按照孔子的看法，"知命"是作为君子的一个重要条件，因此他说："不知命，无以为君子也。"（《论语·尧曰》）

这就是说，要认识世界存在的必然性，这就是"知命"，就是个人对外在的成败利钝在所不计。如果这样行事为人，在某种意义上说，我们就永不失败。这是说，如果我们做所当做的，遵行了自己的义务，这义务在道德上便已完成，而不在于从外表看，它是否得到了成功，或遭到了失败。

能够这样做，人就不必拳拳于个人得失，也不怕失败，就能保持快乐。这就是孔子何以说："知者不惑，仁者不忧，勇者不惧。"（《论语·子罕》）也是因此，他又说："君子坦荡荡，小人长戚戚。"（《论语·述而》）

第七节　孔子的心灵修养

在道家著作《庄子》一书中，我们看到道家往往嘲笑孔子的眼光只限于仁义道德，只知道德价值，却不知道还有超越道德的价值。从表面看，他们所说是对的，而从深一层看，他们其实是错的。孔子对自己的灵性修养曾说："吾十有五而志于学，三十而立，四十而不惑，五十而知天命，六十而耳顺，七十而从心所欲，不逾矩。"（《论语·为政》）

孔子所说的"学"，不是我们今天所说的"学"。在《论语·述而》篇中，孔子说："志于道"，在《论语·里仁》篇中，孔子又说："朝闻道，夕死可矣。"这里所说的"道"，含义是"道路"或"真理"。孔子说他自己"十有五而志于学"，是说懂得了立志学道。现在人们所说的"学"，是指"增长知识"，而"道"则是指悟性的提高。

孔子还说："立于礼。"（包括礼仪和举止得当。《论语·泰伯》）他又说："不知礼无以立也。"（《论语·尧曰》）这就是孔子所说"三十而立"的含义，意思是他到三十岁时，懂得了行事为人的准则。

他说四十而不惑，从前引《论语·子罕》篇"知者不惑"可以知道，他回顾自己，到四十岁时，懂得了人生的智慧。

直到这时候，孔子所认识到的大概只是道德价值。但是自此以后，到五十、六十岁，他懂得了天命和顺命。换句话说，这时他进一步懂得了在道德以上的价值。在这方面，孔子和苏格拉底有点相像。苏格拉底觉得自己是承受了天命来唤醒希腊人；孔子也觉得自己承受了一种神圣的呼召。例如在《论语·子罕》篇里记载，孔子及随从弟子曾在匡这个地方遭到拘禁。孔子说："天之将丧斯文也，后死者不得与于斯文也；天之未丧斯文也，匡人其如予何！"（意思是：如果天意是要让文明灭亡，后人如我者流就不会有参与文明的机会，既然上天没有要让文明毁灭的意思，匡人就阻挡不住我的工作。）《论语·八佾》篇还记载孔子率弟子过仪这个地方，会晤了当地小官，这位官员见到孔子之后说："天下之无道也久矣，天将以夫子为木铎。"（意思是：天下无道已久，上天是要把夫子当作唤醒大众的警钟吧。）由此我们可以看到，孔子在做他的工作时，意识到他是在遵行天命，受到上天的呵护；换句话说，他意识到那比道德更高的价值。

孔子所意识到的比道德更高的价值，和道家所意识到的有所不同。道家并不承认一个有智慧、有目标的上天，他们所寻求的是与浑元真体的神秘结合。因此，道家所主张和经验的超道德价值比通常所说人际关系中的价值观念更为超脱世俗。

如我们在上面所谈到的，孔子到七十岁时，可以从心所欲，而所做的都合于规范，他的行为不再需要意识去引导，可以顺乎自然。这表明了圣人在心灵修养上最后阶段的造诣。

第八节　孔子在中国历史上的地位

在西方，人们最熟悉的一个中国人大概就是孔子。在中国，孔子虽然家喻户晓，但是他在历史上的地位却经历了巨大的变化。就历史说，他生前主要是一位教师，是许多教师中的一位；但在去世之后，渐渐被尊为"唯一"的夫子，地位凌驾于所有其他教师之上。到公元前2世纪（西汉）时，司马迁尊孔子为"至圣"，他的地位又被提高了。当时有些儒家甚至认为，孔子受命于天，继承周朝之后，开辟了一个新朝代，这个朝代没有皇朝，也没有帝王，但孔子成为无冕的"素王"。这个说法如何能与历史相适应呢？按照这批儒家学者的意见，早在《春秋》中便已预示了这一点。他们认为，孔子修《春秋》的本意并不是为鲁国修史，而是代王者立法，有王者之道，而无王者之位，故称素王。到公元前1世纪时，孔子被推崇到比君王更高的地位。当时不少人认为，孔子是一位人间的神祇，他预知在他以后会有一个汉朝（公元前206—公元220年），而预先悬示一个政治理念，使汉朝有所遵循，把它付诸实现。这种说法盛行于西汉末年，这时的孔子位极尊荣，儒家俨然成了一种宗教。

这个时期并不太长。东汉初年（公元1世纪初），儒家中崇尚理性的一派渐占上风。自此以后，孔子在人们心目中，不再是一位神祇，但他还是人们心目中最崇高的"夫子"。直到19世纪末，认为孔子受命于天，应当成为帝王的理论又曾盛行一时。此后不久，清朝被推翻，民国成立。孔子在人们心目中的地位下降到人师之下。现在，多数中国人还是承认孔子是一位伟大的教师，但不再是唯一的夫子了。

孔子生前已是人们公认的渊博学者。《论语·子罕》篇记载，达巷党人曰："大哉孔子！博学而无所成名。"（意思是说，达巷党这地方有人说，孔子是个伟大人物，学问广博，以至很难用某一方面的专长来概括他的成就。）从前面引述中可以看到，孔子认为自己继承了古代文明，极力加以复兴；当时人们也是这样看他。他自称对古代文明"述而不作"，其实他的学派对古代文明重新诠释，取古代文明的精华，创立了一个文明传统，一直延续到晚近的时代。现在，中国又面临一个经济、社会巨大变革的时代。孔子在历史上虽然只是许多教师中的一位，但明中叶后尊崇他为"至圣先师"，可以说是不无道理的。

第五章　墨子：孔子的第一位反对者

孔子之后的一个主要哲学家是墨子。他姓墨名翟。《史记》中没有记述墨翟的身世，对他的生平几乎没有涉及。关于墨子是哪国人，历来有不同的看法。有的学者认为，墨翟是宋国（今河南东部、山东西部）人；有的学者认为，墨翟和孔子一样，同是鲁国人。他的生卒年代也同样不可考，大概生活在公元前479至前381年之间。研究墨翟思想的主要资料是《墨子》一书，其中有五十三章，是墨翟及其后学的著作汇编。

墨子创立了以他的姓氏命名的学派。在古代，墨子的名声和他的思想影响与孔子几乎不相上下。比较两人之间南辕北辙的不同主张十分有趣。孔子对周代早期的传统典制、礼仪、音乐、文学都抱同情理解的态度，并从伦理上予以解释，论证它们的意义。墨子则恰恰相反，质疑它们的合理性和实用性，并力求使之简化，而且照他看来更为适用。简言之，孔子对古代文明的态度是加以理性化、合理化，墨子则对古代文明持批判态度；孔子是一位文雅有修养的君子，墨子则是一位充满战斗精神的布道家。他的说教的宗旨是反对传统的典章制度及其实践，反对孔子和儒家的各种理论。

第一节　墨家的社会背景

在周代，帝王公侯都拥有自己的军事专家，这些人是世袭的武士，是当时军队中的骨干。周朝后期统治权力解体，这些军事家丧失了权力和爵位，散落全国，只求有人雇佣，得以维持生计。他们被称为"侠"或"游侠"。《史记》中称他们："其言必信，其行必果，已诺必诚，不爱其躯，赴士之厄困"（《游侠列传》）。这是他们的武士道德。墨学中，有一大部分便是这种武士道德的延伸。

在中国历史上，"儒"和"侠"都是依附于贵族的专门人才，他们自己也属于社会的上层。后来，儒生继续来自上层或中层阶级，侠则更多来自下层阶级。

在古代，各种典章制度和礼乐都是贵族专用的，在普通百姓眼中，这些典制礼乐都是奢侈的繁文缛节，没有丝毫用处。墨子和墨家正是以此为出发点，批判传统典制和对它加以粉饰的孔子与儒家。墨家哲学的内容，主要便是这种批判和对游侠道德的辩护。

关于墨子和他的追随者来自游侠，有许多凭证。从《墨子》一书和当时的其他许多著述中都可以看到，墨家有一个严密的组织，足以进行军事行动。墨家的这种组织的首领称为"钜子"（"大师"），对本团体成员，操有生杀大权。墨子就是他的团体的第一位"钜子"。他至少曾有一次，为宋国遭受楚国入侵的威胁而组织防御。

这段故事的情节很有趣。《墨子·公输》篇里记载，当时楚国雇用了一个机械发明家公输般，发明了一种攻城的武器。楚国将使用这种武器进攻宋国。墨子得讯后，前往楚国，劝阻楚王出兵。在楚王面前，公输般演习他准备用以进攻宋国的新式武器，墨子则表演他准备用以防御楚国进攻的防御武器。墨子首先解下腰带，用以划出一座城，用小木棍标志武器。公输般采用了九种攻城机械来进攻，都被墨子的防御武器挡住了。最后，公输般的进攻武器都已用尽，而墨子的防御武器却还有余。公输般不肯认输，说："我知道怎样击败你，但是我不说。"墨子回答："我知道你想用的那个办法，我也不说！"

楚王问他们，到底是什么意思？墨子回答说："公输般想谋害我。但是，我的弟子禽滑厘等三百人，已经用我设计的武器武装起来，在宋国城墙上等候着楚国军队的进攻。我可以被谋杀，但是楚军无法杀尽他们。"楚王听后说："如此说来，我们就放弃对宋国的进攻。"

如果这段故事属实，它对今日世界倒是一个好榜样，两个敌对国家不必在战场上厮杀，只要双方的科学家、工程师来到一起，把各自实验室里的攻击防御武器都展示出来，不需要走上战场，便可以决定胜负了。

无论这段故事是否属实，它足以说明墨家的军事性质。还可以再看其他史料如《淮南子》，这是公元前2世纪的著作，其中《泰族训》篇说："墨子服役者百八十人，皆可使赴汤蹈刃，死不旋踵。"在《墨子》书中，至少有九处论到防御战争的战术和武器。这都足以说明，墨家原来是一个武士的组织。

墨子及其追随者与当时的其他游侠有两点不同：首先，其他游侠只是雇佣兵，谁雇用，便为谁卖命；墨子和他的追随者们则反对任何侵略战争，他们只为防御性战争效劳。其次，通常的"侠"只是墨守武士的职业道德；墨子和他的追随者则对武士的职业道德进行理性化的解释。因此，他创立了一个新的哲学流派。

第二节　墨子对儒家的批判

墨子认为，"儒之道足以丧天下者，四正焉"：第一，儒者不相信天或鬼，结果是："天鬼不悦"；第二，儒家坚持厚葬，特别是父母去世，子女要守三年之丧，浪费了民众的财富精力；第三，儒家"盛为声乐以愚民"，结果只是少数贵族奢侈享受；第四，儒家主张宿命论，造成民众怠惰顺命。（见《墨子·公孟》）在《非儒》篇里，墨子还说："累寿不能尽其学，当年不能行其礼，积财不能赡其乐，繁饰邪术以营世君，盛为声乐以淫遇民，其道不可以期世，其学不可以导众。"

这些批评显示出儒家和墨家的不同社会背景。早在孔子之前，一些有学识、有思想的人已经开始放弃对天帝鬼神的信仰。这时，开始兴起一种怀疑主义思潮。处于社会底层的大众，通常总是落后于社会新思潮，墨子所反映的正是当时社会下层民众的观点。上面墨子批判儒家的第一点，其意义就在于此。墨子批判儒家的第二、三点，也是由这个思想基础出发的。墨子批判儒家的第四点其实并没有击中要害，因为儒家虽然经常谈到命，其含义却并不是墨子所攻击的宿命论。在上一章里已经指出了这一点，儒家所说的命，是指人力所无法控制的某种力量。而除此以外，还有一些方面是人只要努力就能控制的。因此，人对外部世界首先应当尽力而为，只有在竭尽所能之后，才沉静接受人力所无法改变的部分。这是儒家所讲的"知命"。

第三节　兼　爱

墨子对孔子的中心思想——仁义——并没有提出异议。在《墨子》一书中，墨子经常提到仁义和仁人、义人，但是其含义和儒家略有不同。墨子认为，仁义都是"兼爱"的表现。"兼爱"是墨子哲学的中心思想，它是墨子所由出身的游侠们的职业道德的自然延伸。他们的职业道德是：游侠之间，"有福同享，有祸同当"（这是后来侠客们常说的话）。墨子以这种思想为基础，把它扩大推广，主张天下所有的人都应当不分高低，彼此相爱。

在《墨子》书中，有三章都以兼爱为主旨。其中，墨子首先区分他所说的"兼"与"别"。坚持爱有"区分"的人认为，要我把朋友看成如同自己一样，把朋友的父母看成如同自己的父母一样，是荒谬的。结果，这样的人对朋友十分冷漠。主张兼爱的人则恰恰相反，认为：我应当像关心自己那样关心朋友和朋友的父母。结果是，他为朋友竭尽己力。墨子在例举上述两种情况后问道：这两种原则，谁是谁非？

为了衡量"兼"与"别"以及各种原则孰是孰非，墨子提出了衡量是非的"三表"，即三项准则：第一，人做事是否根据天和神灵的意志，与古代圣王的事业一致，这是事物之本；其次，所做的事应当是百姓能够耳闻目睹、加以验证的事，这是事物之原（验证）；第三，由政府付诸实施，看是否对国家、百姓有利，即所谓事物之用。（见《墨子·非命》上篇、中篇）三表之中，衡量价值的标准是"对国家和民众有利"。

这也是墨子据以论证"兼爱"的主要原则。在《兼爱》下篇里，墨子论证说：

"仁人之事者，必务求兴天下之利，除天下之害。然当今之时，天下之害孰为大？曰：若大国之攻小国也，大家之乱小家也，强之劫弱，众之暴寡，诈之谋愚，贵之傲贱，此天下之害也。……姑尝本原若众害之所自生，此胡自生？此自爱人、利人生与？即必曰：非然也。必曰：从恶人、贼人生。分名乎天下恶人而贼人者，兼与？别与？即必曰：别也。然即之交别者，果生天下之大害者与？是故别非也。

"非人者，必有以易之。……是故子墨子曰：兼以易别。然即兼之可以易别之故何也？曰：借为人之国，若为其国，夫谁独举其国，以攻人之国者哉？为彼者犹为己也。为人之都，若为其都，夫谁独举其都，以伐人之都者哉？为彼犹为己也。为人之家，若为其家，夫谁独举其家，以乱人之家者哉？为彼犹为己也。

"然即国都不相攻伐，人家不相乱贼，此天下之害与？天下之利与？即必曰：天下之利也。姑尝本原若众利之所自生，此胡自生？此自恶人、贼人生与？即必曰：非然也。必曰：从爱人、利人生。分名乎天下爱人而利人者，别与？兼与？即必曰：兼也。然即之交兼者，果生天下之大利者与？是故子墨子曰：兼是也。"

这样，墨子以功利主义的论辩证明"兼爱"的原则是完全正确的，仁人以利世除害为宗旨，就必须以"兼爱"作为处世为人的标准。如果天下人都能这样做，"以兼为正，是以聪耳明目相为视听乎，是以股肱毕强相为动宰乎，而有道肆相教诲。是以老而无妻子者，有所侍养以终其寿；幼弱孤童之无父母者，有所放依以长其身。今唯毋以兼为正，即若其利也。"（同上）这是墨子的理想世界；他认为，唯有实行兼爱，才能创造出这个理想世界。

第四节　天志和明鬼

　　这里还有一个基本问题：如何能劝说世人实行彼此相爱？如上所述，墨子认为，实行兼爱是济世利人的唯一道路，人唯有实行兼爱才是一个仁人。但是，人们还会问："为什么我作为个人，要为世界的利益献身呢？为什么我要追求做一个仁人呢？"墨家会说，世界的利益就包括了其中每一个人的利益，为世界谋利益就是为自己谋利益。墨子便说过："夫爱人者人必从而爱之，利人者人必从而利之，恶人者人必从而恶之，害人者人必从而害之。"（《兼爱中》）这样说来，爱人成了一种投资、一种为自己的社会保险，自己可以从中得益，或像美国人的口头语所说："赚了！"（"It pays."）多数人往往目光短小，看不到长期投资的利益，但这种长期"投资"也可能并不带来回报。

　　为使人们实行兼爱，墨子除了上述的论辩以外，还采用一些宗教和政治的教诲。在《墨子》书中有《天志》篇、《明鬼》篇，其中讲有神，神爱世人，神的心意就是要世人彼此相爱。神经常监察世人的言行，特别是君主的言行。凡不遵行神意的人，就会受到神的降灾惩罚；凡遵行神意的人，神就报以好运。在神之下，还有无数神灵，也同样奖赏实行兼爱之人，惩罚实行交相别的人。

　　《墨子·公孟》篇里有一个与此相关的墨子的故事很有趣。其中说："子墨子有疾，跌鼻进而问曰：'先生以鬼神为明，能为祸福，为善者赏之，为不善者罚之。今先生圣人也，何故有疾？意者，先生之言有不善乎？鬼神不明知乎？'子墨子曰：'虽使我有病，何遽不明？人之所得于病者多方，有得之寒暑，有得之劳苦，百门而闭一门焉，则盗何遽无从入？'"如果使用现代逻辑学的语言，墨子将会说：人之所以得病，由于神灵惩罚，是一个充分原因，但不是一个必然原因。

第五节　一个看似表里不一的问题

　　在这里需要指出一点：墨家和儒家对待神灵以及敬拜神灵的态度似乎都有自相矛盾的地方。墨家既信奉鬼神，却反对丧葬和祭祀祖先时要献大量祭牲的繁文缛节；儒家强调祭祀的重要性，却不信有鬼神。墨家对儒家在这方面的自相矛盾，毫不客气地予以指出。《墨子·公孟》篇里所记的公孟子是个儒家人士。他说："'无鬼神。'又曰：'君子必学祭祀。'"子墨子曰："执无鬼而学祭礼，是犹无客而学客礼也，是犹无鱼而为鱼罟也。"

其实，儒家和墨家这种似乎自相矛盾的地方只是表面上的不一致。丧葬祭祀在古代受到重视，起初是源于对鬼神的信仰，但儒家重视丧葬礼仪，不是由于信奉鬼神，而是由于重视去世的祖先。可以说，儒家重视仪礼，是一种诗情，而不是出自宗教。儒家的这个理论后来经荀子而进一步发展，在本书第十三章将会说到这个问题。因此，对儒家来说，这种表面上自相矛盾的地方，实际上并不存在。

墨子的观点其实也没有自相矛盾。他论证鬼神的存在，是为他的兼爱理论作张本，而不是对超自然有什么特别的兴趣。在《明鬼》下篇里，墨子认为，世上之所以混乱，源于"疑惑鬼神之有与无之别，不明乎鬼神之能赏贤而罚暴也"。接下去，他问道："今若使天下之人偕若信鬼神之能赏贤而罚暴也，则夫天下岂乱哉！"所以，他关于"天志"和"明鬼"的理论只是为了教人相信，实行兼爱，将得上天奖赏；如不实行兼爱，则将受上天惩罚。大众持这样的信仰，将有利于在人间建立理想世界，因此墨子采取这样的主张。在丧葬和祭祀中"节用"，也有利于大众，因此墨子也主张这样的方针。墨子的思想从极端功利主义出发，崇奉鬼神，而主张薄葬节礼，两者之间并不矛盾，因为都有利于大众实行兼爱。

第六节　国家的起源

照墨子看来，为使民众实行兼爱，不仅要有宗教的规范，还要有政治的规范。《墨子》书中有《尚同》篇，分上中下三章，其中阐述了墨子关于国家起源的理论。墨子认为，国家的权威有两个来源：其一来自民众，另一来自天志。国君的任务应当是监察民众，对实行兼爱的予以奖赏，不实行的则予以惩罚。为有效实行这种监察，国君要有绝对的权威。说到这里，人们会问：人民大众为什么自愿选择这样一个绝对威权来君临统治大众呢？

墨子的回答是：人民大众接受这个权威，不是出于自愿，而是出于无奈，因为除此以外，别无选择。照他看来，在国家兴起之前，社会大众生活在汤马斯·霍布斯描绘的"自然状态"之中。《墨子·尚同》上篇中说：在初民社会中，"盖其语曰，天下之人异义。是以一人则一义，二人则二义，十人则十义，其人兹众，其所谓义者亦兹众。是以人是其义，以非人之义，故交相非也。……天下之乱，若禽兽然。夫明乎天下之所以乱者，生于无政长。是故选天下之贤可者，立以为天子。"据墨子的看法，国君最初是顺应民众的意愿而产生，以免民众陷于无政府状态。

在《尚同》中篇里，墨子又说："古者上帝鬼神之建设国都、立正长也，非高其爵、厚其禄、富贵佚而错之也，将以为万民兴利除害、富贫众寡、安危治乱也。"照这里所说，则国家和君主乃是按照神的意志而设立的。

无论国君的权力是从哪里产生的，按墨子的看法，君主一旦建立起来，就向民众发出号令："发政于天下之百姓，言曰：闻善而不善，皆以告其上。上之所是必皆是之，上之所非必皆非之。"（《墨子·尚同上》）由此引出墨子的名言："上同而不下比"（同上），意思是：对最高领导，要事事同意，而不要跟随下面的人。

按照墨子的理论，国家的性质必然是极权主义的，国君的权力必定是绝对化的。这是从他的国家起源理论所导致的必然结论。因为国家之所以产生就是为了制止人们由各行其是而产生的混乱。因此，依墨子的说法，国家的职责就是"一同国之义"（同上）。在一国之内，只能有一个是非标准（"义"），这个"义"只能由国家制定。一国之内，不能容忍多重标准，那将导致混乱，使民众又回到"自然状态"中去，结果除混乱外，一无所成。从这种政治理论中可以看到，墨子把"侠"的职业道德发展到政治理论，强调集体纪律和集体的顺服。它也反映了墨子时代的政治混乱局面，使许多人倾向中央集权，认为即便专制，也比混乱要好。

这样，墨子主张，必须划一是非的标准（一义）。照墨子的主张，"是"就是"交相兼"，"非"就是"交相别"。墨子指望通过这样的政治规范，再加上宗教的规范，可以使天下之人都实行兼爱。

这便是墨子学说的梗概。从当时各种文献记载看来，墨子自己便是奉行这些原则的范例。

第六章　道家的第一阶段：杨朱

在《论语·宪问》篇里记载，孔子周游列国时，曾遇到许多"避世"的"隐者"。这些隐士嘲笑孔子一心济世，都归于徒然。其中一个名为晨门的隐士称孔子是"知其不可而为之者"（《论语·宪问》第三十八节）。孔子的弟子子路为老师辩护说："不仕无义。长幼之节，不可废也；君臣之义，如之何其废之？欲洁其身，而乱大伦。"（《论语·微子》第七节）

第一节　早期道家与隐者

这些隐者是"欲洁其身"的个人主义者。从某种意义上说，他们又是认为世界败坏、无可救药的失败主义者。按《论语·微子》篇第六节所载，其中有一个隐者对孔子的门徒说："滔滔者天下皆是也，而谁以易之？"（意思是，天下像滔滔洪水泛滥那样，有谁能改变它呢？）这些人远离世俗，遁迹山林，早期道家大概便是从他们中间产生的。

但是，一般隐者既已"远离世俗""欲洁其身"，也就不再介意社会对他们的评论，不去为自己做什么辩护。早期道家则在遁世之后，还为他们的生活方式说出一套道理，杨朱便是其中最突出的一个。

杨朱的生卒年月已不可考，但大致可以知道，他生活于墨子（约前479—前381）和孟子（约前371—前289）的年代之间，因为在《墨子》一书中，未曾提到过杨朱，而在《孟子》书中，杨朱已经是一位著名人物，像墨子一样。《孟子·滕文公章句下》第九节说道："杨朱、墨翟之言盈天下。天下之言不归杨，则归墨。"在道家著作《列子》一书中，有一章《杨朱》篇，历来认为其中反映了杨朱的哲学，但当代学者多半认为《列子》是伪书，《列子》书中杨朱的思想与更早的著作记载的杨朱思想往往不一致，它的论点主要是一种极端享乐主义。（因此，佛克教授关于杨朱的著作命名为《杨朱的乐园》，参阅 Anton Forke,

Yang Zhu's Garden of Pleasure；及 James Legge, The Chinese Classics, 第二卷, 前言, 第92—99页）而在更早的著作中，我们未曾见到有任何地方称杨朱是享乐主义者。不幸的是，我们只能从其他著述中辑录杨朱的思想言论，却无法把它们贯穿成篇。

第二节　杨朱的基本思想

《孟子·尽心章句上》第二十六节说："孟子曰：'杨子取为我，拔一毛而利天下，不为也。'"公元前3世纪的《吕氏春秋》中《审分览·不二》篇说："杨生贵己。"公元前3世纪的另一部书《韩非子》中《显学》篇说："今有人于此，义不入危城，不处军旅，不以天下大利易其胫一毛……轻物重生之士也。"公元前2世纪《淮南子·氾论训》篇中说："全性保真，不以物累形：杨子之所立也。"

上面援引《吕氏春秋》，其中所说"杨生"，据当代学者的考证，就是杨朱。"不以天下大利易其胫一毛"应也是指杨朱或他的追随者，因为我们不知道，当时除杨朱一派外，还有什么人持这样的主张。把这些资料放在一起，可以看出，杨朱有两个基本思想：其一是"人人为自己"，其二是"轻物重生"。这和墨子的"兼爱"思想正好相反。

《韩非子》书中说杨朱"不以天下大利易其胫一毛"，和《孟子》书中说杨朱"拔一毛以利天下，而不为也"，两者含义还有所不同，后者正是杨朱"人人为自己"的思想，而前者则是杨朱"轻物重生"的思想，但两者和杨朱的基本思想是一致的，它们是同一个理论的两个方面。

第三节　杨朱思想举例

从道家文献资料中可以找出杨朱上述两方面思想的实例。《庄子》第一章里有一个故事，叙述传说中的圣王尧，想把王位传给一位名为许由的隐士。许由拒不接受，说："子治天下，天下既已治也。而我犹代子，吾将为名乎？名者实之宾也。吾将为宾乎？鹪鹩巢于深林，不过一枝；偃鼠饮河，不过满腹。归休乎君，予无所用天下为！"尧愿把天下白白赠送给许由，许由也不要；当然，如果要许由拔小腿上的一根毛来换天下，他更不情愿。这正是韩非子笔下的杨朱的形象。

《列子》书中以杨朱为题的一篇还有另一个故事,其中说,"禽子问杨朱曰:去子体之一毛以济一世,汝为之乎?杨子曰:世固非一毛之所济。禽子曰:假济,为之乎?杨子弗应。禽子出,语孟孙阳。孟孙阳曰:子不达夫子之心,吾请言之,有侵若肌肤获万金者,若为之乎?曰:为之。孟孙阳曰:有断若一节得一国,子为之乎?禽子默然有间。孟孙阳曰:一毛微于肌肤,肌肤微于一节,省矣。然则积一毛以成肌肤,积肌肤以成一节。一毛固一体万分中之一物,奈何轻之乎?"这是杨朱思想中另一方面的一个例证。

在《列子·杨朱》篇中,还记述了据说是杨朱的话说:"古之人,损一毫利天下不与也,悉天下奉一身不取也。人人不损一毫,人人不利天下:天下治矣。"我们无法断定这话是否确实出自杨朱,但它很好地总结了上述理论的两方面和早期道家的政治哲学。

第四节 老庄著作中的杨朱思想

从《老子》一书和《庄子》中的若干章,以及《吕氏春秋》中,都可以看到对杨朱思想的评论反思。在《吕氏春秋》书中,有一篇《孟春纪·重己》,其中说:"今吾生之为我有,而利我亦大矣。论其贵贱,爵为天子,不足以比焉;论其轻重,富有天下,不可以易之;论其安危,一曙失之,终身不复得。此三者,有道者之所慎也。"这段话解释了人何以应当轻物重生。失去一个帝国,还有机会可以复得,但人若死去,就不可能复活。

在《老子》书中,也有这个思想。例如《道德经》第十三章中说:"贵以身为天下,若可寄天下;爱以身为天下,若可托天下。"这是说,一个人如果把自己的行事为人看成比得天下更贵重,这样的人,就可以把天下托付给他;一个人如果珍惜自己甚于贪爱天下,就可以把天下托付给他。又如《道德经》第四十四章说:"名与身,孰亲?身与货,孰多?"这些都是轻物重生思想的表现。

《庄子》第三章《养生主》篇中说:"为善无近名,为恶无近刑。缘督以为经,可以保身,可以全生,可以养亲,可以尽年。"这也是依循杨朱的思想;按早期道家看来,这是全生避害的最佳方法。如果一个人的行为败坏到遭受社会的惩罚,当然无法全生。但是,如果一个人的社会声誉太好,也不利于全生。《庄子》第四章《人间世》篇中说:"山木自寇也,膏火自煎也。桂可食,故伐之;漆可用,故割之。"人如果有才能、有用处,则他的命运将和桂树、漆树的命运一样。

因此，在《庄子》书中，我们看到其中称颂"无用之用"。《人间世》里，讲到一棵高大的栎社树，因为木质疏松，没有用处，所以匠人不去砍伐。大树托梦对人说："长期以来，我致力于只求无用。曾有几次，我都几乎死去，现在才成功达到无用的目的，对我来说，这就是最大的用处。"《人间世》篇末说："人皆知有用之用，而莫知无用之用也。"无用乃是全生之道。懂得全生之道的人，不仅不能作恶多端，为善也不能过分，他只能处于善恶之间、有用和无用之间，正是无用，最终证明他的大用。

第五节　道家思想的发展

在这一章里，我们所见到的是先秦道家思想的第一阶段。先秦道家思想总共有三个阶段。以杨朱为代表的是第一阶段。《老子》书中大部分所代表的是第二阶段。《庄子》书中大部分则是第三，也就是最后的阶段。在这里说"《老子》书中大部分"、"《庄子》书中大部分"，是因为《老子》书中也杂有道家第一阶段和第三阶段的思想；《庄子》书中也杂有道家第一和第二阶段思想。这两部著作，也和中国古代的许多其他著作一样，是这一派学说的言论著作的汇编，而不是任何个人的作品。

道家哲学的出发点是保全生命、避免损害生命。为达到这个目的，杨朱的做法是"逃避"。这是隐士们通常的做法：逃离社会、遁迹山林，指望这样就可以不致沾染入世的罪恶污秽。但是，人间如此复杂，无论个人怎样逃避，也难以完全逃避其中的罪恶污秽，因此，"逃避"并不能达到目的。

《老子》书中大部分论述是试图显示宇宙万物变化的法则。在这些道家看来，事物虽然千变万化，但在各种变化的底层，事物演变的法则并不改变。人如果懂得这些法则，按照这些法则来安排自己的行动，就可以使事物的演变对于自己有利。这是先秦道家思想发展的第二阶段。

即便如此，人还是感到生命岌岌可危。无论自然或人类社会的变化中，总有难以预见的因素。因此，无论人怎样保护自己，还是难免受到伤害，这是《老子》书中第十三章喟叹"吾所以有大患者，为吾有身；及吾无身，吾有何患"的由来。这个思想在《庄子》书中加以进一步发挥，成为"齐万物，一死生"的思想。它意味着，从一个更高的观点来看一己与外界、生与死。从这个更高的观点看事物，就可以超越自己以外的世界。这是另一种形式的"逃避"，它不是从世俗社会逃往山林，而是从这个世界逃往另一个世界。这是古代道家思想的第三阶段。

在《庄子》书中《山木》篇里有一个故事，很好地说明了这几种思想。

> 庄子行于山中，见大木，枝叶盛茂，伐木者止其旁而不取也。问其故，曰："无所可用。"庄子曰："此木以不材得终其天年。"
>
> 夫子出于山，舍于故人之家。故人喜，命竖子杀雁而烹之。竖子请曰："其一能鸣，其一不能鸣，请奚杀？"主人曰："杀不能鸣者。"
>
> 明日，弟子问于庄子曰："昨日山中之木，以不材得终其天年；今主人之雁，以不材死；先生将何处？"
>
> 庄子笑曰："周将处乎材与不材之间。材与不材之间，似之而非也，故未免乎累。若夫乘道德而浮游则不然。"

接下去，庄子讲，人浮游于道德，就是浮游于万物的初始状态，役使万物，而不为万物所役，那样，还有什么能拖累他呢？

这个故事的第一部分是讲杨朱保全生命的理论，第二部分是讲庄子的理论，"材"是《养生主》篇中所说的"为善"，"不材"是《养生主》篇中所说的"为恶"，"处于材与不材之间"就是《养生主》篇中所说的"缘督以为经"，就是遵循中道。但是，人若不能从一个更高的观点看世上事物，则这些方法都不能使他免于灾难。为从一个更高的观点看世上事物，就要无我。我们可以说，早期道家的思想是从私——即有我——出发的，在后来的发展中，"私"被倒过来，被否定了。

第七章　儒家的理想主义流派：孟子

按照《史记》所载，孟子（约前371—前289）出生于战国时代的邹国，在今山东南部。他从孔子的孙子子思的学生学习儒家思想理论。当时，在山东半岛东部的齐国，国君热心学术，网罗学者，把他们安顿在首都西门附近的稷下学宫。按《史记》记载，学者们"皆命曰列大夫，为开第康庄之衢，高门大屋，尊宠之。览天下诸侯宾客，言齐能致天下贤士也"。

孟子曾是稷下的著名学者，也曾周游列国，试图以自己的思想影响当时列国王侯，但都遭到冷遇。按《史记》记载，他最后返回故里，与弟子著《孟子》七卷，其中记载了孟子与当时王侯的谈话和与弟子们的对话。《孟子》一书被后代儒家尊称为"四书"之一，成为儒家经书之一。

在儒家思想中，孟子代表了其中理想主义的一派，稍后的荀子则是儒家的现实主义一派，他们的历史作用将在本书中逐步显现出来。

第一节　性善说

我们已经看到孔子十分重视"仁"，并且严格区分"义"和"利"。人之所以为人，就是要行义而不谋利。换句话说，就是要"推己及人"。这就是"仁"的实践。孔子虽然十分强调这一点，但并未充分阐述人何以应当这样做。孟子试图回答这个问题，在这样做之中，他发展出使他垂名后世的"人性本善说"。

人性本善或人性本恶——究竟怎样认识人性——这是中国哲学里争论最多的问题之一。孟子在《告子章句上》第三节到第六节里，曾列举当时除他以外还有另外三种不同的理论。第一种是认为，人性无所谓善恶；第二种是认为，人性可以从善，也可以从恶（这种意见似乎意味着认为人性之中有善因，也有恶因）；还有第三种意见认为，有的人性善，有的人性恶。在这三种意见中，持第一种意见的代表人物是告子，他是与孟子同时的一位哲学家。《孟子》书中记载，他和孟子曾进行很长的讨论，因此我们得以较多了解讨论的具体内容。

孟子主张人性善，并不是认为，人人生下来便是一位孔圣人。他的理论与上述第二种意见的一方面有点相近，承认人的本性中有些因素，本身无所谓善或恶，但如人不加以节制，它就将导致恶。孟子认为，这是人与野兽共同的地方，它们反映了人里面有野兽的本能方面。但严格说来，这不是"人性"。

孟子从多方面论辩以支持他的理论。在《孟子·公孙丑章句上》记载孟子说：

> 人皆有不忍人之心。……今人乍见孺子将入于井，皆有怵惕恻隐之心。……由是观之：无恻隐之心，非人也；无羞恶之心，非人也；无辞让之心，非人也；无是非之心，非人也。恻隐之心，仁之端也；羞恶之心，义之端也；辞让之心，礼之端也；是非之心，智之端也。人之有是四端也，犹其有四体也。……凡有四端于我者，知皆扩而充之矣，若火之使然，泉之始达。苟能充之，足以保四海；苟不充之，不足以事父母。

人的本性，都有上述"四端"，如果加以充分发展，它们便成长为孔子所强调的"四德"。这些品德，如果不受外力阻碍，会在人内心自然生长，如同树由树种成长为大树，如同花由花苞开放为花一样。告子则认为，人性无所谓善恶，道德意识只是后来外界施加给人的。这是孟子与告子看法不同的地方。

还有一个问题是：人为什么要去发展德之四端，而不去发展低下的野兽本能呢？《孟子·离娄章句下》第十九节记载，孟子说："人之所以异于禽兽者几希，庶民去之，君子存之。"这是说：德之四端乃是人区别于野兽之所在，人只有发展德之四端，才能真正成为人。在这里，孟子回答了孔子未曾遇到的一个问题。

第二节 论儒家与墨家的基本不同点

正是在这里，我们可以看出儒家与墨家的不同之处。孟子担当起的一个任务是在《滕文公章句下》第九节所说的"言距杨墨"。他认为："杨氏为我，是无君也；墨氏兼爱，是无父也。无父无君，是禽兽也。……杨墨之道不息，孔子之道不著，是邪说诬民，充塞仁义也。"十分明显的一点是，主张仁义的都强调利人，而杨朱所讲的是利己，主张利己，就是反对仁义。问题是墨子讲兼爱，这也是利人，墨子在这方面甚至比孔子讲得更为明确，然则孟子为什么把墨子和杨朱归在一起加以反对呢？

历来对这问题的回答是：按照墨子的学说，爱是没有等级、差别的；而按照儒家的学说，爱是有等级、差别的。在《墨子》书中已指出了两家的差异。有一位巫马子，对墨子说："我无法实行兼爱。我爱邹（邻国）人胜于越（远邻国家）人，爱鲁（本国）人胜于邹人，爱我乡人胜于鲁人，爱我家人胜于乡人，爱我亲胜于家人，爱我身胜于爱我亲。"

巫马子是儒家，《墨子》书中记他说："吾爱吾身，胜于爱吾亲"，这有点蹊跷，不符合儒家主张的孝道，大概是墨家对儒家的夸张之词。除这一点之外，巫马子所讲的爱有等级差别是符合儒家主张的。

孟子在《尽心章句上》第四十五节谈到爱有等级时说："君子之于物也，爱之而弗仁；于民也，仁之而弗亲。亲亲而仁民，仁民而爱物。"这也是说，爱是有等级差别的。《滕文公章句上》第五节记载，有一位墨家人士夷之与孟子交往的故事。孟子问夷之是否真的相信，人爱邻居的孩子可以和爱自己弟兄的孩子一样，因为人爱自己弟兄的孩子总是自然要比爱邻居的孩子多些。在孟子看来，这是完全正常的。由此前进一步，人应当把这种爱推广到邻居和社会其他成员。《孟子·梁惠王章句上》第七节记载孟子的主张："老吾老，以及人之老；幼吾幼，以及人之幼。"这就是孟子在同一节里所说的："善推其所为"。这是在"爱有等级"的原则下发展出来的。

从爱家人推广到爱其他人，就是实践孔子所说的"忠恕之道"，也就是"仁"的实践。在这些实践中，没有任何勉强的成分，因为人的本性就有恻隐之心，不忍看到别人受苦。由这一点善端推而广之，就使人自然地爱别人，而且也同样自然地爱父母多于爱众人。

这是儒家的观点。墨子则坚持爱众人与爱父母应当没有差别。不管这在实际上意味着少爱一点父母，或多爱一点众人，总之，是要消弭儒家主张的有差别之爱。孟子正是有鉴于这一点而责难"墨氏兼爱，是无父也"。

孟子和在他之后的其他许多思想家都曾清楚指出儒墨两家在爱的理论上的上述分歧。不仅如此，儒墨两家还有一个更根本性的分歧：儒家认为，人顺其本性，就自然发展出仁的品德；而墨家则认为，兼爱是要靠外力加之于人的。

对儒家来说，人为什么要行仁义，是不需要提出的问题，因为这是人的本性。墨家则必须回答人何以需要行仁义这个问题。墨子的回答是为了功利的缘故，为此他求助于超自然和政治的强制力量，这与儒家主张道德必须出于人的自愿，又是互相矛盾的。如果把《墨子》书中关于兼爱的三章与《孟子》书中论人性中"德之四端"相比较，这种根本分歧是十分明显的。

第三节 政治哲学

前面曾指出，墨子关于国家起源的理论也是以功利为基础的，这和儒家的理论也是不同的。在《孟子·滕文公章句上》第四节中，孟子说："人之有道也，饱食、暖衣、逸居而无教，则近于禽兽。圣人有忧之，使契为司徒，教以人伦：父子有亲，君臣有义，夫妇有别，长幼有序，朋友有信。"人伦关系和基于人伦的道德是人之所以区别于禽兽的地方。社会和国家的起源要追溯到社会中人伦关系的存在。墨家认为，国家之所以存在是因为它有用；儒家则认为，国家之所以存在是因为它应当存在。

人只有在人际关系中才能够充分发展。孟子和亚里士多德一样，认为"人是一种政治动物"。人的各种人伦关系只有在国家和社会之中才能发展。国家是一种道德体制，国家的领袖也应当是社会的道德领袖。因此，在儒家的政治哲学中，只有圣人才能成为真正的君主。孟子进一步，把这种理想描绘成古代曾经有过的事实。他说，在远古时代，圣人尧（传说生活于公元前24世纪）是国君。尧年老，选择一位年轻的圣人舜，授以圣王之道，把王位禅让给舜。舜年老时，同样选择了禹，最后把王位禅让给禹。这样，王位由老一代圣人传给年轻一代圣人。孟子认为，这是王位嬗替之道。

如果国君缺少领袖的道德品质，据孟子看法，百姓有一种道德权利，进行革命。这时候，如果把国君杀掉，只是杀一个不义之人，不算"弑君"。在《孟子·公孙丑章句下》第八节，孟子认为，国君如果言行举止不配做一个国君，按孔子"正名"的主张，他在道德上就已不再是国君，而变成了一个"独夫"。在《尽心章句下》第十四节，孟子说："民为贵，社稷次之，君为轻。"孟子的这些思想在中国历史上有巨大的影响，直到1911年，推翻帝制，建立民国，其中虽然有近代西方民主思想的影响，但中国自古以来主张的"革命权利"在民众中间拥有更大的影响。

如果一个圣人成为国君，他的统治便称为"王道"。按照孟子和后来儒家的看法，政治统治有两种：一种是"王道"，一种是"霸道"。王道是"圣王之道"，霸道则是依靠暴力实行统治，它们是性质完全不同的两种统治。圣王之道是靠道德教诲和教育来贯彻的，霸道则是以强制手段来推行的。王道的力量来自道德教化，而霸道的力量则来自武力。在《公孙丑章句上》第三节里，孟子说："以力假仁者霸，霸必有大国；以德行仁者王，王不待大。汤以七十里，文王以百里。以力服人者，非心服也，力不赡也；以德服人者，中心悦而诚服也，如七十子之服孔子也。"

孟子以后的中国政治哲学家都持守这种"王"和"霸"的区别。如果以当代政治学的原理来对照，我们可以说，民主政治便是王道，因为它是人民大众的自由结合；法西斯统治则是霸道，因为它以恐怖和暴力来推行统治。

圣王遵行王道，自然竭尽所能来促进人民大众的福利，这就意味着，国家必定要建立在一个健全的经济基础之上。中国从来都是农业国家，照孟子看来，遵行王道，最重要的健全经济基础就是在农民中间实行土地的平均分配。他在《滕文公章句上》第三节描述他理想中的土地制度是实行"井田制"。中国历来衡量距离以"里"为单位（约相当于三分之一英里），如果把每一平方里划为九个方块，每一方块面积包含一百亩（中国传统的土地丈量单位）。孟子主张把九块方田的中央一块作为"公田"，周围八块田地分给八家农户。他们各自耕种自己的一块田地，又共同耕种中间的"公田"；公田的出产归皇家，私田的出产归农民自己。这个安排的形式，很像中文的"井"字，因此，它被称为"井田制"。

孟子进一步描绘在他理想中的农村，每户人家以五亩土地作为居住的房屋，房屋周围种植桑树，桑叶可以养蚕，这样，每户人家的老人可以穿上丝绸的锦衣。每户人家还要饲养生猪、家禽，这样，老人可以有肉吃。如果实行这个理想，按《孟子·梁惠王章句上》第三节记载，"是使民养生丧死无憾也。养生丧死无憾，王道之始也。"

这还只是"王道之始"，因为照孟子的看法，经济只是更高文化的起步。只有当人人都受到适当教育、懂得人伦之道，这时，王道才能完全实现。

照孟子看来，王道不离人的本性。它是圣王循其"怜悯之心"加以发展的结果。这就是《孟子·公孙丑章句上》第六节所说："人皆有不忍人之心。先王有不忍人之心，斯有不忍人之政矣。"这里所说"不忍人之心"和怜悯之心，在孟子思想中是一回事。在儒家看来，"仁"乃是怜悯之心的发展结果，怜悯之心要靠实行仁爱才能发展，实行仁爱，就是"推己及人"，而这就是"忠恕之道"。王道乃是君王实行仁爱的结果，也是君王实行"忠恕之道"的结果。

在孟子看来，实行王道并没有什么奥秘或困难之处。《孟子·梁惠王章句上》第七节里记载，有一次齐宣王坐在堂上，有人牵牛经过堂下，齐宣王问：把牛牵到哪里去？仆人回答说：把牛牵去献祭。宣王说：把牛放了吧，我实在不忍看它颤栗害怕的样子，像是无罪而被处死。仆人问：那么，还要不要献祭呢？宣王说：祭祀怎么可以废除？换上一只羊去献祭吧。孟子听说此事，问齐宣王，是否确有其事。宣王回答，确有其事。孟子说，凭这种善心，推而广之，就可以实行王道了。在《梁惠王章句下》第五节记载，齐宣王向往王道，只是未能实行。孟子问：王如善之，则何为不行？齐宣王承认，因为自己太爱财货、女色。孟子告诉宣王，这是天下人的通好。如果国君从自己所爱好而想到天下人都有同好，设法去满足天下人，这就是实行王道了。

孟子对齐宣王所说，无非是"善推其所为"，这正是实行"忠恕之道"。从这里可以看到，孟子怎样发展孔子的原理，使它更加清楚。孔子对他的原理的解释限于个人品德修养的范围，孟子则把它推广到政治和治理国家的范围。孔子解释他的原理时，只讲到"内圣"，孟子则把它推广到"外王"的范围。

即便在"内圣"的范围之内，孟子也比孔子讲得更清楚。在《尽心章句上》第一节，孟子说："尽其心者，知其性也。知其性，则知天矣。"这里所讲的"心"，便是"不忍人之心"，也就是"恻隐之心"。这是人的本性，因此，发展人的本心便是知晓人的本性。在《告子章句上》第十五节里，孟子讲到人的本性，说："此天之所与我者。"所以，知道人的本性，也就知道了天道。

第四节　神秘主义

孟子和儒家之中他的这一流派认为，宇宙从根本来说，是一个道德的宇宙。人间的道德原则也是流行于宇宙之中的形而上学原理，人性便是这些原理的实证。孟子和他的学派说到"天"时，就是指这个由道德主宰的宇宙，懂得了这个由道德主宰的宇宙，就是孟子所说的"知天"。一个人如果知道了天道，他便不仅是一个国民，还是孟子在《尽心章句上》第十九节所说的一个"天民"。在《告子章句上》第十六节，孟子还进一步区别所谓"天爵"和"人爵"说："有天爵者，有人爵者。仁义忠信，乐善不倦，此天爵也；公卿大夫，此人爵也。"照他看来，天爵是指人在精神价值领域中的成就，而人爵则是人间纯物质领域的观念，天民所关心的是天爵，而不是人爵。

在《尽心章句上》第四节，孟子还说："万物皆备于我矣。反身而诚，乐莫大焉。强恕而行，求仁莫近焉。"换句话说，人如果充分发展人的本性，不仅可以知天，而且可以与天合一。在生活中，一个人如果充分发展不忍人之心，就得到了仁，实行忠恕之道便是到达仁的最佳道路。在这样的生活实践之中，人的自我中心和自私将会逐渐减少，使人觉得"人"和"己"之间不再有别，"人"和"天"之间的差别也不复存在。这时，个人和宇宙便融合一体，实现孟子所说"万物皆备于我"。这句话使我们看到孟子哲学中的神秘主义成分。

在这里让我们看一下孟子所讲的"浩然之气",可以帮助我们进一步了解孟子哲学中的神秘主义成分。孟子谈"浩然之气",和他的精神修养是联系在一起的。

在《公孙丑章句上》第二节记载,孟子和他的学生公孙丑有一段对话,学生问:"敢问夫子何所长?"曰:"我知言,我善养吾浩然之气。"

"敢问何谓浩然之气?"曰:"难言也。其为气也,至大至刚,以直养而无害,则塞于天地之间。其为气也,配义与道;无是,馁也。"

"浩然之气"是孟子的一个专有用语。后世,孟子的思想影响逐渐上升,使用这个术语的思想家逐渐增多,在先秦,"浩然之气"只见于《孟子·公孙丑章句上》。至于它的含义,连孟子也说:"难言也。"这段对话的上下文是讲两个武士培养勇敢精神的不同方法。从这里,我的推论是:孟子所讲的"气"是由人的"勇气""士气"而来。这和武士的气概是一回事,但两者之间有一点差别:"浩然之气"的"浩然"比武士的勇气更广泛,也更超乎世俗。武士们的气概是指人与人的关系,因此,它仅仅是道德范围的事情;浩然之气则是人和宇宙之间的关系,因此,它是超越道德的价值。它是人和宇宙融为一体的气概,因此孟子说它是"塞于天地之间"。

培养浩然之气的办法分两方面:一个方面是"明道",提高人对"道"的领悟;另一方面是孟子所称的"集义",即坚持不懈地做"天民"所当做的事情。这两方面结合起来就是孟子所说的"配义与道"。

一个人如果从体验中懂得了道,又长期行义,在他身上自然就有浩然之气;但如果有一点勉强,浩然之气就消逝了。在《公孙丑章句上》的同一段对话中,孟子用宋人"揠苗助长"的故事来告诫人们"无若宋人然"。人们种植庄稼时,要为庄稼生长做许多事情,但有一样事情万万不能做,就是去拔苗助长。人"养其浩然之气"也像种庄稼一样,最需要做的事情便是积累善德。孟子在这里虽然说得更多的是"集义",而不是"集仁",其实它们的实际内容是一样的,仁是指内涵,义是指外面的表现。一个人如果经常行义,浩然之气便会从他内心自然地涌现出来。

听起来,"浩然之气"似乎有点神妙莫测,但是,孟子认为,每个人都能在自己身上培养浩然之气,因为这无非就是发挥人的自然本性,而这种自然本性是人人都有的。人的本性相同,正如人人都有一个身体,都有五官四肢。在《告子章句上》第七节里,孟子以比喻说:"不知足而为屦,我知其不为蒉(草篮)也。屦之相似,天下之足同也。"制鞋匠不必知道天下人人的脚的尺寸,因为人们的脚,共同之处比相异之处要多。依同样的道理,圣人顺其本性,与世上万人都相接近。因此,世人只要充分发展本性,人人都可以成圣人。《告子章句下》第二节记载:孟子认为,"人皆可以为尧舜"。这是孟子的教育思想,此后的儒家都继承了孟子的这个思想。

第八章 名　家

名家这个学派，在英文里有时被译作"智者学派"（Sophists），有时被译作"逻辑家"（Logicians）或"辩证法家"（Dialecticians）。名家与西方传统哲学中的智者学派、逻辑家、辩证法家确有某些相似之处，但并不完全相同。为避免混乱，还是称它"名家"较妥，对西方人由此而注意到中国哲学里"名"和"实"的关系这个重要问题，也是有好处的。

第一节　名家和"辩者"

就逻辑说，先秦中国哲学所讲的"名"与"实"的对立，有点像西方语言中主词和宾词的关系。例如，当我们说"这是一张桌子"或"苏格拉底是一个男人"，"这"和"苏格拉底"是"实"，"桌子"和"男人"则是"名"。让我们进一步具体分析一下，名和实的实质是什么，它们的关系是什么。这不免把我们带入一些似非而是的矛盾问题，实际上正是进入了哲学的中心问题。

先秦称"名家"为"辩者"。《庄子·秋水》篇里记载，名家的代表性人物公孙龙曾以下面这段话介绍自己："龙少学先王之道，长而明仁义之行；合同异，离坚白，然不然，可不可，困百家之知，穷众口之辩。"这些话对名家都是适用的。名家往往说一些似非而是的话，在与人辩论中，往往对别人否定的加以肯定，而对别人肯定的又加以否定，以此而著名。司马谈（死于公元前110年）在《论六家要旨》文中便说："名家苛察缴绕，使人不得反其意。"（《史记·太史公自序》）

公元前3世纪的儒家思想家荀子描述邓析（死于公元前501年）和惠施"好治怪说，玩琦辞"（《荀子·非十二子》）。《吕氏春秋》提到邓析和公孙龙时，也说他们是"言意相离""言心相离"（《审应览·离谓·淫辞》）。《庄子·天下》篇列举当时著名的哲学反论（或"悖论"）之后，还举出惠施、桓团、公孙龙的名字。由此可见，这些人是名家最主要的人物。

对于桓团，我们别无所知。对于邓析，我们知道，他是当时一位著名的诉讼专家，他的著述已经佚失，现在流传的《邓析子》乃是伪书。《吕氏春秋·审应览·离谓》篇中说："子产治郑，邓析务难之。与民之有狱者约，大狱一衣，小狱襦袴。民之献衣、襦袴而学讼者，不可胜数。以非为是，以是为非，是非无度，而可与不可日变。"

《吕氏春秋》同一篇里还记述了一个故事，洧河水灾，郑国一富人溺死。尸体被一舟子捞起，向死者家属索要巨款，方肯归还尸体。死者家属向邓析求计，邓析说："不妨等待，因为没有别人会要那具死尸。"死者家属按邓析之策拖延等候。捞起尸体的舟子也去向邓析求计，邓析教他说："不妨等待，因为死者家属只有来你这里，才能买回死者尸体。"《吕氏春秋》没有记载这个故事的结局。

看来，邓析的手法是利用法律条款的文字，在不同情况下作不同的解释。这是他得以"苟察缴绕，使人不得反其意"的办法。他撇开法律条文要联系实际情况这个基本原则，专在法律条款上做文字游戏。换句话说，他只讲"名"，而切断"名"与"实"的联系。这便是名家思想主张的实质。

从这里可以看到，"辩者"源自诉讼专家，邓析便是其中最早的人物。但他只是分析"名""实"问题的一个先驱，在哲学上的贡献不大，真正创立名家哲学的是惠施和公孙龙。

《吕氏春秋》对这两个人物作了以下的简介："惠子为魏惠王（公元前370—前319年在位）为法，为法已成，以示诸民人，民人皆善之。"（《审应览·淫辞》）在同篇里又说："秦赵相与约，约曰：'自今以来，秦之所欲为，赵助之；赵之所欲为，秦助之。'居无几何，秦兴兵攻魏，赵欲救之。秦王不悦，使之让赵王曰：'约曰，秦之所欲为，赵助之；赵之所欲为，秦助之。今秦欲攻魏，而赵因欲救之，此非约也。'赵王以告平原君，平原君以告公孙龙。公孙龙曰：亦可以发使而让秦王曰，'赵欲救之，今秦王独不助赵，此非约也。'"

《韩非子·问辩》篇中又说："坚白、无厚之词章，而宪令之法息。"我们在本章下面将会知道，"坚白"是公孙龙的学说，"无厚"是惠施的学说。韩非子认为公孙龙和惠施的一套论辩时兴起来是破坏了法律。

从上引各书可以知道，惠施和公孙龙与战国时期的法律活动是有联系的。公孙龙对秦、赵两国盟约的解释和邓析的思想是一致的。韩非子认为，惠施和公孙龙关于法律的言论和邓析对法律条款玩弄文字游戏，其与破坏法律并无二致。韩非子自己是一位法家，却对由诉讼专家出身的法家探讨问题持反对态度，岂不令人感到奇怪？在本书第十四章里，我们将会看到，韩非子和其他法家其实是政客，并不是法学家。

惠施和公孙龙代表了名家的两种不同倾向，惠施强调现实的相对性，公孙龙则强调名的绝对性。当我们分析"名"与"实"的关系时，便可看出两人的不同倾向了。试举一个简单的例子来说明。当我们说"这是一张桌子"时，"这"是指具体的事物，它是在变动中的，随时可能出现，也随时可以消逝。"桌子"则是一个抽象概念，它是固定不变的一个"名"。据此，可以说"美"是一切美丽的东西的共同名字，但如果说"一个美丽的东西"，它只能是相对的存在。惠施强调现实事物的不断变化和相对性；公孙龙则强调"名"是不变的、绝对的。

第二节　惠施关于事物相对性的理论

惠施（约生活于公元前 350—前 260 年间），战国时宋国（在今河南）人，曾在魏惠王时任宰相，以学识渊博著名。他的著作不幸已经佚失，其中思想只能见于《庄子·天下》篇中列举的十点。

第一点是："至大无外，谓之大一；至小无内，谓之小一。"这两句话都是现在所称的"分析命题"。它们并未指认任何现实事物，说哪个就是"至大"，哪个就是"至小"。它只是说到"至大"和"至小"这两个抽象概念。为充分了解这两个命题，需要把它和《庄子·秋水》篇中的一个故事进行比较，从中我们将发现，惠施和庄子的思想在一个方面是十分一致的。

这个故事说，秋天来到，黄河河水上涨，河伯（河神的名字）为自己的伟大十分得意。及至随河水入海，才在汪洋大海中发现自己微不足道。河伯对海神北海若说，本来以为自己多么浩瀚，现在和大海相比，才认识到自己多么渺小。北海若回答说，若和天地相比，北海也无非是大谷仓里一颗细小的米粒。因此，只能称自己为"小"，而不能称自己为"大"。河伯又问北海若，如此说来，天地是否可以称作"至大"，而一根头发的毫末则是"至小"？北海若回答说，人所知道的要比他所不知道的少得多，人的生命比他没有存在的时间要短得多，人如何敢说，头发的毫末就是"至小"，天地就是"至大"呢？然后，北海若说，大和小，都因有形，而后才有大小；其实，至小就无形可言，至大就不可能有任何范围。这个故事里关于"至大"和"至小"的解说和惠施的解说十分相似。

说天地是最大的事物，秋毫之末是最小的事物，都是就现实而言，因此所论的是"实"，它还未分析到"名"。关于"至大"和"至小"的这两个命题都属于所谓"综合命题"，它们都以现实为基础，它们的真实性都不是必然，而只是或然。在现实经验中,大的东西和小的东西都只是相对而言。正如《庄子·秋水》篇里所说:如果以事物相互比较,"因其所大而大之,则万物莫不大;因其所小而小之,则万物莫不小。"

人不可能通过现实的经验来决定现实事物之中,哪个是最大,哪个是最小。但如脱出经验的范围,我们可以说:无外的乃是"至大",无内的乃是"至小"。以这样的方式来界定"至大"和"至小",它们的定义就成为绝对的、不可更改的概念了。惠施通过对"大一"和"小一"的分析,得出了绝对的、不会改变的概念。从这两个概念出发,他认识到现实事物中的"质"和"区别"都是相对的,都是会改变的。

我们只要懂得惠施的这个基本观点,就能理解《庄子·天下》篇中举出惠施的十点主张("惠施十事"),看似矛盾,在实质上并不然。除去上述的第一点,其他九点都是论证事物的相对性,可以说,这是一种对事物相对性的学说。下面让我们逐一考察一下。

"无厚,不可积也,其大千里。"这是说,"大"和"小"都只是相对而言。一个没有厚度的东西不可能使它厚起来,就这一点说,它可以被称为"小"。然而,几何学中的平面,它没有任何厚度,却可以很长很宽,就这一点说,它又可以被称为"大"。

"天与地卑,山与泽平。"这是说,高和低也都只有相对的意义。"日方中方睨,物方生方死。"这是说,现实中的一切事物都是可变的,都是在变的。

"大同而与小同异,此之谓小同异;万物毕同毕异,此之谓大同异。"我们说,人都是动物,这是指他们都是人,因此有相似的方面。同时,他们都是动物,因此有动物之间相似的方面。他们作为人的相似性比他们作为动物的共同性大,这是因为:作为人,就意味着是动物;但动物并不一定就是人,除人之外,还有与人不同的其他许多种动物。惠施所说的"小同异"就是指这里的相似性和不同性,每类事物有共同点,这是大同;每类事物中不同种属间又有它们的共同性,这是小同。但是,如果我们把"万有"作为一个普遍的类,就由此认识到:万物都相似,因为它们都是存在物。但是,如果我们把每个个体事物看作一个个体,每个个体都有它自身的特性,使它和其他存在物分别开。这种相似性和不同性乃是惠施所说的"大同异"。因此,我们可以说,万物都彼此相似,也可以说,万物各不相同。由此可见,它们的相似性和不同性都是相对的。名家的这个论辩在古代中国十分著名,被称为"合同异之辩"。

"南方无穷而有穷"。当时人们惯说:"南方无垠"。当时中国中原地带的人对南方十分无知,有点像二百年前来到北美的欧洲移民心目中的"西部"。在古代中国人的心目中，南方并不像东方，被海所限；也不像西方和北方，被沙漠所限，南方是无限的。惠施所说，南方无穷而有穷，可能因为他对南方有更多的知识，知道南方也有山海；更可能是他认为，"无穷"和"有穷"也只是相对的一对概念。

"今日适越而昔来。""今"和"昔"都只是相对的。今天所说的昨天，就是昨天所说的今天；今天所说的"今天"，到明天便成为"昨天"了。这便是时间观念中的"现在"和"过去"的相对性。

"连环可解也。"连环除非被毁，是无法分解的。但是，如果以木匠制作一张桌子来说，从树木看，这是破坏；从桌子看，这是建设。所以，破坏和建设也是相对的，又是相衔接的。因此可以说，连环可以分解而不必毁坏它们。

"我知天下之中央，燕之北越之南是也。"当时燕国在极北，而越国在极南，居于中原的华夏族认为自己就是在天下的中央，它理所当然是在燕国之南，越国之北。惠施在这里所作的反论，后来公元3世纪的司马彪曾经作了很好的诠释说："天下无方，故所在为中；循环无端，故所在为始也。"

"泛爱万物，天地一体也。"在此之前，惠施论证了万物相对存在于流动不居之中。事物之间没有绝对的不同，也没有绝对的隔离。事物都在不停地转化为别的东西。因此，就逻辑来说，万物为一。因此，人应当同样地爱万物。《庄子·德充符》中也说："自其异者视之，肝胆楚越也；自其同者视之，万物皆一也。"因此，人应当泛爱万物，不加区别才是。

第三节　公孙龙关于共相的学说

名家的另一位重要人物是公孙龙（活动于公元前284—前259年间），他以善辩在当时著名。据说，有一次，他经过一个关隘，守兵说："马不能在此经过。"公孙龙回答说："我的马是白马，白马非马。"守兵无言以对，于是，公孙龙牵马过关了。

惠施强调现实中存在的事物都是相对的、可变的；公孙龙则强调"名"是绝对的、恒久不变的。这使他达到与柏拉图一样的"理念"或"共相"观念。这种"理念论"在西方哲学中具有非常突出的地位。

公孙龙的著作《公孙龙子》中有一章题为《白马论》，其中主要命题是"白马非马"。对此，公孙龙从三方面来加以论证。第一，"马"这个字是表明一种形状，"白"是表明一种颜色。表明一种颜色并不表明一个形象，因此，白马非马。如果用西方逻辑的语言，可以说，这个论辩强调的是"马"、"白"和"白马"三个词的内涵不同。"马"的内涵是一种动物；"白"的内涵是一种颜色；"白马"的内涵是一种动物而且还具有一种颜色。由于这三个词的内涵不同，因此"白马非马"。

第二个论证是：如果有人要一匹马，这时马夫牵过来的可以是一匹黄马或一匹黑马；但如果要的是白马，就不能把黄马或黑马牵出来。……如果有人要马，马夫如有黄马或黑马，都可以应声说有；但如果马夫只有一匹白马，他就不能应声说有。这岂不是白马非马？再者，"马"这个词并不包括、也不排除任何颜色。因此，有人要马时，黄马、白马都可以应命。而"白马"这个词，既包括颜色，又排除颜色，黄马和黑马都因其颜色而被排除，只有一匹白马才能应命，那未被排除的和被排除的当然不一样。因此，"一匹白马不是一匹马"。如用西方逻辑学的语言来说，这个论辩强调的是"马"与"白马"的外延不同。"马"的外延包括一切马，不管它们是什么颜色。"白马"这个词的外延却只是指"白颜色的马"，其中排斥了其他颜色的马。既然"马"与"白马"的外延不同，因此，白马非马。

第三个论证是：马当然有颜色，因此而有白马。假设有无色的马，那样的话，"马"就只有本质，没有形体。然则，白马又由何而来呢？因此，"白"不是"马"；"白马"的含义是"马"加上"白"，它和"马"已经不是一样的含义，因此，白马非马。在这个论证中，公孙龙似乎强调"马"的共相和"白马"的共相不同。所有的马都具有马的共相，但其中不包含颜色，马的共相与白马的共相不同，因此，白马非马。

除"马"的共相外，还有"白"的共相，那就是"白色"这个概念。在同一篇里说，白的共相并未说明什么是白。"白马"一词则把"白"界定了，经过界定的"白"和"白"的共相又不是一回事，特定的白是在特定的物体之中显现出来、"定"了下来的。而白的共相是未经任何特定物体加以界定的，它是未经界定的"白"。

《公孙龙子》书中还包括一篇《坚白论》，其主要命题是"离坚白"（坚硬与白色是分离的）。公孙龙从两方面来论证这个命题。其一在下面的对话中表现出来。设想有一块坚硬的白石。是否可以说，"坚白石，三，可乎？曰：不可。曰：二，可乎？曰：可。曰：何哉？曰：无坚得白，其举也二；无白得坚，其举也二。……视不得其所坚而得其所白者，无坚也。拊不得其所白而得其所坚，得其坚也，无白也。"这段对话从认识论方面论证，坚和白是彼此分离的。用手摸，可以得出"坚硬"的结论；用眼看，可以得出"白"的结论，但没有"坚白石"。这就是"无坚得白，其举也二；无白得坚，其举也二"的意思。

公孙龙的第二个论证是形而上学性质的。它的意思说，"坚"和"白"作为共相，并未指明，哪个具体事物是坚，哪个具体事物是白。它可以在任何坚硬或纯白的东西中表现出来。即使在物质世界里没有坚硬或白的东西，"坚硬"和"白"的概念还存在着，这些概念是不依赖于物质而独立存在的。"坚白"这个概念可以离开物质而存在，只要看现实世界中，有的东西硬而不白，有的东西白而不硬。这足以证明，坚与白并非必然联系在一起，它们是彼此分离的。

公孙龙用这些认识论和形而上学的论辩证明"坚"与"白"是分离的。这是中国古代哲学中著名的"离坚白"论。

在《公孙龙子》书中还有一篇《指物论》。公孙龙用"物"来表示具体事物，用"指"来表示抽象的"共相"。"指"字作为名词时，它的本意是"手指"或"指示器"；作为动词时，它的含义是"指示"。为什么公孙龙用"指"来代表"共相"？有两种解释。在名家的哲学词汇中，一个名词是一类具体事物，它们具有那一类事物的共同特性。而一个抽象的语词则指一种属性或共相。由于中国语言和欧洲语言不同，方块字不像拼音文字，没有因格（主动或被动）、性（阴性或阳性）、身（第一身、第三身等）、时（过去、现在、未来）、数（单数或复数），而在词尾做出变化，因此，一个名词（如"指"）和一个抽象语词（如"指"）没有形式上的区别。结果，在西方语词中的一个共同语词，也可以用来指一种共相。中国语言中还没有冠词，因此，"马""一匹马""这匹马"，都以一个"马"字来表示。于是，"马"字基本是用以表示一个共相，而其他语词如"一匹马""这匹马"则是共相的具体应用。因此可以说，在中国语言中，一个共相是由一个名词来表达的，这是公孙龙何以用"指"来表达共相这个意思。

关于公孙龙用"指"来表达共相的含义，还有另一种解释，就是"指"字与"旨"字相通。"旨"字常用作"要旨"，含有"观念"和"概念"的意思。按照这种解释，公孙龙用"指"字时，他的意思是指"观念"或"概念"。公孙龙的上述论辩表明，他使用"概念"并不是像贝克莱或休谟哲学中所指的反映主观的概念，而是如柏拉图哲学中的"理念"，乃是反映客观的一个概念。

在《庄子》一书最末的《天下》篇里，列举了名家的二十一种论辩，并没有说，它们出自名家的何人。其中，明显的是：有些显然以惠施的思想为基础，有些则由公孙龙而来，用惠施的思想或公孙龙的思想，就可以加以解释。过去，这些观点都被看作"反论"，但我们一旦知道了惠施和公孙龙的基本思想，就可以懂得，这些其实并非"反论"。

第四节　惠施和公孙龙学说的意义

名家的哲学解析名实，在中国哲学思想中揭示出一个形象之外的世界。中国哲学里，对"形象之内"和"形象之外"是加以区别的。"形象之内"是"实"，例如：大与小、方与圆、长与短、白与黑，它们都是指一类形象和属性。人们经验中的任何对象或可能成为经验对象的东西，都有形象和属性，都是在现实世界之中。反过来，也可以认为，现实世界中的任何形象与属性都是经验的对象，或可能成为经验的对象。

惠施在他的"十事"中，开头和结尾是谈形象之外的世界。他说："至大无外，谓之大一"，是说处于有限之中的人所能指认的"至大"是怎样一回事。"泛爱万物，天地一体也"，这是说明至大包含什么。"天地一体"意味着，万有即是一，一即是万有。由于万有即是一，因此，在万有之外，更无他物。既然如此，万有不可能成为人的经验的对象。这是因为一个经验对象必然要处于经验着的人的对面。如果我们说，万有可以成为经验的对象，我们就必须说，在万有对面，必定有一个能经验万有的经验者。这就变成了，在至大无外的大一之外，还有一个东西。这是显然自相矛盾的。

公孙龙也揭示了在形象和属性之外的共相。他讨论到，共相不可能成为经验的对象。人可以看见一件白的什么东西，但是无法看见作为共相的"白"。凡名词指向的共相都在另一个世界里，那里没有形象和属性，其中有些共相甚至没有名字。在那个世界里，"坚硬"就是"坚硬"，"白"就是"白"，如公孙龙所说："独而正"，每个共相都是独立而又真实的。

惠施说："泛爱万物"，公孙龙也说："欲推是辩，以正名实，而化天下焉。"两人都显然认为，他们的哲学是内圣外王之道。但是，真正把名家所揭示的形象之外的世界的意义充分发挥出来的乃是道家。道家反对名家，然而真正继承名家的却是道家。惠施和庄子两人是好朋友，正好说明了这一点。

第九章　道家的第二阶段：老子

历来以老子为楚国人（今河南省南部），与孔子同时而比孔子年长，传说孔子曾问礼于老子；《老子》一书被认为是中国第一部哲学著作。经近代学者考证，上述看法有很大改变，有的学者认为老子出生时代晚于孔子。

第一节　老子其人和《老子》其书

传说老子姓李，名聃。对读中国哲学的人来说，重要的问题有二：老子是什么时代的人？《老子》这部书是什么时代的书？这两个问题之间并没有必然联系。很可能，老子出生在孔子之前，而《老子》这部书是后人依托之作。这也正是我的看法。这样，历来对老子生平的说法不必全都否定，历来的说法中并没有提老子著有《老子》其书。因此，我倾向于接受传统关于老子生平的说法，而同时把《老子》一书的著作年代放到后来。在我写《中国哲学史》（两卷本）时，曾提出《老子》一书的著作年代大概在惠施和公孙龙之前，现在我认为《老子》一书的著作年代比我以前所设想的更晚，应在惠施和公孙龙之后。这是因为《老子》书中有不少关于"无名"的讨论，这只能是在人们对"名"的观念有了发展之后。

我所持的这种观点并不要求我认定老子其人和《老子》其书毫无关系。《老子》书中也可能有若干段落是来自老子。我的看法是：《老子》一书的思想体系不可能产生于孔子之前，或与孔子同时。在下面，为避免卖弄之嫌，在援引《老子》时，我还是援旧例称：老子如何如何说，如同我们今天仍旧用"日出""日落"这些词语，虽然我们知道，太阳在太空中并没有出，也没有入。

第二节　道，无名

在上一章里，我们看到，名家的思想家们揭示出"超乎形象之外"或说"形而上"的存在。大多数人只思考"形而下"的存在，即现实世界。他们觉得，现实世界是可见的，因此，表达它时并无困难；在表达时，虽然使用名字，也不觉得那仅仅是"名"。名家的思想家开始对"名"进行讨论，在思维上乃是一大进步，对"名"的思考乃是对"思考"进行思考，它是在一个更高层次上的思维。

一切"形而下"的事物都有名字，或至少有命名的可能，它们是可以命名的。老子却指出，除了"可以命名的"之外，还有"无法命名的"。形而上的事物也并非都无法命名，例如共相，它们是形而上的，却不是"无法命名的"。但从另一方面看，凡"无以命名的"必定是形而上的。道家所说的"道"和"德"便是属于这一类的概念。

在《老子》第一章里，开头便说："道可道，非常道；名可名，非常名。无名，天地之始；有名，万物之母。"在第三十二章里又说："道常无名，朴。虽小，天下莫能臣。……始制有名。"再看第四十一章："道隐无名。"在道家思想中，区别"有"和"无"、"有名"和"无名"；其实，这两个区别只是一个区别，只是"有名"和"无名"的区别，"有"和"无"只是"有名"和"无名"的缩称。天地万物都是可以赋予名字的，故此，称天为天，称地为地，万物各从其类，各有其名。有天地万物，就有天地万物之名。因此老子说："始制有名。""道"是无从命名的，而万物之名又都是由道而来，这便是老子所说："无名，天地之始；有名，万物之母。"

道作为万物本原，无从命名，所以无法用语言表达它。但我们又想要表达它，便不得不用语言来加以形容。称它为"道"，"道"其实不是一个名字。这就是说，我们称道为道，和我们称一张桌子为桌子是不同的。当我们称呼一张桌子为桌子时，它有某些属性，使我们可以称它为"桌子"。但是我们称"道"为"道"时，不是因为它有某些可以名状的属性，这个名字只是一个指称，或用中国哲学惯用的词语，称它是"无名之名"。《老子》第二十一章说："自古及今，其名不去，以阅众甫。"道是万物之所由来。既然物从来自在，道就从来自在，道这个指称也就从来自在。它是一切起源的起源，因此它见到了一切的起源。"道"这个名字既然从来自在，因此它长存；而这在现实之中根本不是一个名字。因此《老子》第一章里说："名可名，非常名。"

"无名，天地之始。"这只是一个形式的命题，而不是一个积极的命题。这就是说，它并没有对话题提供任何信息。道家认为，既然有万物，万物必定有它们的由来，于是便把这个"由来"称作"道"。它其实不是一个名字。"道"这个概念也只是一个形式命题，并不是一个积极命题。这就是说，它对万物所由来的这个"由来"，并没有作任何描述。我们所能说的是："道"既是万物之所由来，它就不是万物之一；如果它是万物之一，它就不是万物之所由来。每一个事物都有一个名字，道不是一个事物，因此，它没有名字，因此，"道常无名，朴。"

任何事物，自一开始出现就是一个存在物，万有便是由此而来，万有意味着首先必须有存在。这里所用的"首先"，并不是指时间中的某一点，而是指逻辑上的先后。举例来说，我们说，世上必须首先有某种动物，然后才有人。这句话里的"首先有某种动物"，是指时间上的先后。但是如果我们说，有人类之前，先要有动物，这里的"先"，是指逻辑上的先后。达尔文的"物种起源"论是对历史事实做了多年观察之后作出的论断。但是，上述"有人类之前，先要有动物"这句话并没有对事实作出任何论断。它只是在逻辑上指出，有人类之前，必先有动物。依同样的道理，万有必须首先有"有"，这就是老子在《道德经》第四十章所说"天下万物生于有，有生于无"的含义。

老子的这句话并不意味着，从前曾有一个"无"的时期，后来从"无"之中跳出"有"。它只是说，如果我们分析事物的存在，就会看见，首先需要有"有"，而后才能出现事物。"道"是不可名状的，是"非有"，正由于"非有"的存在，才能出现"有"和"万有"。因此，在出现"有"之前，需要有"非有"，或称"无"，从逻辑说，若没有无，便没有"有"和"万有"。这里所说的是本体论，不是宇宙论，它与时间和现实没有关系。在时间和现实之中，没有"有"，有的只是具体的万物。

存在着的事物有千千万万，但只是一个"有"。《道德经》第四十二章说："道生一，一生二，二生三，三生万物。"这里所说的"一"，即"有"。说"道生一"，也就是说"有"生于"无"。关于"二"和"三"，有许多不同的解释，《道德经》在这里所说"一生二，二生三，三生万物"，意思就是从"有"产生出万物。有是一，二和三则是"多"的开始。

第三节 自然的不变规律

《庄子·天下》篇里说，老子"建之以常无有，主之以太一"。这是说，老子的学说以"太一"和"无有为常"作为主旨。太一即道，道生一，因此，道称为"太一"。"常"的含义是永久、永在。万物都是变动不居的，但决定万物变动的法则却是不变的。因此，《老子》书中的"常"字，既是"恒常"，又是"常则"。如《老子》第四十八章说："取天下常以无事"，又如第七十九章说："天道无亲，常与善人。"

在主宰事物变化的法则中，最根本的一条是中国人常说的一句话："物极必反。"这四个字源自老子的思想，但不是老子的原话。老子的原话见《道德经》第四十章"反者道之动"和第二十五章所说："有物混成，先天地生。……吾不知其名，字之曰'道'，强为之名曰'大'。大曰逝，逝曰远，远曰反。"

这是老子归纳的自然法则。因此，《道德经》第五十八章说："祸兮，福之所倚；福兮，祸之所伏。"又如第二十二章所说："少则得，多则惑。"第二十三章又说："飘风不终朝，骤雨不终日。"第四十三章说："天下之至柔，驰骋天下之至坚。"又如第四十二章所说："故物或损之而益，或益之而损。"所有这些看似反论的话，只要人懂得了自然的根本法则，便知道它们不是反论。只是常人不懂得自然法则，便觉得它们真是难解。因此，老子在第四十一章说："下士闻道，大笑之。不笑不足以为道。"

人们会问：如果物极必反，那么"极"在哪里呢？任何事物的发展超过了人们认为的极限，那又将如何呢？是否还有一个绝对的限度呢？在《道德经》里，没有提出这个问题，因此也没有对它的明确答案。但是，如果当时有人对老子提出这个问题，我估计，老子的回答将是：万物在任何情况下，都没有预先划出的绝对限度。就人类的活动来说，人的进化到哪里为止，全在于人的主观感觉和客观情况。以牛顿为例，他自认对宇宙的知识只相当于一个在海滩上玩耍的孩子对大海的了解。牛顿尽管在物理学方面已经取得巨大的成就，他的自我感觉是在知识领域里，还远远没有走到极限。但是，如果有一个高中学生，读完了高中物理学教科书，就此认为自己已经掌握了物理学的全部知识，也就不可能在科学知识上再有所进步，而且将会"倒退"。老子在《道德经》第九章告诉人们："金玉满堂，莫之能守。富贵而骄，自遗其咎。"骄傲就是一个人的进步已到达极限的标志，它是任何人首先要力戒的事情。

任何一种活动的前进极限还要看客观的情况。人如果吃得太多，就会噎食。吃得太多时，本来对人身体有益的食物会倒转来成为对人有害。人在饮食上应当适度；至于多少是"适度"，则要看各人的年龄、健康和食品的质量而定。

这些是左右事物变化的法则，老子称之为"常"。《道德经》第十六章说："知常曰明"；接下去说："知常容，容乃公，公乃王，王乃天，天乃道，道乃久，没身不殆。"这是说，知道事物变化的常理，人的思想就明智，明智的人就得以避免偏见；没有偏见，人的思想才能全面；思想全面才能胸怀广阔；胸怀广阔的人得见真理；得见真理的人将持续不败，终身也不会跌倒。

第四节 为人处世

在《道德经》第十六章里，老子告诫人们："不知常，妄作，凶。"人应当懂得天地间万事万物流动变化、相反相成的常理，为人处世要合乎自然的常理，这便是老子所说的"知常曰明"。具体如何实践呢？老子以为，一个人如果想要成就某件事，他就要把自己放在成就事情的对面；如果他想保持任何事情，就要承认在事情之中已经有了它自身的对立面。如果一个人想要强大，他就首先要看到自己处在一个软弱的地位。如果人们想要保持资本主义，就要首先看到其中已有某种社会主义成分。

因此，在《道德经》第七章里，老子向人们说："圣人后其身而身先，外其身而身存。非以其无私邪？故能成其私。"在第二十二章里，他又说："不自见，故明；不自是，故彰。不自伐，故有功；不自矜，故长。夫唯不争，故天下莫能与之争。"不自是、不自伐，这是老子所强调的首要之点。

在《道德经》第四十五章里，老子还说："大成若缺，其用不弊。大盈若冲，其用不穷。大直若屈，大巧若拙，大辩若讷。"第二十二章又说："曲则全，枉则直，洼则盈，敝则新，少则得，多则惑。"不求全，这是老子所强调的第二点。

道家最关心的问题是：人生在世，怎样才能全生？怎样才能避祸？（请参阅本书第六章末）这里便是老子的回答。他认为，一个谨慎的人应当温和、谦虚、知足。温和就能保持自己的力量强大。谦虚就能使人不断进步。凡事知足，使人处理任何事情，不致过分。如第三十二章告诫人们："知止所以不殆。"又如第二十九章所说："是以圣人去甚，去奢，去泰（过分）。"

所有这些都可以从"反者道之动"的原理中引申出来。道家的"无为"，也同样可以从这个总原理中引申出来。道家主张无为，并不是叫人完全不动，或不做任何事情。它的用意是叫人不要以多为胜，"少"就是抓住要害；也意味着，行事为人不要矫揉造作，不要恣肆放荡。

人的活动也如其他东西一样，过多就反而有害。人做一桩事，是想完成那一桩事。如果做得过分，结果可能比不做更糟。中国有"画蛇添足"的故事，叙述两个人比赛画蛇，先完成者获胜。而那个先完成者看另一个人落在后面，就利用自己占先的富余时间，为所画的蛇再添上四只脚。这样一来，他所画的就不是蛇，结果转胜为败。这是告诫人：行事过分，将招来失败。老子在《道德经》第四十八章里说："取天下常以无事，及其有事，不足以取天下。"意思也是说，行事不要过分，并不是叫人不要做事。

矫揉造作和轻率放肆是顺其自然的对立面。老子认为，道就是万物之所由来。万物在生成过程之中，都有"道"在其中。在万物之中的"道"就是"德"，"德"的含义是"能力"或"品德"，它可以解释为万物本有的品质，也可以解释为在人伦关系中的德行。因此，"德"就是事物的本性。这就是《道德经》第五十一章所说的"万物莫不尊道而贵德"，"道"是万物的由来，"德"则是万物本性的依据。

按照"无为"的理论，人的活动应限于"必要和顺乎自然"的范围。"必要"是指达到某个具体有限的目标；"顺乎自然"是指按照时势和事物的本性，不强行要求。人行事为人，要力求平易朴实。"朴"是老子和道家的一个重要思想。道就是"朴"之最，因为它连名字也没有（《道德经》第三十七章称道是"无名之朴"）。其次是"德"，它就是事物天生的本性。人要循德求道，道和德就要求人简朴。

人顺德，就是顺事物的本性行事，这时人的生活就超越了世俗的是非善恶。老子在《道德经》第二章告诉人们："天下皆知美之为美，斯恶已；皆知善之为善，斯不善已。"因此，老子蔑视儒家道德所主张的仁义，认为那是由于人对万物的由来和万物的本性疏离而产生的。《道德经》第三十八章说："失道而后德，失德而后仁，失仁而后义，失义而后礼。夫礼者，忠信之薄而乱之首。"这是道家和儒家思想冲突的一个事例。

照道家的看法，人失去了原有的德，乃是因为欲望太多，知识太多。人竭力满足欲望，以求快乐。但是，欲壑难填，当人力求满足无穷的欲望时，所达到的适得其反。老子在《道德经》第十二章说："五色令人目盲，五音令人耳聋，五味令人口爽；驰骋畋猎令人心发狂，难得之货令人行妨。"因此，《道德经》第四十六章说："祸莫大于不知足，咎莫大于欲得。"这是老子强调清心寡欲的由来。

和强调寡欲相联，老子还强调，人要弃智。老子看到，知识本身就是欲望的一个对象；它又引起人的更多欲望，成为人满足欲望、达到目的的帮手。知识既是欲望的主人，又是欲望的仆人。人的知识越多，就越不知足，不知止。因此，《道德经》第十八章说："智慧出，有大伪。"

第五节　政治理论

　　从上述思想中，老子发展出他的政治理论。道家和儒家相同的一点是：认为在理想国里，国家首脑应当是一个圣人，唯有圣人才能担当起治国的重任，圣人也应该成为理想国的统治者。道家和儒家不同的地方在于：儒家认为，圣人治国，应当为大众多做事情；而道家认为，圣人治国，不是要忙于做事，而是要裁撤废除过去本不应做的事情，以至"无为"。老子认为，世事纷繁，种种烦恼，不是因为事情做得太少，而是因为事情做得过多。《道德经》第五十七章里写道："天下多忌讳，而民弥贫；民多利器，国家滋昏；人多伎巧，奇物滋起；法令滋彰，盗贼多有。"

　　老子认为，圣人治国的第一桩事乃是废除这些事情。如《道德经》第十九章所说："绝圣弃智，民利百倍；绝仁弃义，民复孝慈；绝巧弃利，盗贼无有。"又如《道德经》第三章所说："不尚贤，使民不争；不贵难得之货，使民不为盗；不见可欲，使民心不乱。是以圣人之治，虚其心，实其腹，弱其志，强其骨，常使民无知无欲。"

　　圣人治国，要除掉世上祸害的根源。继此之后，圣人将实行无为而治。无为而无不为，世事将自然取得成就。这便是《道德经》第五十七章所说："我无为，而民自化；我好静，而民自正；我无事，而民自富；我无欲，而民自朴。"

　　道家的另一个看似矛盾的主张是"无为而无不为"。《道德经》第三十七章说："道常无为，而无不为。"道是万物之所由来。它不是万物中之一，因此它也不像万物那样不断流动，但万物自然从中生发出来，万物流动不居就是道。因此，道常无为，而无不为。道家认为，国君就应当以道为法，自己无为，而让大众各尽其能。这是"无为"的另一层意思。它经过若干演化，后来成为道家的一个重要主张。

　　儿童的知识和欲望都比成人少。他们离德不远。因此，《道德经》第五十五章说："含德之厚，比于赤子。"婴儿的率性纯真是人人都应当极力保持的。正因为儿童的生活最接近人的原初状态，所以圣君期望他的民众都像婴儿。如《道德经》第四十九章所说："百姓皆注其耳目，圣人皆孩之。"又如《道德经》第六十五章所说："古之善为道者，非以明民，将以愚之。"

　　这里的"愚"是指质朴纯真。圣人不仅希望他的子民"愚"，也希望自己愚，如《道德经》第二十章所说："我愚人之心也哉！"在道家思想中，愚并不是一件坏事，倒是一项巨大的美德。

但是，圣人的"愚"和常人、和儿童的"愚"是否一样呢？当然不一样。圣人的"愚"是修养得来的。它高于知识，比知识是多一些东西，而不是少了一些东西。中国人有一句谚语："大智若愚。"圣人的愚是大智，而不是常人和儿童的"愚"。常人和儿童的"愚"是自然决定的，圣人的"愚"是心灵经过努力而达到的成就，两者之间是截然不同的。后来的道家往往对两者不加区别，在下面讨论庄子的哲学思想时，我们对这一点会看得更清楚。

第十章　道家的第三阶段：庄子

庄周（约前369—前286），通称庄子，在早期道家中大概是最伟大的一个思想家。后人对他的生平所知很少，只知道他是蒙国（今山东、河南两省边境的小国）人，毕生过着隐士式的生活，但思想和著述已驰名当时。据《史记·老子韩非列传》所记，楚威王曾慕庄周名，遣使者携带礼物往谒庄周，聘请他出任楚国宰相。庄周笑答说："子亟去，无污我。……我宁游戏污渎之中自快，无为有国者所羁，终身不仕，以快吾志焉。"

第一节　庄子其人和《庄子》其书

庄子与孟子同时，和名家的惠施是好朋友，但我们现在所知的《庄子》一书很可能是公元3世纪注释《庄子》的思想家郭象所编著。现在我们很难断定《庄子》书中，哪些篇章是庄周本人所著。事实上，《庄子》是一部道家思想汇编。其中，有些篇反映了道家第一阶段的思想；有些反映了道家第二阶段的思想；有些则反映了道家第三阶段的思想。这些反映道家第三阶段思想的篇章才称得上是庄子自己的著作，即便这一部分，也难以断定其中哪些篇确是庄周本人的手笔，因为虽说庄子的思想代表了道家的第三阶段，但庄子思想体系可能是到他的弟子的时代才完成。例如《庄子》书中包含了对公孙龙思想的评论，而公孙龙活动的时代是在庄子之后。

第二节　得到相对快乐的途径

《庄子》第一章《逍遥游》文字简单，却充满了有趣的故事。这些故事蕴含的思想是说，人们所说的快乐，其实其中有不同的层次。自由发展人的本性，可以带来相对的快乐，但要达到"至乐"，必须对事物本性有更高的了解。

为达到快乐，第一步便是充分发展人的本性，为此人要能自由发挥天赋的才能。人的天赋才能便是他的"德"，而"德"则是直接来自"道"。庄子对"道"和"德"的看法和老子相同，例如《庄子·天地》篇中说："泰初有无，无有无名；一之所起，有一而未形。物得以生，谓之德。"从中可以看到庄子认为，德是人之所以成为人，或说，"德"是人的本质。当人得以充分并自由地发挥他的天赋才能时，他就感到快乐。

和自由发展自己这个思想相联，庄子把天然和人为作了一个对比。在《庄子·秋水》篇里河神河伯与海神北海若有一段对话，北海若说："天在内，人在外……牛马四足，是谓天；络马首，穿牛鼻，是谓人。"顺乎天然，乃是一切快乐和善良之所由来，而服从于人为则是痛苦和邪恶的由来。

万物的本性和天赋的能力各有不同。它们之间的共同点是：当它们充分并自由发挥天赋才能时，便同样感到快乐。《庄子·逍遥游》篇里叙述大鹏和小鸟的故事。大鹏和小鸟的飞翔能力全然不同。大鹏能够扶摇直上九万里，小鸟甚至从一棵树飞到另一棵树都感到勉强。但是大鹏和小鸟各尽所能地飞翔时，都感到自己非常快乐。这说明，万物本性不是生来一致的，强求一致也并无必要。《庄子·骈拇》篇里还有一处说："凫胫（脚骨）虽短，续之则忧；鹤胫虽长，断之则悲。故性长非所断，性短非所续，无所去忧也。"人要想戕贼万物本性，强求一致，是徒劳无益的。

第三节　政治与社会哲学

上面举出天然和人为的异趣。一切体制、政府、法律、道德，所求达到的便是强求一律和压制差异。这样强求一律的人，其动机或许是可敬的，但是，把自己认为好的东西强加给别人，其结果是适得其反。《庄子·至乐》篇讲了一个寓言，从前有一只海鸟飞到内陆，栖息在鲁国京城郊外。"鲁侯御而觞之于庙，奏九韶以为乐，具太牢以为膳。鸟乃眩视忧悲，不敢食一脔，不敢饮一杯，三日而死，此以己养养鸟也，非以鸟养养鸟也。……鱼处水而生，人处水而死，彼必相与异，其好恶故异也。故先圣不一其能，不同其事。"鲁侯以上宾之礼待鸟，他的动机诚然是好的，而结果却适得其反。政府和社会在法律和道德上强求一律，其结果也就像鲁侯待海鸟一样。

这是庄子何以强烈反对政府运用其机构实行统治的原因。他认为，最好的治理办法就是无为而治。《庄子·在宥》篇说："闻在宥（在，自在；宥，宽容）天下，不闻治天下也。在之也者，恐天下之淫其性也；宥之也者，恐天下之迁其德也。天下不淫其性，不迁其德，有治天下者哉！"

如果不让大众享受自由，而以政治、法律统治大众，那就如同络马首、穿牛鼻，又如同续鸭胫、断鹤胫一样。本来率性自然的，变成人为的，那就如同《庄子·秋水》篇所说的"以人灭天"，其结果只能是悲惨不幸。

庄子和老子都主张"无为而治"，但是所持的理由却不完全相同。老子着眼在"反者道之动"，认为统治者如果一心加强统治，就越是达不到所想达到的结果。庄子则强调天然和人为之不同，统治者越是靠人为的手段来统治，悲惨和不幸就越多。

说到这里，我们所谈的还只是庄子所说的"相对快乐"。达到相对快乐的途径是让人顺他的天性去生活，这是每个人都能做到的。庄子的政治社会哲学正是要为大众谋求这种相对的快乐。政治和社会哲学所能做到的也只止于此。

第四节　感情和理性

相对快乐之所以相对，是因为它需要依靠别的东西。一个人能够自由充分地发挥天赋的才能，便感觉到快乐，这是事实。但是，人这样做时，总要遇到许多阻力。举例来说，死亡使得人不再能够活动，还有各种疾病和老年来临，都使人无法充分活动。难怪佛家认为人的老、病、死是"众生皆苦"的三项；另一项"苦"是生命本身。因此，人要自由充分发挥天赋才能却又不得不受到限制，由此所得的快乐也只能是相对的快乐。

在《庄子》书中有不少地方讨论到人生最大的苦难——死亡。人们不快乐的一个重要原因，便是惧怕死的来临和由此而来的忧虑。这种恐惧和忧虑是可以消除的，关键在于人对事物的本性有一个正确的洞察。《庄子·养生主》篇里有一个关于老子之死的故事说，老子死后，他的朋友秦失前来吊唁，看到其他前来吊唁的人过分悲痛，就加以批评说："是遁天倍情，忘其所受，古者谓之遁天之刑。适来，夫子时也；适去，夫子顺也。安时而处顺，哀乐不能入也。古者谓是帝之悬解。"这是说，人违反了自然的法则，去增多人的感情，而忘记了从自然已经得到的教诲。这就是违反自然法则所受的惩罚。夫子之来，有他出生的时机，夫子之去，是顺从自然的必由之路。懂得夫子的来去，都是适时、顺势，就不致为悲伤或欢乐所干扰。古人把这样的人看为神人，他们已经得到了解脱。

吊唁死者而悲痛时，人在精神上受苦，是由于自己的感情，感情悲痛越深，受苦也越深。苦楚的根源是期望人不死，违反了自然的法则，即所谓"遁天之刑"。人对万事万物增加理解，就可以减少由感情造成的痛苦。例如，天下雨，使人不能外出，成人不会对天发怒，儿童却忍不住会发脾气；其原因是成人比儿童多了解事理，所受到的挫折失望感也就比儿童要少得多。斯宾诺莎曾说过："人越多了解事物的因果由来，他就能越多地掌握事件的后果，并减少由此而来的苦楚。"用道家的话来说，这就是"以理化情"。

《庄子·至乐》篇里有一个关于庄子的故事，最足以说明这一点。"庄子妻死，惠子吊之，庄子则方箕踞鼓盆而歌。惠子曰：'与人居，长子老身，死不哭亦足矣，又鼓盆而歌，不亦甚乎！'庄子曰：'不然。是其始死也，我独何能无概然！察其始而本无生，非徒无生也而本无形，非徒无形也而本无气。杂乎芒芴之间，变而有气，气变而有形，形变而有生，今又变而之死，是相与为春秋冬夏四时行也。人且偃然寝于巨室，而我嗷嗷然随而哭之，自以为不通乎命，故止也。'"注释《庄子》的两晋大思想家郭象就这个故事评论说：庄子在懵懂无知时，他是悲恸的；及至醒悟以后，他就不再悲恸。讲这个故事，是为了启发重情的人，使他明理而得以排遣感情上的沉重负担（"斯所以诲有情者，将令推至理以遣累也"）。感情可以通过理性和理解去化解，这是斯宾诺莎的观点，道家的观点也正是如此。

道家认为，圣人洞察事物本性，因此没有感情的冲动，这并不是说圣人便没有对事物的感觉。毋宁说，他不为感情所扰以致失去"心灵的宁静"。斯宾诺莎曾说："懵懂无知的人不仅由于外界的各种因素而焦躁不安，以至永不得享受心灵的宁静；他还对神和万事都懵懂无知，若不痛苦，便无法生活，真正不痛苦时，也就不存在了。有智慧的人，在他被认为有智慧的范围内，心神泰然，还由于意识到神、万物和自我，因具有某种永远的必然性而时刻存在，由此得以安享心灵的宁静。"（《伦理学》第五部分，命题第四十二）

圣人洞察事物的本性，因此不会由于世上的各种变化而心中波涛汹涌。他的生命独立于外界事物，因此他的心灵快乐也不受外界所左右。他可以说是达到了"至乐"。这是道家思想中的一派，这一派强调事物有其自身的进程，人只能对它顺服；其中自然不免含有悲观认命的色彩。

第五节　达到至乐的途径

道家中还有另一派思想，强调事物的本性便是不停地变动，因而是相对的；人的努力目标是"天人合一"。为做到这一点，人需要对事物有更高一层的理解，由此得到的快乐才是"至乐"，这是庄子在《逍遥游》篇中所发挥的观点。

在《逍遥游》篇中，描述大鹏和小鸟各自都感到快乐之后，庄子说，战国时期郑国的一位思想家列子，能够御风而行；顺应自然而能如此，在世间已不多见。但列子虽不必徒步行路，还要靠风，因此，他的快乐还是相对的。如果有人凭借自然的本性，顺应六气（阴、阳、风、雨、晦、明）的变化，而游于无穷之中，他还需要依赖什么东西呢？在庄子看来，这样的人是至人、神人、圣人，"至人无己，神人无功，圣人无名"。

庄子在这里描述了在他理想中达到至乐的人，这是完美的人、心灵自由的人、真正的圣人。他能够纯然快乐，因为他超越了普通事物的界限，还超越了我与世界、我与非我、主观与客观的界限。这就是说，他超越了"我"，达到"无我"的境界，与道合一。道无为而无不为，因为"无为"，所以"无功"；圣人与道合而为一，因此也"无功"。圣人治天下，就是让世人自由自在，自由充分地发挥所有的才能。道"无名"，圣人与道合一，因此也"无名"。

第六节　有限的观点

到这里，还剩下的问题是：一般人怎样能够成为完美的人？为回答这个问题，我们必须读《庄子》的第二篇《齐物论》。在第一篇《逍遥游》里，庄子分析了快乐的两个层次；在《齐物论》里，他又分析了知识的两个层次。让我们先从最初步的层次说起。在讨论名家的一章里，曾说到庄子和惠施之间有某些相似之点。在《齐物论》里，庄子讨论低层次的知识，和"惠施十事"中的反论相比较，可以看出它们的相似之处。

《齐物论》的第一节里描述风吹的时候，发出各种声音，每种声音都有它的特点，这些被称为"地籁"。此外还有"人籁"。"地籁"和"人籁"一起，又组成"天籁"。

"人籁"就是人世间的"言语"。它与"地籁"不同之处就在于言语反映人的思想，其中包含肯定与否定，还有人们从各自的局限性出发的观点和主张。这些意见既然有局限性，因此就有片面性。但是大多数人并不意识到自己的局限性，往往认为自己正确，而别人则是错误的。结果是："有儒墨之是非，以是其所非而非其所是。"

人们各按自己的片面观点争论是非，在这种情况下，不可能达到一个一致的结论，也不可能认定某一方就是完全正确或完全错误。《齐物论》中说："即使我与若辩矣，若胜我，我不若胜，若果是也，我果非也邪？我胜若，若不吾胜，我果是也，而果非也邪？其或是也，其或非也邪？其俱是也，其俱非也邪？我与若不能相知也，则人固受其黮暗，吾谁使正之？使同乎若者正之？既与若同矣，恶能正之！使同乎我者正之？既同乎我矣，恶能正之！使异乎我与若者正之？既异乎我与若矣，恶能正之！使同乎我与若者正之？既同乎我与若矣，恶能正之！"

这一段论辩使我们想起名家论辩的风格。但名家的论辩是为了驳倒一般人凭常识而来的观点，《齐物论》的论辩的目的则在于驳倒名家的论点，因为名家认为，事情的是非，就看哪一方能够驳倒对方。

庄子则认为，人们的是非观念是根据他们的局限性观点建立起来的。所有这样的观点都是相对的，《齐物论》说："方生方死，方死方生；方可方不可，方不可方可；因是因非，因非因是。"事物总是在不断变化之中，自然有许多方面。于是对同一个事物，可以有各种不同的观点。当我们这样说时，我们便已经假定，还有更高一层的看法。如果接受这个假定，我们就不必再论断事情双方的孰是孰非。论辩双方既然都有限、都片面，便已经说明了问题。

第七节　更高层次的观点

接受这个前提，就意味着从一个更高的出发点看事物，有如《齐物论》所说："照之于天"，就是超越任何有局限性的观点，比照事物的本能，也就是照之于道。《齐物论》中说："是亦彼也，彼亦是也。彼亦一是非，此亦一是非。果且有彼是乎哉？果且无彼是乎哉？彼是莫得其偶，谓之道枢。枢始得其环中，以应无穷。是亦一无穷，非亦一无穷也。故曰莫若以明。"换句话说，有"此"就有"彼"，它们之间孰是孰非，往复循环，如同一个圆圈。人若站在道的观点来看问题，就如同站在圆圈的中心，他看得到圆圈上每一点的运动，而他自己则站在运动以外。这并不是由于他无所作为、逡巡不前,乃是因为他超越了有限,从一个更高的观点看事物。庄子把囿于有限的观点比作"井底之蛙",只看到天的一角,便以为那就是天的全体。

从道的观点看事物,每个事物只有那么一点大,如同《齐物论》中所说:"可乎可,不可乎不可。道行之而成,物谓之而然。恶乎然?然于然;恶乎不然?不然于不然。物固有所然,物固有所可。无物不然,无物不可。故为是举莛与楹,厉与西施,恢诡谲怪,道通为一。"意思是说,由道而生成万物,事物的名称是人把它叫出来的。"可"有它可的原因,"不可"有它不可的原因;"是"有它是的原因,"不是"有它不是的原因。为什么是?自有它是的道理;为什么不是?自有它不是的道理。为什么"可"?自有它可的道理;为什么"不可"?自有它不可的道理。万物本来都有它们的道理,万物也本来都有它们得以存在的根据。没有什么东西毫无存在的价值,没有什么东西不可以存在。所以小草茎和大厅柱、丑陋的女人和美丽的西施,以及一切千奇百怪的东西,从道的观点看,它们都是可以相通为一的。

接下去,《齐物论》又说:"其分也,成也;其成也,毁也。凡物无成与毁,复通为一。"以制造一张桌子为例,从桌子的角度看,这是建造;从树的角度看,这是破坏。叫它建造也好,叫它破坏也好,这都是从有限的角度看它;如果从道的角度看,则建造和破坏都是相对的,都没有绝对的意义,因此无成也无毁。

再如"我"与"非我",这也是相对的。从道的观点看,"我"与"非我"也是相通的,因此也通而为一。这就是《齐物论》中所说:"天下莫大于秋毫之末,而大山为小;莫寿于殇子,而彭祖为夭。天地与我并生,而万物与我为一。"这又使我们想到惠施所说的:"泛爱万物,天地一体也。"

第八节　更高层次的知识

上引《齐物论》中的段落,接下去又说:"既已为一矣,且得有言乎?既已谓之一矣,且得无言乎?一与言为二,二与一为三。自此以往,巧历不能得,而况其凡乎!故自无适有以至于三,而况自有适有乎!无适焉,因是已。"这是说,既然万物都通为一,具有同一性,那还需要说什么呢?但是,既已说了一,这不是已经有言了吗?"一"加上"言",便成了"二";"二"再加上一,便成了三。即便有一个最善于计数的人,也无法把数目数算到尽头,何况凡人呢?由无到有，已经出现了三，如果是从有到有，还能数到尽头吗？不必再数，就此停住吧。这里，《齐物论》比惠施的思想前进一步，开始讨论更高层次的知识。这更高层次的知识便是"不知之知"。

"一"究竟是什么？这不仅无法讨论，而且不可思议。任何人只要开始对"一"进行思想或议论，它立刻变成在这个人之外、已经存在的某种事物。这样，"一"不再是本来包含万物的"一"，它已经变成了另外的一个什么。惠施说："至大无外，谓之大一。"惠施这样形容"大一"，可以说，已经尽其所能。但是，惠施没有意识到，大一既是"至大无外"，因此难以设想，无可名状。任何可以设想、可以名状的东西，都必须有在它之外的一个思想或形状。道家则认识到，"一"是不可思议、不可言说的，这比名家的认识显然前进了一步。

《齐物论》中又说："是不是，然不然。是若果是也，则是之异乎不是也亦无辩；然若果然也，则然之异乎不然也，亦无辩。忘年忘义，振于无竟，故寓诸无竟。"这是说，任何东西，有"是"，便有"不是"；有"然"，便有"不然"。"是"果真是"是"，就和"不是"有区别，这样就不须辩论；"然"果真是"然"，就和"不然"有区别，也不须辩论。忘掉年龄生死，忘掉是非仁义，遨游于无穷的境域，也就是生活在无限的境界之中。

用诗的语言来说，这样的人就是"乘天地之正，而御六气之辨，以游无穷者"。这样的人独立于化外，因此，他的快乐是绝对的快乐。

由此可以看到，庄子怎样解决早期道家最初提出的问题，即：怎样全生？怎样避祸？对于真正的圣人来说，这已经不成其为问题了。如《庄子·田子方》篇所说："夫天下也者，万物之所一也。得其所一而同焉，则四肢百体将为尘垢，而死生终始将为昼夜而莫之能滑，而况得丧祸福之所介乎！"这是说，宇宙中万物本是一体。如果人达到与万物一体，这时，人的肢体无非是尘埃；生死终始，无非是日夜的继续，不足以干扰人内心的宁静；至于世俗的得失、时运好坏，更不足挂齿。这样，庄子解决早期道家根本问题的办法是一笔勾销了这个问题，这正是在哲学上解决了这个问题。哲学对客观事实并不提供任何信息，因此，哲学对现实问题并不试图去具体地解决。举例来说，哲学不能帮助人长生不老，也不能帮助人发财致富。它所能做的是：给人一种观点，使人看到生比死所胜无几，人所失去的也就是他所得到的。从"实际"的观点看，哲学无用，但哲学可以给我们一种有用的观点。在《庄子·外物》篇中，把它称作"无用之用"。

斯宾诺莎曾说，在某种意义上，智慧人是长生不老的。这也是庄子的观点，他认为圣人、或称"至人"，与"大一"（即宇宙）是一体，宇宙永在，因此圣人也长生不老。《庄子·大宗师》篇里说："夫藏舟于壑，藏山于泽，谓之固矣。然而夜半有力者负之而走，昧者不知也。藏小大有宜，犹有所遁。若夫藏天下于天下而不得所遁，是恒物之大情也。……故圣人将游于物之所不得遁而皆存。"人无论把他珍贵的东西藏在什么地方，都可能被偷，如果他把宇宙藏在宇宙之中，如有想偷的人，即便偷了宇宙，也没有收藏的地方，这是关乎万有的至大真理。因此，圣人在那不可能被偷的东西——宇宙——中遨游，也和宇宙并存。正是在这个意义上，庄子认为，圣人是长生不老的。

第九节　神秘主义的方法论

圣人为与"大一"一体，就需要超越并忘记事物之间的界限。怎样做到这一点呢？这就是"弃智"，这正是道家为达到"内圣"所取的途径。在一般人看来，知识的使命便是区别万物。人要知道一项事物，便要能区别它与其他东西的不同之处。因此，弃绝知识便是弃绝这些区别。人把万物间的区别统统忘记时，剩下的只有万物还未生成的状况。可以说，圣人拥有的知识是另一个更高层次的知识，是"无知之知"。

《庄子》书中，有很多地方说到忘却万物区别的方法。《大宗师》篇中写孔子与他心爱的弟子颜回的一段对话："颜回曰：'回益矣。'仲尼曰：'何谓也?'曰：'回忘仁义矣。'曰：'可矣，犹未也。'他日，复见，曰：'回益矣。'曰：'何谓也?'曰：'回忘礼乐矣。'曰：'可矣，犹未也。'他日，复见，曰：'回益矣。'曰：'何谓也?'曰：'回坐忘矣。'仲尼蹴然曰：'何谓坐忘?'颜回曰：'堕肢体，黜聪明，离形去知，同于大通，此谓坐忘。'仲尼曰：'同则无好也，化则无常也，而果其贤乎？丘也请从而后也。'"

这段对话表明颜回追求"内圣外王"之道，在庄子看来，成圣之道需要摒弃知识。摒弃知识的结果，自然便没有知识。但是，"无知之知"和"无知"是两回事。"无知"是人的原初状态，而"无知之知"则是人经过"有知"而后达到的"无知"阶段。人的原初状态的无知是自然的恩赐，而人达到"无知之知"则是心灵（亦即灵性）的成就。

道家中有一派人对这一点有很清楚的体会。他们用"忘"字来概括自己心灵修养的方法和体会，是很有意思的一点。圣人并不是天真无邪到老未变，圣人也曾追求通常的知识，努力分辨事物和事情、人物的是非得失，但后来把这些都

"忘"了。圣人和孩童的区别就如同明知艰险而前进和不知艰险而前行，两者之间有巨大的差别。

但是，在道家之中，包括《庄子》书中有几篇的作者，也有一些人看不到这两者之间的差别。他们爱慕社会和个人的原始状况，把圣人和孩提及愚钝的无知相比。孩提和愚人没有知识，无从分辨不同事物和事情的是非善恶，他们似乎也像"道通为一"所说的那样，但他们不是自觉的。他们是"无知"，而不是"无知之知"；唯有从世俗知识的衡量判断中超脱出来，这才是道家所说的"无知之知"。

第十一章　后期的墨家

在《墨子》书中，有六篇（第四十到第四十五篇）与全书的其他部分不同，它们在逻辑学上有特殊的价值。这六篇中，第四十到第四十一篇标题《经上》、《经下》，内容包含有逻辑、伦理、数学和科学思想的定义；第四十二到第四十三篇标题《经说上》《经说下》，对前两章中的定义加以解释；第四十四到第四十五篇标题《大取》《小取》，就字义说是"举例"，其中讨论了几个有逻辑意义的题目。这六篇的中心是以逻辑的方式树立墨子的主张，批判名家的思想，六篇合在一起，就是通常所称的"墨经"。

在前一章里，我们分析了庄子所论述的两个层次的知识。在第一个层次上，他论述了事物的相对性，达到了与惠施一致的结论。在这层次上，庄子同意名家，而从更高的角度批判了常识的观点。在第二个层次上，庄子超越了惠施，并从更高的观点批判了名家的论辩，这样，道家便也批判了名家；而道家的论证，从逻辑观点看，比名家的论证处于更高的层次。道家和名家的论证都否定人们的常识观点；为了解它们，需要对它们进行认真的反思。

在另一方面，墨家和儒家中的一部分都站在常识观点的一方。他们两家虽然有许多不同，但是都主张要从实际出发，这是两家的共同之处。为反对名家的论辩，他们几乎是沿着相似的思想路线，从认识论和逻辑的理论来维护常识的观点。这些理论便构成"墨经"的内容，儒家在这方面的思想见于《荀子》的《正名》篇。荀子是先秦时期重要的儒家思想家之一，在后面第十三章里，将对他进行讨论。

第一节　关于知识和名的讨论

"墨经"中的认识论理论是一种朴素的实在论。它认为，人具有认识事物的能力，它是"所以知也，而不必知"（《经说上》），就是说，人依赖认知能力才得以取得知识，但并不因有认知能力就必定有知识。其原因是，人的认知能力必须与一个知识对象打交道。"知也者，以其知过物而能貌之。"（同上）这是说，人以其认知能力和对象接触，得以辨认它的形相，由此构成知识。除去视觉、听觉这些感觉器官，人还需要有一个思维的器官，在中国古代把它称作心，"心也者，以其知论物。"（同上）就是说，人能理解对象要靠心之所知。也就是说，人以其感官把外界事物的印象传达到心，心则对这些印象进行分析综合，加以解释。

"墨经"也从逻辑上对知识加以分类。以不同的来源而论，把知识分为三类：从个人直接经验而来的知识，从权威而来的知识（即听来的，或从文字中读来的），从推论而来的知识（从已知推到未知）。以知识的不同对象而论，分为四类：对"名"的知识，对"实"的知识，"对应"的知识，以及行动的知识。（见《经上》）

我们都记得，名家特别注意"名""实"和两者之间的关系。"墨经"里《经说上》对"名""实"的解释是："所以谓，名也；所谓，实也。"就是说："名"是人用以指事物的代号，"实"是人所指的事物。当一个人说"这是一张桌子"时，"桌子"是名，人又借以指物，这"物"就是"实"。用西方逻辑学的术语来说，"名"是一个命题的宾语，而"实"则是一个命题的主语。

"墨经"把"名"分为三类：达名、类名、私名。《经说上》称："名：'物'，达也，有实必待之名也。命之'马'，类也，若实也者必以是名也。命之'臧'（个人的名字），私也，是名也止于是实也。"这是说，"物"是一般名词，一切"实"（实体）都要归入"物"之中。马是类名，凡马这类实体都必须冠以马的名称。臧是私人的名字，只限用于臧一个人这个"实"。

对应的知识是指：知道哪个"名"与哪个"实"对应。例如，当人说"这是一张桌子"时，他就必须有对应的知识。有这种知识就是《经说上》所说的"名实耦"。

行动的知识是指怎样做一桩具体事情的知识，它相当于美国人常说的"怎么干"的知识（know how）。

第二节 关于"辩"的讨论

《小取》篇中的大部分都是关于"辩"的讨论。其中说："夫辩者，将以明是非之分，审治乱之纪，明同异之处，察名实之理，处利害，决嫌疑焉，摹略万物之然，论求群言之比。以名举实，以辞抒意，以说出故，以类取，以类予。"这里所说的是：为分清是非，区别治乱，辨明各种事物之间的相似相异之处，考察名实的原理，分析利害，排除疑虑，明辨是十分必要的。它考察一切发生的事情，对各种事情的论断以及它们之间的关系。它循名求实，指陈命题，以表达思想、论述，提出事物由来之"故"，决定取舍原则。

这段话的前半部分是讲"辩"的目的与作用，后半部分则是讲"辩"的方法。《小取》篇中的另一处说：辩有七种方法，"或也者，不尽也。假也者，今不然也。效者，为之法也；所效者，所为之法也。故中效，则是也；不中效，则非也：此效也。辟也者，举他物而以明之也。侔也者，比辞而俱行也。援也者，曰：'子然，我奚独不可以然也？'推也者，以'其所不取之'同于'其所取者'予之也。是犹谓也者同也，吾岂谓也者异也。"在这一段话里，"或"是指特称论断，不能尽然。"假"是假设，它还未成为现实。"效"是摹拟，它意味着摹拟一个模型：如果仿效出来的与模型相同，它就是正确的；如果仿效出来的与模型不合，它就是错误的。这便是摹拟法。"辟"是比较法，用一物来解释另一物。"侔"是把两组命题平行地比较下来。"援"是类推法，"如果你是这样，我何以不能这样？""推"，是从已知求未知、延伸而论的方法。

这一段内"效"的方法，也就是前一段内的"以说出故"。这一段内"推"的方法，也就是前一段内的"以类取，以类予"。这是两种极其重要的方法，大致相当于西方逻辑学的演绎法和归纳法。

在进一步阐述这两种方法之前，需要懂得"墨经"中所说的"故"。《经上》说："故，所得而后成也。"还把"故"分成"大故"和"小故"两种。在《经说上》中解释说："小故，有之不必然，无之必不然。""大故，有之必然，无之必不然。"如果用现代逻辑的术语来说，"小故"就是事物的必要原因，"大故"就是事物的必要而且充分原因。在现代逻辑中，还有一种情况是：事物中的充分原因，有它，事物就必然，如果没有它，事物或然或不然。墨家的逻辑还未曾指出这一种可能情况。

在现代逻辑思维中，如果要判断一个一般命题是否正确，可以把它与事实印证，或用实验结果来印证。举例来说，如果我们要判断，细菌 A 是导致疾病 B 的原因，我们就把它作为一个公式来做实验，如果细菌 A 的确导致疾病 B，这命题便是正确的，否则，这便是错误的。这是演绎推理，也就是"墨经"中所说的"效"的方法。把一个一般命题作成公式，就是把它作为一个模型（模式），根据这个公式进行实验，就是模拟。如果假设的原因产生预期的结果，那么，这原因和它所模拟的结果是一致的；否则，这原因和它所模拟的模型证明了不一致。我们使用这办法可以辨明，假定的原因是否真实，以及它是否是必要原因，或充分原因。

关于推论思维，可以举一句人所共知的话为例："人不免一死"。我们能够这样说，因为过去的一切人都难逃死亡。现在和将来的人，和过去的人在种类上是一样的，因此，我们得出一个一般性的结论：人不免一死。在这个归纳思维中，我们用的是"推论思维"。过去的人都最终死去，是一个众所周知的事实。但今日和将来的人都不免要死，这还未实现，因此是未知的。因此，说"人不免一死"是把已经知道的事实延伸到未死的人身上。我们这样做是因为，现在和未来的人与过去的人在种类上是一样的。这就是"墨经"所说的"以类取，以类予"。

第三节　澄清兼爱说

后期墨家运用"辩"的方法，得以极大地澄清了墨家的哲学思想和立场。

后期墨家继承了墨子功利主义思想的传统，主张人类的一切活动都是为了趋利避害。正是因此，在《大取》中说："断指以存腕，利之中取大，害之中取小也。害之中取小也，非取害也，取利也。……遇盗人而断指以免身，利也；其遇盗人，害也。……利之中取大，非不得已也；害之中取小，不得已也。于所未有而取焉，是利之中取大也；于所既有而弃焉，是害之中取小也。"由此得出的人类活动准则是："利之中取大，害之中取小。"

墨子和后期墨家都认为"义，利也"。利是义的本质。那么，利的本质又是什么呢？墨子未曾提出这个问题。后期墨家则提出了这个问题，也作出了回答。《经上》说："利，所得而喜也。""害，所得而恶也。"这样，后期墨家为墨家的功利主义哲学提出了一个享乐主义的解释。

后期墨家的这种观点使我们想起18、19世纪间英国哲学家杰利米·边沁（Jeremy Bentham，1748—1832年）的"功利原理"。他在《道德和立法原理导论》第一章开宗明义说："自然把人类置于两个主人的统治之下，这两个主人就是：痛苦和快乐。正是这两位主人指示我们应该做些什么。""功利原理承认这种统治关系，并把它作为全部思想体系的基础，目的在于通过理性和法律来织造幸福。"这样，边沁把善恶归结为快乐和痛苦的问题。在他看来，道德的目标是"谋求最大多数人的最大快乐"。

后期墨家所做的也正是如此。他们首先确立"有利"的定义，然后在这个基础之上确立品德的含义，在于对人有利。因此，在《经上》篇里说，"义，利也。""忠，以为利而强君也。""孝，利亲也。""功，利民也。""利民"也就是"谋求最大多数人的最大快乐"。

关于墨子的兼爱学说，后期墨家认为，它的最大特色在于"兼"，也就是广泛包容。《小取》篇说："爱人，待（有待于）周（周全包容）爱人，而后为爱人。不爱人，不待周不爱人，不周爱，因为不爱人矣。乘马，不待周乘马，而后为乘马也。有乘于马，因为乘马矣。逮至不乘马，待周不乘马（要等到所有的马都不骑），而后为不乘马。此一周而一不周者也。"这是说，人要爱一切人，才算爱人；而不爱人，则不需要不爱一切人。这与骑马不同，人不需要骑遍所有的马才算骑马，只要骑过几匹马，就是会骑马了。至于不骑马的人，则必须不曾骑过任何马才算数。这是爱人与骑马不同的地方。爱人待"周"爱世人，乘马则不必待周乘万马。

事实上，每个人都有少数心爱的人。举例来说，人都爱自己的儿女。因此，一个人仅仅爱几个人，不能算是泛爱众人。而从反面来看，一个人如果对某个人加以伤害，那就足以说明他不爱人。这是墨家的观点。

第四节　为"兼爱"辩

当时，反对后期墨家这种观点的，主要有两派意见：其一认为，天下之人无数，一个人怎能做到爱天下人？这种反对意见被概括称作"无穷害兼"；第二种反对意见认为，如果未曾爱某个人，就是未曾爱天下人，那么，杀一个强盗就违反兼爱的宗旨了，这种反对意见称作"杀盗，杀人也"。后期墨家就运用他们的"辩"来驳倒这些反对意见。

《经下》中说："无穷不害兼，说在盈否知。"意思是说，"无穷"与"兼"可以相容，全看"盈与否"。《经说下》对此解释说："无（反对一方）：'南方有穷则可尽（古代中国认为南方无垠），无穷则不可尽。有穷无穷未可知，则可尽不可尽亦未可知。人之盈之否未可知，而必人之可尽。不可尽亦未可知，而必人之可尽爱也，悖。'（答）：'人若不盈无穷，则人有穷也。尽有穷无难。盈无穷，则无穷尽也，尽有穷无难。'"反对一方的立论是：历来认为南方辽阔无垠，那里的人有多少，也说不清，却说统统都爱，岂非荒谬！"墨经"回答说，如果南方辽阔无垠，人填补不满南方，那么人的数目就是有限的。要一一数尽南方的人，也就不难了。如果无垠的南方能被人填满，那么，南方就不是无垠，因此，把南方的人都包括在内，也就可以做到了。

"杀盗，杀人也"，这是反对墨家的另一个论点，如果杀一个强盗，就说明兼爱一切人是不可能的。《小取》篇对此回答说：

"白马，马也；乘白马，乘马也。骊马，马也；乘骊马，乘马也。获（有人名获），人也；爱获，爱人也。臧（有人名臧），人也；爱臧，爱人也。此乃是而然者也。

"获之亲，人也；获事其亲，非事人也。其弟，美人也；爱弟，非爱美人也。车，木也；乘车，非乘木也。船，木也；入船，非入木也。盗，人也；多盗，非多人也；无盗，非无人也。

"奚以明之？恶多盗，非恶多人也；欲无盗，非欲无人也。世相与共是之。若若是，则虽盗人也，爱盗非爱人也，不爱盗非不爱人也，杀盗非杀人也，无难矣。"

后期墨家便是使用这样的"辩"来驳倒"杀盗违反兼爱"的论点。

第五节　对其他学派的批判

后期墨家使用"辩"术，不仅反驳名家对墨家的批评，还运用"辩"术批判名家。例如"墨经"包含有一些批判名家的论辩。我们记得，惠施曾有"合同异"的论点。他在"十事"中，由"万物毕同"的前提引申到"泛爱万物，天地一体也"的结论。在后期墨家看来，这种引申是谬误的，原因在于"同"字的含义模糊。《经上》说："同，重、体、合、类。"这是说，同有四种，一是雷同；二是局部与整体的质同；三是同存；四是同源。《经说上》又就此解释说："同，二名一实，重同也；不外于兼，体同也；俱处于室，合同也；有以同，类同也。"《经上》和《经说上》还讨论了"异"，它的含义与"同"正好相反。

"墨经"没有点惠施的名字（不仅没有点惠施的名字，而且没有点任何人的名字）。但从对"同"的剖析中，惠施的错误是十分明显的。"万物毕同"，只表明它们同属于"物"，因此是"类同"。至于说"天地一体"，这是说，天地之间有一种局部和整体的"体同"关系。一个表明"类同"的命题，尽管它是真实的，并不能由此推论出另一个"体同"的命题也是真实的，虽然它们都用了"同"这个词。

关于公孙龙的"离坚白"论点，在《经上》和《经说下》里也涉及了。后期墨家从现实自然世界里，石头的坚硬性和它的白色并不是互相排斥，而是可以并存在一块石头之中的事实，得出："坚白，不相外也"（《经上》），"必相盈也"（《经说下》）。

后期墨家还批评了道家。《经下》中说："学之益也，说在诽者。"《经说下》篇解释说："学也，以为不知学之无益也，故告之也。是使知学之无益也，是教也，以学为无益也，教，悖。"

这个批评是针对《老子》书中第二十章的一句话："绝学无忧。"后期墨家认为，学与教是相关联的。如果"学"可以弃绝，那么"教"也同样将予弃绝了。有教就有学，"教"如果有用，"学"就不是无用。"绝学无忧"如果是真理，就证明"学"之为用。

《经下》说："谓辩无胜，必不当，说（事理）在辩。"《经说下》篇解释说："谓，所谓非同也，则异也。同则或谓之狗，其或谓之犬也。异则或谓之牛，其或谓之马也。俱无胜，是不辩也。辩也者，或谓之是，或谓之非，当者（说得对的）胜也。"这是说，两人指物言事时，彼此若看法不一，则必然不同意。一人指物说，这是狗，另一人称它为犬，这还是同；若一人指称，那是牛，另一人指称，那是马，这便是异。有异便有辩论，若无人称胜，那不是辩论。"辩"是指：一人说，此物如此，另一人说，不是这样。两人之中，谁说得符合实际，谁就得胜。

《经下》又说："以言为尽悖，悖，说在其言。"《经说下》篇解释说："以悖，不可也。之人之言可，是不悖，则是有可也。之人之言不可，以当，必不审。"这是说，认为"一切话语都无是处"，这在事实上是不可能的。因如果这句话是对的，那就证明，并非所有的话都是错的，至少，这句话还是对的。如果确认这人的话不能成立，那么，以这句话为得当的人就错了。

《经下》篇又说："知之否之，是同也，悖，说在无以也。"这里指出，把知与不知看为一样，这是荒谬的，就在于这种说法没有根据。《经说下》解释说："知论之，非知无以也。"这是说，只要有知识，就有对它的议论，除非没有知识，就没有了议论的根据。

《经下》篇还说："非诽者悖，说在弗非。"这是说，谴责批评是错误的，理由见"莫怪他人"释。《经说下》解释说："非诽，非己之诽也。不非诽，非可诽也。不可非也，是不非诽也。"这是说，谁谴责批评，这话首先就谴责了他自己。如果不能用这句话谴责自己，则意味着不能谴责批评。

这些都是针对庄子的批评。庄子认为争论是非毫无意义。即便一个人在争论中赢了，也不表明就是对了，输了的一方也并不意味着就是错了。而在后期墨家看来，庄子提出这样的主张就是在与人辩论。如果他赢了，岂不正好证明他的主张是错的吗?《庄子·齐物论》中说:"大辩不言",又说:"辩也者,有不见也"(凡争论者,总有见识不到之处),所以"言未始有常(定论)",各人是其所是,非其所非,各种说法都有自己的道理。这都是庄子对其他各家的批评,而如果一切言论都是荒谬的,庄子自己的言论岂不也是荒谬?庄子还主张"弃智",而庄子自己的言论就形成一种知识,如果真正抛弃一切知识,那么对庄子的主张也就不必讨论。

后期墨家在批评道家时所指出的反论,在西方哲学中也曾出现过。西方近年发展的新逻辑解决了这个问题。按照现代西方逻辑,后期墨家的这种逻辑不再能够成立。虽然如此,后期墨家的缜密思想、富于逻辑头脑,还是令人惊叹的。他们在建立知识论和逻辑方面的努力,可以说超过了古代中国的任何其他学派。

第十二章 阴阳家和中国早期的宇宙发生论

本书第二章曾说到，先秦的阴阳家源自古代的方术，行方术的即是术士。《汉书·艺文志》根据刘歆《七略·术数略》，把方术分为六类。

第一节 六种术数

第一种是天文。《汉书·艺文志》中说："天文者，序二十八宿，步五星日月，以纪吉凶之象。"

第二种是历谱。《汉书·艺文志》中说："历谱者，序四时之位，正分至之节，会日月五星之辰，以考寒暑杀生之实。……凶厄之患，吉隆之喜，其术皆出焉。"

第三种是五行。《汉书·艺文志》中说："其法亦起五德（金木水火土，谓之五德）终始，推其极则无不至。"

第四种是蓍龟，这是中国古代的两种占卜方法。后一种方法是在龟甲或平骨上钻一洞，放在火上烤，小洞四周受热后出现裂纹。管占卜的巫史据以判断所问事项吉凶，称作"卜"。前一种方法是由巫史取蓍草，每两株为一份，最后所剩，非奇数即偶数。如是六次，得出每三个一组的组合，再查《易经》卦象、爻象，据以判断所问事项吉凶，称为"筮"。

第五种是杂占，第六种是形法。后者包括相面术和后来所称的"风水"。"风水"所依据的理论是，以人为宇宙的产物，又是宇宙的组成部分，因此，人的住处和死后"阴宅"（墓地）必须与自然环境（风水）谐调。

周朝初年封建制全盛时期，每个贵族都有世袭的术士。贵族有任何重要行动之前，必先问卜。随封建制的逐渐没落，这些贵族世家的术士渐渐失去地位，散落社会，但继续以方术为生。这是"方士"的由来。

术数或法术本是来自迷信，但它们往往是古代科学的萌芽。方术和科学都试图以积极态度解释自然现象，使人得以征服自然，使自然为人所用。方术对超自然力量不再迷信后，它便开始试图解释自然现象，而向科学转变。人类最初对自然力量的观念尽管十分原始简单，但它终究是科学的开始。

这是阴阳家对中国思想的贡献。阴阳家试图以自然力量来解释自然现象，代表了一种科学探索的倾向。它总是和事实打交道，就这一点来说，它具有积极的意义。

由此我们看到，在古代中国，人们为理解宇宙的由来和宇宙的结构，有两种不同的思想路线。其一是以阴阳家为代表的思想路线。另一是由一些佚名的儒家，以"易传"（注释）的方式，写在《易经》正文的后面。这两种思想似乎各自独立地发展。下面要讲的《洪范》和《月令》，注重五行，而不曾提及阴阳。在"易传"里则相反，谈及阴阳的地方很多，而不提五行。后来，这两条思想路线渐渐融会一起，在司马谈（死于公元前110年）的时候已经如此，以致《史记》中把它们放在一起，统称阴阳家了。

第二节　《洪范》所描述的五行

五行在英文里通常译作"Five Elements"，意思是"五种元素"。但如果把它们看作内容固定的五种元素就错了；它们是五种能动的、相互作用的力量。在中文里，"行"的意思是"行动"或"作为"，因此，它的本义应当是五种动因、五种活动。在中国古籍里，也称"五德"，意思是"五种能力"。

"五行"这个名词曾出现于《书经》中《夏书·甘誓》，传统的说法，它是公元前21世纪的文献。但《夏书·甘誓》的真实性无法证明；即便此篇不是伪书，也无法证明《甘誓》篇中的"五行"与其他问世年代确实可考的典籍中所说"五行"内容是一致的。关于"五行"的可靠记载，见于《书经》中的《洪范》篇。按传统的说法，公元前12世纪末，周武王克商之后，商朝贵族箕子对周武王陈述来自夏朝大禹的治国大法，这是《洪范》篇的来历。传说夏禹生活于公元前22世纪。《洪范》篇的作者引述传说的古代历史，意在表明"五行"说的重要来历。至于写作《洪范》篇的真实年代，据现代学者考订，应是公元前4世纪至前3世纪。

《洪范》篇中举出"九畴"："一、五行：一曰水，二曰火，三曰木，四曰金，五曰土。水曰润下，火曰炎上，木曰曲直，金曰从革，土爰稼穑。"然后是"五事"："一曰貌，二曰言，三曰视，四曰听，五曰思。貌曰恭，言曰从，视曰明，听曰聪，思曰睿。恭作肃，从作乂，明作哲，聪作谋，睿作圣。"

下面跳到"九畴"中的第八："庶征（各种象征）：曰雨，曰旸（日晒），曰燠（热），曰寒，曰风。曰时（各有其时）五者来备，各以其叙（顺序来临），庶草蕃庑（作物茂盛）。一极备，凶（五者任一过多，将成灾难）；一极无（五者缺一），凶。曰休征（吉兆）：曰肃，时雨若（国君肃穆，随之有雨）；曰乂，时旸若（国君顺时，阳光适度）；曰哲，时燠若（国君明哲，气温适当）；曰谋，时寒若（国君深思熟虑，寒冷适度）；曰圣，时风若（国君明智，和风适时）。曰咎征（国君过失，伴有征象）：曰狂，恒雨若（国君暴狂，伴有大雨）；曰僭，恒旸若（国君粗野，伴有骄阳）；曰豫，恒燠若（国君怠惰，伴有酷热）；曰急，恒寒若（国君急躁，伴有冬寒）；曰蒙，恒风若（国君无知，伴有风灾）。"

在《洪范》中，五行观念还处于粗糙阶段。作者在谈到五行时，所想的还是具体的水、火等，还没有如后来那样，以水、火等代表抽象的力量。作者还让读者看到，人类社会和自然世界是连结在一起的，国君的恶行伴随有自然世界的不正常现象。这个理论在后代发展成为"天人感应"学说。

对天人感应，有两种解释。其一是基于目的论的解释，认为国君恶行使天地震怒，天地震怒便造成自然界的不正常现象，以给国君警告。另一种理论则是比较机械式的解释，认为整个宇宙乃是一个机械的整体，其中任何一部分失去平衡，其他部分势必受到牵连。国君的过失必然造成宇宙天地失去平衡，于是就产生不正常的自然现象。这种学说反映了阴阳家中的科学精神，而前面一种学说则更多反映了它来自方术的社会根源。

第三节　《月令》

阴阳家的另一部重要文献是《月令》，首见于《吕氏春秋》。这是公元前3世纪末的著述，后来又载入《礼记》。《月令》这部著作的名称是由于它告诉国君和大众，每个月当做什么，不当做什么，以求得与天地万物的和谐。在《月令》书中，以阴阳家的观念构筑起宇宙的架构。这个宇宙结构是一个时空架构，就是说，它与空间、时间都有关系。古代中国由于位在北半球，自然热在南方，冷在北方。因此，阴阳家把一年四季和地理上的四个方向组合在一起：夏季和南方结合；冬季和北方结合；春季和东方结合，这是太阳升起的地方；秋季和西方结合，那是太阳落下的地方。阴阳家还把一天中的日夜比作一年四季的缩影：早晨代表春季，中午代表夏季，傍晚代表秋季，午夜则代表冬季。这样就把时间和空间完全连结起来了。

南方和夏天之所以热，因为热在南方，就时间说，夏季是炎热季节，火德盛。北方和冬天则冷，因为冷在北方，就时间说，冬季是严寒季节，水德盛，水和冰雪是连在一起的。按照同样的推理，东方是春季，木德为主，因为春天万木茂盛，故此，东方总是和春天连结在一起。金德则代表西方，又和秋季相连，因为金属代表坚硬、严酷，秋季又是肃杀之气盛，万木萧条，走向衰亡。这样，"五德"中的四德和南北东西四个方向已经结合，只剩下土德未曾与一个方位和季节相连。按照《月令》书，土德在五德里是居中的，因此，在地理上，土德代表中央，它统治的时间，据说是夏秋之间的一段短暂时间。

阴阳家以这样的一个宇宙论的理论解释了四季的自然现象，还把它和四方连为一体，而且更进一步，把自然现象和人文现象连结起来。正是在这样的理论基础上，《月令》书规定君王每月应当做什么，不应当做什么，这也就是《月令》书名的由来。

因此我们从《礼记·月令》书中读到："孟春之月……东风解冻，蛰虫始振……是月也，天气下降，地气上腾，天地和同，草木萌动。"人的行为应当与自然相应一致，因此，书中又说：在此月，君主"命相布德和令，行庆施惠，下及兆民。……禁止伐木。毋覆巢……是月也，不可以称兵，称兵必天殃。兵戎不起，不可从我始。"

如果君王行事违反了《月令》书的规定，就会造成不正常的自然现象，例如："孟春行夏令，则雨水不时，草木早落，国时有恐；行秋令，则其民大疫，猋（暴）风暴雨总至，藜莠蓬蒿并兴；行冬令，则水潦为败，雪霜大挚，首种不入。"

第四节　邹　衍

邹衍是公元前3世纪阴阳家的一个主要人物。按《史记》所载，邹衍是齐国（今山东省中部）人，在孟子之后不久。他"著书十余万言"，均已佚失。幸亏司马迁在《史记》中还保存有关邹衍学说的详尽说明。

按照《史记·孟子荀卿列传》所载，邹衍的方法是："必先验小物，推而大之，至于无垠。"他的兴趣似乎主要在于地理和历史。

关于地理，司马迁写道：邹衍"先列中国名山大川，通谷禽兽，水土所殖，物类所珍，因而推之，及海外人之所不能睹。……以为儒者所谓中国者，于天下乃八十一分居其一分耳。中国名曰赤县神州。……中国外如赤县神州者九，乃所谓九州也。于是有裨海环之，人民禽兽莫能相通者，如一区中者，乃为一州。如此者九，乃有大瀛海环其外，天地之际焉。"

至于邹衍的历史观点，司马迁写道：邹衍"先序今以上至黄帝，学者所共术，大并世盛衰，因载其机祥度制，推而远之，至天地未生，窈冥不可考而原也。""称引天地剖判以来，五德转移，治各有宜，而符应若兹。"这是说，由近及远，上溯黄帝，这是学者已共述。他又按历史大事，时代盛衰，记其征兆、体制，一直上溯到远古洪荒，天地未生之时。然后自开天辟地起，历数五德连转，治法虽殊，均与五德相应。

第五节　历史哲学

上面引文的末段表明：邹衍发展出一个新的历史哲学，用五德的转移来解释历史，它既是变化的，又是有规律的。司马迁在《史记》中并没有详述邹衍这种学说的内容，但是，《吕氏春秋》书中介绍了这种学说，尽管其中并未提及邹衍的名字。原文如下：

> 凡帝王者之将兴也，天必先见祥乎下民。黄帝之时，天先见大螾大蝼。黄帝曰：土气胜。土气胜，故其色尚黄，其事则土。
>
> 及禹之时，天先见草木秋冬不杀。禹曰：木气胜。木气胜，故其色尚青，其事则木。
>
> 及汤之时，天先见金刃生于水。汤曰：金气胜。金气胜，故其色尚白，其事则金。
>
> 及文王之时，天先见火。赤乌衔丹书集于周社。文王曰：火气胜。火气胜，故其色尚赤，其事则火。
>
> 代火者必将水，天且先见水气胜。水气胜，故其色尚黑，其事则水。水气至而不知，数备，将徙于土。（《有始览·应同》）

阴阳家认为，五行按照一定顺序，相生相克；还认为，一年四季也按五行相生的顺序嬗替。木盛于春，木生火；火盛于夏，火生土；土盛于中央，土生金；金盛于秋，金生水；水盛于冬，水又生木，木盛于春。

按以上引文看来，朝代的更替也是遵循五行相生的顺序。黄帝以土德王，被以木德王的夏朝所取代；以木德王的夏朝又被以金德王的商朝所取代；以金德王的商朝又被以火德王的周朝所取代。周朝将被以水德王的王朝所取代；以水德王的朝代又将被以土德王的朝代所取代。这样，历朝历代按五行顺序周而复始。

按照《吕氏春秋》的陈述，这只不过是一种历史哲学理论。然而，不久之后它便对现实政治产生作用。公元前221年，秦始皇帝（前259—前210）征服六国，建立起统一中国古代列国的秦帝国。秦继承周朝，始皇帝确信，秦是以水德王。按司马迁《史记·秦始皇本纪》所载，秦始皇"推终始五德之传，以为周得火德，秦代周德，从所不胜。方今水德之始"，其色尚黑，其事则水，将黄河改名"德水"，"以为水德之始。刚毅戾深，事皆决于法，刻削毋仁恩和义，然后合五德之数。"

由于严酷寡恩，秦朝不久就被汉朝（前206—公元220）所取代。汉代历朝皇帝相信自己也是本五德而王；至于汉朝究竟靠什么"德"而王，仍有不少争论。当时有些人认为，汉朝既然是继承秦朝，应当以土德王；也有人认为，秦朝严酷少恩，不能算作一个正式的朝代，应当认为汉朝是继承周朝。持不同意见的双方都举出支持自己的祥兆，以示自己一方的主张符合天意。最后，公元前104年，汉武帝决定，汉朝是以土德王。但此后，争论并未结果。

汉以后各朝对这个问题，不像汉朝那样激烈争论。但直到1911年清朝覆灭之前的历代皇帝，都称自己是"奉天承运"，所指就是承受"五德"转移的时运。

第六节 "易传"中描述的阴阳原则

五行学说的意义在于解说宇宙的结构，但并没有解释世界的来源。阴阳的学说则填补了这个需要。

"阳"这个字的本义是阳光，或任何与阳光相连的事物。"阴"的本义则是指没有阳光的阴影和黑暗。后来，它们的含义逐渐发展成为宇宙中的两种相反相成的力量，阳代表男性、主动、热、光明、干燥、坚硬等；阴则代表女性、被动、冷、阴暗、柔软等。宇宙一切现象都是由阴阳两个原则、两种力量的相互作用而产生。这样一种宇宙观念，在公元前8世纪初已经产生。记载中国古代事迹的《国语》一书（成书于公元前4世纪到前3世纪之间），其中《周语上》记载公元前780年（幽王二年），西周地震，三川壅塞，当时博学的史官伯阳父评论说："阳伏而不能出，阴迫而不能烝，于是有地震。"

后来，阴阳的理论主要是和《易经》联系在一起。《易经》原书是为解释"八卦"（正式名称是"八经卦"）。每"卦"包含三个完整或分成两截的直线，如：☰、☱、☲、☳、☴、☵、☶、☷。如果把任何两"卦"组合在一起，可以发展出六十四个排列组合样式，称为六十四卦（正式名称是"六十四别卦"）。《易经》本文就包含这六十四卦，以及对每一种卦象含义作出的解释。

中国传统认为，八卦是黄帝之前、传说中的中国第一个君王伏羲氏所创立，有的古代学者说，伏羲亲自从八卦演出六十四卦；另一些学者则说，这是公元前12世纪时，周文王演化出来的。六十四卦的每一卦象都有解释，称"卦辞"；每卦之中的每一横划也有解释，称"爻辞"。有的古代学者认为，所有卦辞、爻辞，都出自文王；另一些古代学者则认为，卦辞出于文王，爻辞出自其子周公。无论这些学说孰是孰非，它们总的说来都表明，八卦和六十四卦在中国人心目中的极大重要性。

现代学者的看法认为：八卦的前身是商朝（约前1766—前1122）盛行的以甲骨受火龟裂的纹路占卜。这种裂纹千变万化，如按固定图象以论天象人事的吉凶自然十分困难。周初渐渐改用蓍草占卜，巫人在一束蓍草中，以两株为一份，分置一旁；最后所剩，或为单数，或为双数，便以乾（一横）或坤（一横分成两短横）为记。现代学者认为，八卦或六十四卦便是这种蓍草占卜的结果，然后对照《易经》，以解读卦象所示的吉凶。

这大概是《易经》的起源。这部书被称为《易》（意为"变易"），大概也是由此而来。后来，对《易》的补充解释渐渐增多，有些是关于道德方面的箴言，有些是形而上领域的看法，有些则是对宇宙的看法。这些补充解释直到周朝末期甚至汉朝初年才以"附录"形式写入《易经》后面，称作"十翼"。本章将只限于讨论其中有关宇宙论的部分，其他部分将留待第十五章再讨论。

在"易传"中，除阴阳的观念外，另一个重要的概念是"数"。古代人以占卜来探求宇宙的奥秘，用蓍草占卜又离不开数目的变化。因此，"易传"的无名作者们相信宇宙的奥秘在数字之中，是毫不足怪的。首先，他们把"阳"看为单数，把"阴"看为偶数。因此，"易传"《系辞上》说："天一地二，天三地四，天五地六，天七地八，天九地十。天数五，地数五，五位相得而各有合。天数二十有五，地数三十，凡天地之数，五十有五，此所以成变化而行鬼神也。"

后来的阴阳家试图用数字把五行与阴阳联系起来，于是称："天之数，一，生水；地之数，六，成之。地之数，二，生火；天之数，七，成之。天之数，三，生木；地之数，八，成之。地之数，四，生金；天之数，九，成之。天之数，五，生土；地之数，十，成之。"这样，一二三四五，都是产生五行的数字，六七八九十，则是完成之数（见《礼记·月令》，孟春之月"其数八"，郑玄注，孔颖达疏）。这个理论正好用于解释前面《系辞上》的引文："天数五，地数五，五位相得则各有合。"这与古希腊哲学中毕达哥拉斯学派的思想惊人地相似。据古希腊学者戴奥吉尼·莱修斯（Diogenes Laertius）所述，毕达哥拉斯认为，世上万物全由火、水、土、风（空气）四个元素构成，它们又都是由数字演化而来。

用数字把五行和阴阳联系起来，在中国是一个较晚出的学说，在"易传"中，并没有提五行。在"易传"中，每一卦都象征宇宙中的某个事物。《说卦传》中的解释是：

乾，☰，为天，为圜，为君，为父。

坤，☷，为地，为母。

震，☳，为雷。

巽，☴，为木，为风。

坎，☵，为水，为月。

离，☲，为火，为日。

艮，☶，为山。

兑，☱，为泽。

在每一卦中，没有中断的一横代表阳，有中断的一横代表阴。乾卦由三个没有中断的三横组成，代表纯阳。坤卦由三个中断的三横组成，代表纯阴。其他六卦则都是乾坤相交而成，因此，乾和坤被认为是父母，其他六卦是子女：

以乾的第一爻（由下端数起），与坤的第二、三爻结合，成为震☳，称为"长男"。

以坤的第一爻，与乾的第二、三爻结合，成为巽☴，称为"长女"。

以乾的第二爻，与坤的第一、三爻结合，成为坎☵，称为"中男"。

以坤的第二爻，与乾的第一、三爻结合，成为离☲，称为"中女"。

以乾的第三爻，与坤的第一、二爻结合，成为艮☶，称为"少男"。

以坤的第三爻，与乾的第一、二爻结合，成为兑☱，称为"少女"。

乾和坤的相交、结合，产生其他六卦，这象征着天地万物都由阴阳相交而成；亦如所有生物都由雌雄两性结合而产生一样，而阴则象征雌性，阳则象征雄性。

《系辞下》说："天地氤氲，万物化醇；男女媾精，万物化生。"天和地是阴阳两气的物质表现；"乾""坤"则是阴阳两气的象征。《系辞上》说："乾知大始，坤作成物。"生命的起源来自雄性，而生命的完成则在于雌性。天地万物的生成就如同生物界的两性结合一样。

考察中国的原始宗教，可以设想，最初有男性的神和女性的神，他们结合，由此产生世界万物。这种拟人的原始宗教发展到后来，两性由阴阳两个力量代表，由此导致了论述阴阳两气相生相克、相反相成的宇宙论哲学，这时，雌雄两性转化成为没有人格的自然力量了。

第十三章　儒家的现实主义流派：荀子

先秦儒家中三个最重要的人物是孔子、孟子和荀子。荀子的生卒年代已无从查考，大概是在公元前298—前238年之间。

荀子本名况，又号荀卿，赵国（今河北、山西南部）人。《史记·孟子荀卿列传》中说，荀子五十岁到齐国。当时齐国国君为广揽学人，修建稷下学宫。荀子大概是稷下学宫的最后一位大思想家。《荀子》一书共三十二章，其中许多篇论述详赅，逻辑周密，大概出自他自己笔下。

在儒家中间，荀子的思想与孟子的思想正好针锋相对。有人认为，孟子代表儒家的左翼，荀子则代表儒家的右翼。这种说法虽能令人一新耳目，但不免过于简单化。孟子强调个人自由，就这一点说，他可以被看为是"左"的，但孟子重视超越道德的价值，与宗教比较接近。荀子强调社会对个人的控制，就这一点说，他可以说是"右"的；但他重视自然主义，与任何宗教思想都不相容，就这一点说，又可以说是"左"的。

第一节　人的地位

荀子以主张"人性恶"而著名。这与孟子所主张的"人性本善"正好相反。表面看来，荀子对人性的评价很低，而事实上，恰恰相反，荀子的理论可以称之为一种文化哲学。他的理论主旨是认为，一切良善和有价值的事物都是人所创造的。价值来自文化，而文化则是人的创造性成就。因此，在宇宙中，人和天地同等重要。荀子在著名的《天论》中说："天有其时，地有其财，人有其治，夫是谓之能参。"

孟子说："尽其心者，知其性也。知其性，则知天矣。"（《孟子·尽心章句上》）因此，在孟子看来，人要成圣，必须"知天"。荀子正相反，认为："惟圣

人为不求知天。"(《天论》)

荀子在《天论》中提出，天、地、人构成宇宙的三个力量，它们又各有自己的作用："列星随旋，日月递照，四时代御，阴阳大化，风雨博施，万物各得其和以生。"这是天和地的作用。至于人的作用，则是运用天时地利，以创造自身的文化。《天论》中问道："大天而思之，孰与物畜而制之？"这是说，与其颂赞苍天，何若积聚财富、运用得当？他又接着说："故错（措）人而思天，则失万物之情。"就是说，如果忽略人所当做的而去"思天"，就不可能懂得万物的情性。人忘记自己的职责去"思天"，就是干犯天的职责。荀子称，这是"舍其所以参，而愿其所参，则惑矣"。人与天地合参，就应该恪尽职责，如果人不尽自己的职责，而想与天地合参，那只是空想。

第二节　关于人性的学说

按照荀子的看法，人性也应当受到教养，没有教养就不可能成善。在《性恶》篇中，荀子说："人之性，恶；其善者，伪（人为）也。"在《礼论》中，探讨了人的先天和后天的关系，他说：人"性者，本始材朴也；伪者，文理隆盛也。无性则伪之无所加，无伪则性不能自美"。这是说，先天和后天同等重要，在其中实际是强调了人的主观能动性。

荀子的人性论虽然与孟子正相反，但是他同意孟子所说，人皆可以为尧舜。他自己也说过："涂之人可以为禹。"(《性恶》)有的人由于看到孟子、荀子两人的相同之点，于是认为这两位儒家并无根本的不同；其实，他们之间的不同是不容抹煞的。

按孟子的看法，人生来就有仁、义、礼、智"四善端"，人只要充分发展这四善端，就可以成圣。而荀子的看法是：人生来不仅没有善端，倒相反，生来就有恶端。在《性恶》篇中，荀子试图证明，人生来就有贪图利益和感官享受的欲望；但是人又生来就有智性，使人可以成善。在《性恶》篇中，荀子说："涂之人也，皆有可以知仁、义、法、正之质，皆有可以能仁、义、法、正之具，然则其可以为禹，明矣。"孟子认为人皆可以为尧舜，因为人的本性是善的，荀子认为涂人皆可以为大禹，是因为人有智性。

第三节　道德的根源

由此势必引导到下面的问题：人怎样能够在道德上达到善？如果按荀子所说，人生来就有恶端，那么，善又是从何而来呢？在回答这个问题时，荀子提出两个论据。

首先，荀子指出，人的生存离不开社会组织。若没有在社会组织中的合作和互相支持，人不可能改善自己的生活。在《富国》篇中，他说："百技所成，所以养一人也。而人不能兼技，人不能兼官，离居不相待则穷。"这是从个人求生存的角度来说的。荀子还从人需要在竞争中求生存指出，人"力不若牛，走不若马，而牛马为用，何也？曰：人能群，彼不能群也。……一则多力，多力则强，强则胜物"（《荀子·王制》）。

为这两项理由，人需要社会组织。为使社会组织起来，人们需要有共同的行为准则。因此而需要有礼（用礼来规范人和人之间的关系，如何相待，制定日常生活的共同准则）。儒家一般说来，都重视仪礼，荀子对此更加强调。"礼"是由何而来的呢？荀子在《礼论》中说："礼起于何也？曰：人生而有欲，欲而不得，则不能无求，求而无度量分界，则不能不争；争则乱，乱则穷。先王恶其乱也，故制礼义以分之，以养人之欲，给人之求，使欲必不穷乎物，物必不屈于欲，两者相持而长，是礼之所起也。"这是说，人生而有欲，有欲就有求，求满足欲望而无节制，必定引起竞争，有争就有乱，乱则一事无成。先王制定礼（个人行为准则）义（道德），就是为了杜绝社会和思想的混乱。

在《富国》篇中，荀子还说："欲恶同物，欲多而物寡，寡则必争矣。"这里，荀子提出人类社会种种问题的根源，就在于人们所爱和所恨的都是同样的东西。举例来说，如果有一个人喜欢征服别人，而另一个人则喜欢被征服，这两个和睦共处便不成问题。再假如人们所喜爱的东西十分丰富，如同空气那么多，那也就不成问题。或者，人们在生活中隔得很远，互不相干，彼此之间的问题也会简单得多。但是，世间不是那样理想的地方，人们必须住在一起，又无法避免竞争，于是对每个人的欲望都不能不加以节制。"礼"的作用就是规定应有的节制。凡建立起"礼"的地方，就形成"道德"，按"礼"而行的人就是有道德的人，违反"礼"的人就是没有道德的人。

这是荀子论述道德和善的起源的一个论点，它的思想基础是功利主义，和墨子的思想很相近。

荀子还使用另一个论据。他在《非相》篇中说："人之所以为人者，非特以其二足而无毛也，以其有辨也。夫禽兽有父子而无父子之亲，有牝牡而无男女之别，故人道莫不有辨。辨莫大于分，分莫大于礼。"

这里，荀子指出了自然和文化的区别，或用庄子的词汇说，何为天，何为人。禽兽有父子、有雌雄，这是自然。在人类社会里，有父子关系、夫妻关系，这是文化和文明的产物。这不是自然的恩赐，而是人类的精神成就。人应当有社会关系和"礼"，这是区别人与禽兽的标志。按照这个论据，人的道德不是自然产生，而是由于人的需要，这个论点和孟子的论点比较接近。

在儒家思想中，"礼"的含义十分广泛。它可以意味着仪式、礼节或社会行为准则。"礼"可用以指所有这些内容，但在上面的论述中，"礼"的含义更多是指社会行为的准则。这时，礼所起的是规范作用。"礼"在人满足欲望时，加以规范。但是在用于礼节、礼仪时，礼有另一种作用，就是文化教养。在这个意义上，礼净化人的感情，使它纯洁、典雅。在这方面，荀子也作出了巨大的贡献。

第四节　关于礼乐的学说

在儒家的仪礼中，最重要的是祭（祭神）祀（祀祖先）。在古代，这些仪礼十分普遍，其中自然掺杂有不少迷信和神话的色彩。在《荀子》和《礼记》中可以看到，儒家对祭祀提出了新的解释，赋予它们新的意义。在儒家经典之中，有两部书专谈仪礼。一部是《仪礼》，叙述举行祭祀时的仪式细节。另一部书是《礼记》，内容是对仪礼的解释。据我看，《礼记》中的大部分是荀子门人所作。

人的头脑有两个方面的作用，一方面是智性的作用，另一方面是感情的作用。当我们的亲人去世时，从智性上我们知道，人死不能复生，而且也没有任何凭证表明灵魂永生不灭。如果纯粹按理性来说，为死者举行葬礼，并无需要。但是，人的头脑还有感情的作用。这使我们在亲人去世时，希望他再生，希望死者有一个灵魂，在另一个世界中继续活下去。当我们让这样的幻想在脑中驰骋时，我们把迷信看作真理，而否定了理性的判断。

这样，人的知识和人的追求便分离了。知识是重要的，但人不是只靠知识活着。我们还有感情上的需要，要求满足。在对待死者的态度上，我们需要同时顾及两个方面。儒家所讲的葬礼和祭祀便是为此而设的。前面讲到，这些葬仪、祭礼，最初都不免带有迷信和神话的色彩，经儒家的重新诠释，剔除了那些迷信和神话色彩，宗教的因素转变成为诗了。它们不再是宗教意味的行动，而成为诗意的了。

宗教和诗都是人在幻想的表现，它们都把想象和现实混合在一起。两者的区别在于：宗教把它所说的看为真的，而诗歌知道它所说是虚幻的。诗歌所提供的不是现实，这是诗人自己知道的，因此，诗人在诗的想象中所做的只是欺骗自己。在这样做时，诗人是自觉的，它不符合科学，但并不反对科学。在诗歌中，人们得到了感情的满足，却并不阻碍智性的发展和追求。

按照儒家的说法，当我们举行丧葬和祀祖的仪式时，我们是在欺骗自己，却又并未真正被欺骗。据《礼记·檀弓》篇所载，孔子曾说："之死而致死之，不仁，而不可为也；之死而致生之，不智，而不可为也。"这就是说，对待死者，既不能完全照着所知道的去做，又不能完全照着所希望的去做。中道则是：既要照着所知道的去做，又要照着所希望的去做，对待已经去世的人就如同对待他们生时那样。

荀子在《礼论》中说："礼者，谨于治生死者也。生，人之始也；死，人之终也；终始俱善，人道毕矣。……夫厚其生而薄其死，是敬其有知而慢其无知也，是奸人之道而背叛之心也。……故死之为道也，一而不可得再复也，臣之所以致重其君，子之所以致重其亲，于是尽矣。""丧礼者，以生者饰死者也，大象其生以送其死也。故如死如生，如亡如存，终始一也。……故丧礼者，无它焉，明死生之义，送以哀敬而终周藏也。"这是说，葬礼的作用是向生者表明人生和死亡的意义，以悲痛和尊敬来送别死者，是隆重表示人的一生的完成。

荀子在《礼论》中又说："祭者，志意思慕之情也，忠信爱敬之至矣，礼节文貌之盛矣，苟非圣人，莫之能知也。圣人明知之，士君子安行之，官人以为守，百姓以成俗。其在君子，以为人道也；其在百姓，以为鬼事也。……事死如事生，事亡如事存，状乎无形影，然而成文。"在这样的解释之中，葬仪和祭礼已不再有宗教的意味，而完全成为诗意的表现了。

除了祀祖之外，还有其他的祭仪。荀子对它们的解释也出自与此相同的观点。《天论》中有一段话说："云而雩，何也？曰：无何也，犹不雩而雨也。日月食而救之，天旱而雩，卜筮然后决大事，非以为得求也，以文之也。故君子以为文，而百姓以为神。以为文则吉，以为神则凶也。"

从这里看荀子的思想，为降雨而祈祷，为作重大决定而占卜，是为了表示重视，不是为了求以得之。如果认为向神祈祷，便能感动神明，或卜筮便能知未来，那将成为迷信，造成迷信的后果。

荀子还曾著有《乐论》，其中说："人不能不乐，乐则不能无形。形而不为道,则不能无乱。先王恶其乱也,故制《雅》《颂》之声以道之,使其声足以乐而不流,使其文足以辨而不諰,使其曲直、繁省、廉肉、节奏足以感动人之善心,使夫邪污之气无由得接焉,是先王立乐之方也。"由此看来,荀子是把音乐作为道德教育的工具,这是儒家对音乐的一般看法。

第五节　关于逻辑的理论

《荀子》书中有《正名》篇,这是儒家哲学的一个老题目,原本是孔子提出来的(本书第四章已经说到),《论语·颜渊》篇中说:"君君,臣臣,父父,子子。"孟子也说:"无父无君,是禽兽也。"孔子和孟子两位都关注伦理问题,因此,他们对正名的解释也是就其伦理意义来立论的。荀子所生活的时代是名家十分活跃的时代,因此,他关于正名的理论不仅着眼在伦理,还反映了对逻辑的关注。

在《正名》篇里,荀子首先阐述他对于知识的理论看法,与后期墨家的观点比较接近。他说:"所以知之在人者谓之知,知有所合谓之智。"这是说,人所赖以认知的功能称作"知",人所赖以判断自身的认知与外部世界是否相合的功能称作"智"。人所赖以认知的功能,又分成两部分,一部分是荀子所称的"天官",如耳目;另一部分是心,即头脑。天官接收印象,头脑则对感官的印象作出解释,说明它们的意义。在《正名》篇里,荀子又说:"心有征知。征知,则缘耳而知声可也,缘目而知形可也。……五官簿之而不知,心征之而无说,则人莫不然谓之不知。"这是说,五官可以注意到某些感官收到的印象,但如果一个人不能对它们加以分类,如果头脑不能辨认它们,并赋予意义,则只能说,这个人无知。

关于"名"的由来及其运用,《正名》篇里说:"制名以指实,上以明贵贱,下以辨同异。"这是说,"名"的由来,一部分是伦理(即社会)的需要,一部分是由于逻辑思辨的需要。

关于"名"的逻辑功用,荀子在《正名》篇中说:给事物命名,"同则同之,异则异之……知异实者之异名也,故使异实者莫不异名也,不可乱也,犹使异实者莫不同名也。"这是说,万物各有赋予它们的名字。凡相近的事物,名称也相近;不同的事物,则名称也不同。这样可以使人知道,不同的现实有不同的名字,不致引起混淆。

关于"名"的逻辑分类,荀子说:"万物虽众,时而欲遍举之,故谓之物。

物也者，大共名也。推而共之，共则有共，至于无共然后止。有时而欲遍举之，故谓之鸟兽。鸟兽也者，大别名也。推而别之，别则有别，至于无别然后止。"这是说，万物虽多不胜数，有时我们想泛指它们的整体，就称之谓"物"。"物"是最最一般性的词语。如果继续泛指外物，势必陷于穷尽。有时，我们想说的是局部，例如，鸟兽，它是分类名词。如果继续这样分类下去，又将陷于穷尽，不得不停止下来。这样，荀子把"名"分为两类：共名、别名。共名是人进行综合思考的产物，别名则是人进行分析思考的产物。

所有的名称都是人的创造。在为万物命名时，何以这样命名，其实都是强加给它们的。称之为"狗"的动物，本来也可以称之为"猫"。但等到一个名字被大众所接受之后，这个"名"和这个"实"的关系便约定俗成了。这便是荀子在《正名》篇所说："名无固宜，约之以命。约定俗成谓之宜"。

荀子还说："若有王者起，必将有循于旧名，有作于新名。"（《正名》）这是说，当一个新的王朝兴起，新的君王和他的政府的职责，首先就是制订一套新的名字。荀子说："故王者之制名，名定而实辨，道行而志通，则慎率民而一焉。故析辞擅作名以乱正名，使民疑惑，人多辩讼，则谓之大奸，其罪犹为符节、度量之罪也。"这是说，新的君王借制订事物名称，推行他的意志；先为大众所知，然后领导大众达到统一。如果另立新名，惑乱人心，就是大奸，其罪如同伪造文件、使用假量器一样。

第六节　论其他学派的谬误

荀子认为，名家和后期墨家的思辨大部分建立在逻辑诡辩上，因而是谬误的。他就运用逻辑上"名"与"实"的关系，把这些谬误分为三类。

第一类谬误是他所称的"惑于用名以乱名"。在这类谬误中，包括后期墨家所称："杀盗非杀人也。"荀子认为，盗意味着他首先是人，"人"的概念，其外延大于"盗"的概念，而且包括"盗"的概念；因此，称"盗"时，同时就指是一个人，杀盗也就是杀其人。

第二类谬误是荀子所称的"惑于用实以乱名"。在这类谬误中包括"山渊平"的论点，这是根据惠施所说"山与泽平"而来。荀子认为，现实是个别的具体化，名则是抽象的一般范畴。用个别去否定一般，势必以实乱名。如果一座高山上有湖泽，这湖泽实际可能和低地的山处在同一平面上。但是，不能以这个例外的个案而推论说，所有的高山和所有的湖泽都一般高。

第三类谬误是荀子所称的"惑于用名以乱实"。公孙龙曾说"白马非马"。墨辩的"牛马非马"和公孙龙的论辩实质上是一样的。如果考察牛马这个名，它确实不能相等于马，但如果实际考察被称为"牛马"的动物，就会发现它们其实是马。这就是荀子所称的"以名乱实"。

荀子总结这三类谬误所以兴起，乃是由于没有圣王。如果有圣王统治，圣王将会运用他的权威以统一大众的思想，引导大众走上人生的正道，那时就不再需要争论和论辩。

荀子的思想反映了他所处的动乱时代。当时，人们渴望政治统一，结束动乱。这种统一在当时称之为"统一天下"，实际上所指的就是统一中国。

在荀子的门生中，最著名的是李斯和韩非子两人，他们两人在中国历史上都有巨大的影响。李斯后来成为秦朝始皇帝手下的宰相。秦始皇在公元前221年以武力统一了中国。李斯辅佐秦始皇，不仅在政治上统一中国，而且企图在政治思想上也实行统一。这项方针的具体贯彻最后导致了公元前213年的焚书坑儒。荀子的另一个著名学生韩非子，是法家的领袖，他的理论为秦始皇在政治和思想上统一中国的政策提供了理论根据。下一章就介绍这一学派的思想。

第十四章　韩非子与法家

西周封建社会的运转，所依靠的是两项权力原则：礼和刑。礼包括仪文、礼节、举止行为的规定，以及社会习俗所构成的不成文法。它的应用范围只限贵族，称为"君子"（它的字面含义是君王之子，像君王那样举止的人，有文化教养的人）。刑即惩罚，它的应用范围是普通百姓，即"庶人"，或称"小人"（琐小的人）。《礼记》称："礼不下庶人，刑不上大夫。"这说明了这两项原则的不同应用范围。

第一节　法家的社会背景

中国封建社会得以靠这两条原则而运转，因为西周封建社会的结构相对简单。天子、诸侯、大夫之间，有血缘关系和联姻关系把他们连结在一起。理论上，每一个侯国都从属于周天子，在侯国里，小贵族又从属于王侯大贵族。但实际上，大小诸侯从祖先那里继承领土和贵族特权，年代已久，并不觉得周天子和他们有什么关系。因此，周天子只有名义，并无实权，各侯国事实上处于半独立状态；在这些侯国里的大夫（统率的范围称"家"）也是处于半独立状态。这些王侯彼此都是亲戚，按照大家的不成文法，保持着私人关系、外交关系，以至商业往来。这种"君子协定"式的关系便是"礼"。

天子、诸侯都生活在社会金字塔的顶尖上，和庶民大众没有直接的交道，如果需要打交道，也是由下级诸侯、小贵族去做。王公贵族各有自己的封地，由于这些封地都不大、人口也不多，因此，贵族通常可以实行个人统治，靠刑罚来迫使庶民服从。可以看出，在西周封建社会里，各种社会关系主要是靠个人接触和个人关系来维持的。

这种关系在此后若干世纪里逐渐削弱，西周封建制度社会的瓦解带来了影响深远的社会、政治变化。公侯君子和庶民小人的社会分野逐渐模糊。孔子的时代已经可以看到，有的贵族失去封地和称号，有才能或运气好的庶民百姓，也有的上升到显贵的地位。社会各阶层原有的僵硬界限逐渐被打破。与此同时，大国用侵略、兼并的手法，扩大统治的领土。在这形势下，各国为准备战争或防御入侵，都需要强化国家的统治，就是说，需要集中权力。这就使政府的结构和行使职权都日益复杂化了。

新的形势带来了新的问题，对各国都一样。面对这样的形势，从孔子起的各派思想家都力求解决君王的各种问题。他们建议的解决办法往往并不切合实际，各国君王所爱听的不是劝他们怎样谋求民众的福祉，而是要能应付眼前难题的灵计妙策。

在谋士中也有少数是懂得现实政治的，各国君王通常也愿听听他们有什么看法。如果他们的建议行之有效，国王就待如上宾，甚至委以高位。这些谋士就是被称为"方术之士"的一班人。

他们以此得名，是因为他们为君王公侯出谋划策，告诉统治者怎样统治广大的封地、怎样把权力集中到自己的手里。他们鼓吹：君王不需要是圣人或超人，只要实行他们提出的一套方略，一个仅具中人之资的人就可以把国家治理得井井有条。还有一些方术之士，为他们鼓吹的统治方略提出理论根据，这便构成了法家的思想主张。

因此，如果对"法家"望文生义，以为法家便是主张法学，这便错了。法家的主张，用现代语言来说，乃是一套组织领导的理论和方法。一个人如果想走极权主义道路，组织大众，充当领袖，就会认为法家的理论和方法颇有一点道理。

第二节 韩非子，法家的集大成者

在本章里，便以韩非子作为法家的思想代表。他是韩国（今河南西部）皇室后裔，《史记·老子韩非列传》称他"与李斯俱事荀卿，斯自以为不如非"。韩非子以著书立说见长，著有《韩非子》五十五篇。具有历史讽刺意味的是，战争时代，秦国采用了韩非子的主张，得以兼并六国，成就霸业；韩非子因而声望日隆，由此遭到秦国宰相、他的旧日同窗李斯嫉妒，被陷害下狱，最终死于秦国狱中，时在公元前233年。

韩非子是法家的集大成者。在他之前，法家分三派。一派以慎到为首，慎到和孟子是同时代人，他主张在政治和治国方术中，"势"，即权力与威势，最为重要。第二派以申不害（死于公元前337年）为首，强调"术"，即政治权术。

第三派以商鞅（又称商君，死于公元前338年）为首，强调"法"，即法律和规章制度。

韩非子认为这三者都必不可少。他在《韩非子·八经》篇中说："明主之行制也天，其用人也鬼。天则不非，鬼则不困。势行教严，逆而不违……然后一行其法。"明君如天，执法公正，这是"法"的作用。他驾驭人时，神出鬼没，令人无从捉摸，这是"术"。他拥有威严，令出如山，这是"势"。三者"不可一无，皆帝王之具也。"（《韩非子·定法》）

第三节 法家的历史哲学

中国人办事往往依循过去惯例，这可能与大多数民众都是农民有关。农民为所耕种的土地所束缚，很少旅行。他们年复一年，按季节变化耕耘作物，凭过去的经验就够用了。因此，如果遇到新事，首先就想过去有什么经验可以遵循。

这个传统思维方式对中国哲学有巨大的影响。从孔子的时代起，多数哲学家都要找古代的权威来支持自己的学说。孔子喜欢援引的古代权威是西周的文王、周公。墨子与儒家辩论时，援引比文王、周公更古老的夏禹。孟子为能凌驾墨家之上，往往援引尧舜，因为他们是传说中比夏禹更早的圣王。最后，道家为胜过儒家和墨家，又请出伏羲、神农，据说他们比尧舜还要早几百年。

这些哲学家在这样做的时候，事实上是建立了一种历史退化观。这些哲学家，思想主张虽然各有不同，但是，他们的历史观却有一个共同点：人类社会的黄金时代在过去，而不在将来。自古代的"黄金时代"以来，历史是在日渐退化。因此，人的拯救不在于创立新的，而要靠退回到古代去。

先秦时期各主要思想流派中最后出现的法家，在这方面是一个鲜明的例外。法家深深懂得，每个时代的变化，都有它不得不变的原因，因此只能现实地对待世界。古代的人们比较纯朴，就此而言，或许值得称颂，但那是当时的物质条件造成的，并不是说，古代人们的品德就普遍比后代人高尚。韩非子认为，古者，"人民少而财有余，故民不争。……今人有五子不为多，子又有五子，大父未死而有二十五孙。是以人民众而货财寡，事力劳而供养薄，故民争。"（《韩非子·五蠹》）

韩非子认为，由于这些全新的情况产生的新问题，只能用新的方法解决，只有蠢人才看不到事实的变化，而这类蠢人是的确存在的。韩非子曾说了一个关于蠢人的故事："宋人有耕者，田中有株，兔走触株，折颈而死；因释其耒而守株，冀复得兔。兔不可复得，而身为宋国笑。今欲以先王之政，治当世之民，皆守株之类也。""是以圣人不期修古，不法常可，论世之事，因为之备。"（同上）

早在韩非子之前，商君便已说过类似的话："民道弊而所重易也，世事变而行道异也。"（《商君书·开塞》）

在现代人看来，历史不断变化，这几乎是众所周知的。但在古代中国，和当时各派思想家的见解相较，这种看法实在是一种革命的观点。

第四节　治国之道

法家为了适应新的政治情况，建议采用新的方法治理国家。照法家看来，这些是颠扑不破的治国方法，首先是制定法律。韩非子写道："法者，编著之图籍，设之于官府，而布之于百姓者也。"（《韩非子·难三》）法的作用是告诉百姓，什么应该去做，什么不应该做。法律颁布之后，君王必须监察百姓的行为。君王拥有权势，可以惩罚违犯王法的人，也可以奖赏顺服王法的人。君王这样做，就可顺利统治百姓，无论百姓如何为数众多，都可以统治。

关于这一点，韩非子写道："夫圣人之治国，不恃人之为吾善也，而用其不得为非也。恃人之为吾善也，境内不什数；用人不得为非，一国可使齐。为治者用众而舍寡，故不务德而务法。"（《韩非子·显学》）这是说，圣人治国，不是要使人人都自觉行善，而着眼于使大众不能作恶。在一国之中，能自觉行善的，不会超过十个人。但只要民众不作恶，国家就可以保持太平。君王治国，着眼在大多数，至于其他少数，无关宏旨；因此，要着力的是执法，而不是立德。

按照这个理论，君王统治百姓，靠的是法律和威势，他不需要有特殊的才能或品德，也不需要像儒家所说，"为政以德，譬如北辰，而众星拱之"，靠君王的品德和人格影响去感召百姓。

有人可以说，君王采取这样的办法治国，需要有能力制定法律，还要监察为数众多的百姓是否违犯了法律，决不是轻而易举的事情。法家对此的回答是：君王不用事必躬亲，只要他有驾驭人的权术，就可以物色到适当的人去为统治者办事。

"术"这个概念有什么哲学意义呢？它也是"正名"这个古老学说中的一方面。法家对"正名"的解说是："循名而责实。"（《韩非子·定法》）

这里的"实"，按法家的学说是指在政府任职的官吏个人；"名"是指政府职务的名称，是任职官吏应当完成的职责。因此，"循名而责实"意味着担任一定职务的官吏有责任完成他的职务所要求的各项工作。君王的职责是把某项名义的职务授给某个人。这项职务所要求的工作已经在法律中明确规定，因此，君王只关心某个官吏是否恪尽职守，至于怎样完成工作要求，这是官吏的事情，不需要君主具体指导。君主所要过问的只是：完成任务有赏，完不成任务受罚，仅此而已。

这样，人们还会问：君王怎样知道哪个人适合哪项工作呢？对此，法家的回答是：只要靠"术"，就可以知道。在《韩非子·二柄》中说："为人臣者陈而言，君以其言授之事，专以其事责其功。功当其事，事当其言，则赏；功不当其事，事不当其言，则罚。"这样认真实行，赏罚分明，经过几次，无能之辈就不敢承担他们力不能胜的职务，即便给他们，他们也不敢接受。这样，没有能力的人就被淘汰下去，只有能胜任的人在政府职务上任职了。

但是，还有问题：君王怎样能够知道，某个官吏这个"实"和他所担负的"名"是否相称呢？法家的回答是：这在于君王，如果他没有把握，他就去考察结果，如同君王不知道他的厨子是否胜任，就去品尝厨子烧出的菜肴。在监督官员方面，君王也可以委派别人去做。这些监察官员的人，自己也在君王监察之下。

按照法家的说法，治理国家并不是必须选贤任能，君王只需要把赏罚大权掌握在自己手里就可以了，这样，他就可以"无为而无不为"。

掌握赏罚两项大权，就是韩非子所说的治国"二柄"。它们之所以有效，是因为人性趋利而避害。韩非子说："凡治天下，必因人情。人情者，有好恶，故赏罚可用。赏罚可用，则禁令可立，而治道具矣。"这是说，君王治天下，行事要循人性。人性之中，有所爱，也有所憎，因此，赏罚便能发挥作用。赏罚能起作用，便能做到令行禁止，于是治世之道便已具备了。

韩非子是荀子的学生，深信人性恶。他与荀子不同的地方在于，他对通过文化教育使人向善，不感兴趣。韩非子和其他法家认为，正因为人性恶，所以法家的治国方针，全从实际出发，并不寄希望于把大众改造成新人。

第五节　法家与道家

"无为而无不为"。这是道家的思想，它也是法家的思想。在韩非子和法家看来，君王应当具备的一项品质便是"为无为"，自己表现出"无为而治"；君王不应当亲自动手做任何事情，一切需要办的事情都应假手别人去做。韩非子说，君王应如"日月所照，四时所行，云布风动；不以智累心，不以私累己；寄治乱于法术，托是非于赏罚，属轻重于权衡"（《韩非子·大体》）。换句话说，君王拥有政府运作的机制和工具，他自己不必做任何事情，而执政掌权所要办的事情却都办了。

道家和法家代表中国思想传统的两个极端：道家认为，人本来是天真无邪的，法家则认为人生来性恶；道家鼓吹个人绝对自由，法家主张社会控制一切。但是在"无为"这一点上，两个极端倒会合了，就是说，它们两个极端之间具有同一性。

后期道家对法家所主张的治国之道，也持同样的看法，只是说法略有不同。《庄子·天道》篇中称帝王之德在于"乘天地，驰万物，而用人群"。在这一段里讲"无为也，则用天下而有余；有为也，则为天下用而不足"。在区别"无为"和"有为"之后，又说："上必无为而用天下，下必有为为天下用，此不易之道也。"君主的存在就是为统治天下。因此，他的作用和职责不在于做任何事情，而在于发号施令，让别人为他做事。换句话说，他的统治方法就是：以无为而用天下。另一方面，属下的职责和作用则是接受命令，按令行事。换句话说，属下的作用便是被使用去做事。这就是同一段末后所说："上必无为而用天下，下必有为为天下用，此不易之道也。"

《庄子·天道》篇接下去又说："故古之王天下者，知虽落天地，不自虑也；辨虽雕万物，不自说也；能虽穷海内，不自为也。"统治者就应该如此，因为如果他一旦去思想任何事情，就表明还有他未曾想的事情，而他的职责本应该想到在他统治下的一切事情。因此，君王就应该不想、不说、不做；只命令别人替他去想、去说、去做。这样，他便可以无为，而凡事都由别人办好了。

至于君王用天下的具体步骤，《天道》篇中说："是故古之明大道者，先明天而道德次之，道德已明而仁义次之，仁义已明而分守次之，分守已明而形名次之，形名已明而因任次之，因任已明而原省次之，原省已明而是非次之，是非已明而赏罚次之，赏罚已明而愚知处宜，贵贱履位；仁贤不肖袭情，必分其能，必由其名。以此事上，以此畜下，以此治物，以此修身，知谋不用，必归其天，此之谓太平，治之至也。"

这些具体步骤的后半，显然和法家的主张是一样的。但是，《天道》篇接下去说："古之语大道者，五变而形名可举，九变而赏罚可言也。骤而语形名，不知其本也；骤而语赏罚，不知其始也。倒道而言，忤道而说者，人之所治也，安能治人！骤而语形名赏罚，此有知治之具，非知治之道；可用于天下，不足以用天下，此之谓辩士，一曲之人也。"

这是道家对法家的批判。法家的治国之道要求君王公正无私。他应当赏罚严明，即便当罚的是亲人朋友，也不徇私；即便当赏的人是仇人，也不歧视。如果君王不能公正无私，哪怕只失误几次，整个机制便将崩溃。法家宣称只要具有中人之资，便能治国，而实际上，只有圣人，才能具备君王的资质。

第六节　法家与儒家

儒家认为，要靠礼和道德，而不是靠法律与刑罚来治理百姓。他们主张沿用西周初期的体制，而没有觉察到，社会情况已经变化，先前推行礼治的社会条件已经不复存在了。这时，他们还指望靠老办法治国，就成为保守派了。但在另一方面，他们又是革命派，因为在他们的思想里，反映了时代的变化，他们不再坚持以出身贵贱和财产多少来划分社会阶级。孔子和孟子还继续强调君子和小人的分野，但这个分野，现在变成以道德来划分，而不是以家世来划分了。

本章开始时，我曾指出，先秦中国封建社会里，"礼"是君王统治贵族的准绳，"刑"是君王统治百姓的工具。儒家坚持以礼治国，这样，"礼"不仅是统治贵族的准绳，也成为统治庶民百姓的准绳，这是对庶民百姓提出了更高的要求。就这一点说，儒家是革命的。

法家的思想也和儒家一样，没有社会阶级高下的区别。人人在法律和统治者面前，地位都一样。但是，法家所做的不是把庶民的地位提高，而是把贵族的地位降低，靠奖惩来统治一切人，这就把"礼"抛到一边去了。

儒家的主张是理想主义的，法家的主张是现实主义的。在中国历史上，儒家一向指责法家卑鄙、粗野，而法家则总是指责儒家书生气、不切实际。

第十五章 儒家的形而上学

在第十二章里，我们看到，《易经》本来是一部占卜的书。后来，儒家赋予它以宇宙论、形而上学的意义，并且从宇宙论联系到伦理，进行阐释；这便是现在附于《易经》之后的"易传"。

在第十二章里，已经讨论了"易传"的宇宙论解释。本书第二十三章还将回到儒家赋予《易经》的宇宙论意义这个问题上来，本章的探讨则将限于"易传"和《中庸》的形而上学的伦理学说方面。

《中庸》是《礼记》中的一章，按照传统的说法，它是孔子的孙子子思所作。事实上，其中大部分是后来的著作。"易传"和《中庸》代表了先秦儒家形而上学发展的最后阶段。这一时期儒家对形而上学的兴趣如此浓厚，以至公元三四世纪的新道家把《易经》和《道德经》《庄子》三部书列为"三玄"。公元 6 世纪上半叶，笃信佛教的梁武帝（公元 502—549 年在位）亲自为《中庸》写注释。公元 10—11 世纪（宋朝）佛教禅宗的僧人也写作这样的注释，由此开启了"新儒家"的时代。

第一节 事物之"理"

道是"易传"，也是道家认为最重要的形而上学概念。但是，"易传"中的"道"的观念和道家的"道"的观念是不同的。道家的"道"的观念是无名、不可名状的，而在"易传"的作者们心目中，道是可以名状的，而且严格说来，也只有道是可以名状的。

我们需要把道家所说的"道"和"易传"所说的"道"加以区别。道家所说的"道"是宇宙万物及其变化所由产生的那个"一"。"易传"中的道则是"多"，是统辖宇宙万物中每类事物的个别的"理"。就这一点来说，它有点像西方哲学中的"共相"。我们曾经看到，公孙龙认为"坚"就是使得宇宙间事物坚硬的那个"理"。"易传"的作者们也同样认为，使得物质坚硬的乃是坚硬之道。这个"坚硬之道"可以和个别物质的坚硬性分离出来，成为可以名状的形而上学原理。

像这样的"道"——形而上学原理——可以举出很多，如君王之道、大臣之道、为父之道、为子之道，等等。这是作为君主、大臣、父亲、儿子的规范。它们各有其名，每个人由于社会地位也就此有了自己的称谓名字，而且应当按这种社会地位规定的名字去圆满完成它的内容。这令人想起孔子关于"正名"的古老学说。就孔子来说，这只是他的伦理学说，而在"易传"里，它还构成了形而上学的一部分。

如前所述，《易经》本是一部占卜之书。巫者取一把蓍草，每两根一次，取出放在一旁，最后剩下的或是单数，或是双数，记录下来，这样连续六次，所得结果就构成一卦。《易经》中对这一卦的卦辞就应是神对卜者所求问事项的指示。这些卦辞、爻辞要准备回答各种世俗事务、各种情况下的问题。"易传"的作者们根据这种情况，需要制定各种标准答案，这些卦辞、爻辞就是回答求问事项的各种公式。每一卦都代表一种或几种"道"，也就是事物的普遍性原理。对六十四卦和三百八十四爻的释辞就被认为其中包括了宇宙所有的"道"。

这些卦和爻被看作是宇宙之道的图象。这就是"易传"中《系辞下》所说："易者，象也。"这些象征和现代符号逻辑（symbolic logic）所称的"变数"很相近。在这里，变数的作用是作为某类或某些类具体事物的替代物。属于某一类别、并且满足某些条件的一个具体事物，可以纳入某个公式和某个变数，因此也可以纳入某个卦辞和爻辞所说的内容。在这里，卦和爻就是这事物的符号或象征。这个公式便代表着某种道，成为某类对象所应当遵循的指示。从占卜的观点说，如果遵从卦辞、爻辞的指示，卜者就会得到好运。否则，就将遭到恶运。从伦理的观点看，遵从这些卦辞和爻辞，就是"对"的，否则就是"错"的。

以六十四卦的第一卦"乾"来说，它是雄性的代表，也是雄浑、雄劲；以第二卦"坤"来说，它是雌性、温良、驯顺的代表。因此，任何能满足"雄浑"条件的事物，都可以纳入"乾"象；任何能满足雌性、温良条件的事物，都可以纳入"坤"象。乾的卦辞和爻辞都可以认为是代表了宇宙万物中雄性事物的"道"；坤的卦辞和爻辞则可以认为是代表了宇宙万物中雌性事物的"道"。

因此，"易传"《彖辞》论到坤卦说："先，迷失道；后，顺得常。"这是说，如果居先，将迷失道路；如果居后，则将顺利而得常道。"易传"《坤文言》说："阴虽有美，含之以从王事，弗敢成也。地道也，妻道也，臣道也。地道无成而代有终也。"这是说，阴虽美，却含蓄以事君，不敢居功。这是大地之道，为妻、为臣之道，大地从不居功，只代万物以成其事。

乾卦则正相反。它是天的象征，君王的象征，夫婿的象征。乾的卦辞、爻辞代表天道、君主之道、为夫之道。

因此，如果一个人要想知道为君之道、为夫之道，就应当读"易传"《乾文言》。如果一个人要想知道为臣之道、为妻之道，就应该读坤卦的卦辞、爻辞。这就是"易传"《系辞上》所说：把卦辞"引而申之，触类而长之，天下之能事毕矣"。又说："夫易，何为者也？夫易：开物成务（开启物性，助人成就事务），冒（覆盖）天下之道，如斯而已者也。"

《易纬·乾凿度》说："易，一名而含三义：所谓易也，变易也，不易也。"这是说，"易"既意味简易，又意味着变化，又意味着不变。变化是指万物而言，简易不变是指其中之"道"而言。事物常变，但其中的道是不变的。万物是复杂的，但道是简单易明的。

第二节　万物生成之"道"

各类事物各有自身的"道"以外，万物又有其共同的"道"。换句话说，除了物各有殊的"道"之外，还有统摄万物生成变化的一个总的"道"。《系辞上》说："一阴一阳之谓道。继之者善也，成之者性也。"这是生成万物的"道"。宇宙便以生成万物作为它的最大成就，所以《系辞下》说："天地之大德曰生。"

世上有一物生成，必定有生成该物的物质，还有该物生成的依据；前者可以说是一物生成的被动因素，后者可以说是一物生成的主动因素。被动因素是阴，主动因素是阳。万物生成需要阴、阳两个因素的互相作用。因此，"一阴一阳之谓道"。

每一样事物都可以从一个意义说是阴，从另一个意义说则是阳，这取决于它和其他事物的关系。例如，一个男子，对妻子说，他是阳；而作为父亲的儿子，他是阴。但生成万物的阳，就其形而上的意义说，只能是阳；万物所由生的阴，就其形而上的意义说，只能是阴。因此，《系辞上》所说的"一阴一阳之谓道"，其中的"阴"和"阳"都是就其绝对意义而说的。

需要注意到，在"易传"中有两类不同的陈述句。一类是关于宇宙和其中包含的万物，另一类则是关于《易经》本身抽象符号的体系。《系辞上》说："易有太极，是生两仪，两仪生四象，四象生八卦。"虽然后来新的儒家把这几句话作形而上学和宇宙论的基础，这几句话并不是指宇宙的生成，而是指《易经》中的符号系统。但是"易传"中认为："《易》与天地准。"这是说，在宇宙之中有这些符号和公式的确切对应物。因此，这两类陈述又能够互相对换。以"一阴一阳之谓道"这句话来说，这是指宇宙而言。但它和《系辞上》所说："易有太极，是生两仪"又是可以互换的。"道"和"太极"是相当的，而阴和阳则是它的两种形式，即"两仪"。

《系辞下》又说"天地之大德曰生"，它与《系辞上》所说"生生之谓易"是两种不同性质的陈述句。前者联系到宇宙，后者则联系到《易经》，但它们又是可以相互替换的。

第三节 万物变易之"道"

"易"这个字的三重含义中有一重含义是"变化、变易"。"易传"强调的一点是：宇宙万物都处于不断变化之中。泰卦九三爻辞说："无平不陂，无往不复。"在"易传"中，把这句爻辞看作是万物变化的公式，是万物变易之"道"。

如果一个事物要达到生长的顶点，并且保持在生长的顶点上，它的运行就必须在所发生的地点、时间和发生的方式上都恰到好处。在《易经》的卦辞、爻辞中，把这种"恰到好处"称作"正""中"。关于"正"，《易·家人卦》的《象辞》说："女正位乎内，男正位乎外；男女正，天地之大义也。……父父，子子，兄兄，弟弟，夫夫，妇妇，而家道正；正家而天下定矣。"

"中"的含义是既不过多，又不过少。人的天性倾向于过分。因此，"易传"和《老子》都把过分看作大恶。《老子》书第四十章讲"反"，第十六章讲"复"；"易传"也讲"复"。在《易经》中，第二十四卦便是"复"。它的《象辞》说："复，其见天地之心乎！"这是说，复卦的卦象，体现了天地运行的规律。

"易传"的《序卦》运用"复"的概念来解说六十四卦的排列顺序。《易经》本来分《上经》《下经》两部分。《序卦》认为：上经是讲自然世界，下经则是讲人间世界。关于上经，在《序卦》中说："有天地，然后万物生焉。盈天地之间者，唯万物，故受之以屯。屯者，盈也"。因此，在《易经》中，继乾（天）卦坤（地）卦之后，第三卦便随之以屯卦，屯的含义是满足。《序卦》接下去指出，每一卦之后，往往随之以性质相反的卦象，相反相成而相满足。

关于下经，《序卦》中说："有天地，然后有万物；有万物，然后有男女；有男女，然后有夫妇；有夫妇，然后有父子；有父子，然后有君臣；有君臣，然后有上下；有上下，然后礼义有所错。"然后，如同上经说明一样，《序卦》继以说明，每卦之后，通常总是与它性质相反的一卦。

第六十三卦是"既济"，含义是"事成"。《序卦》就此说道："物不可穷也，故受之以未济，终焉。"这是说，在"既济"之后，继以"未济"，表明事虽成，而犹有未成。《易》到此结束。

这样来解释《易》六十四卦的排列，其中至少包含有三点意义：第一，宇宙中发生的一切，包括自然和人生，构成一种连绵不断的自然顺序锁链。第二，在这样的演化过程中，每一事物都处于向自我否定的运动之中。第三，在这样的演化过程中，事物永无穷尽。

"易传"和《老子》持守一样的看法：人若想做成一点事情，就不要指望一帆风顺，马到成功；若想不失去已有的东西，就要从事物的反面多着想一点。这就是《系辞下》所说："危者，安其位者也；亡者，保其存者也；乱者，在其治者也。是故，君子安而不忘危，存而不忘亡，治而不忘乱，是以身安而国家可保也。"

"易传"和《老子》持同样看法的另一点是：谦虚、自居于下是重要的品德。《易·谦卦》的《彖辞》说："天道亏盈而益谦，地道变盈而流谦，鬼道害盈而福谦，人道恶盈而好谦。谦，尊而光，卑而不可逾，君子之终也。"上天之道，凡自高的必降为卑，自卑的必升为高。为人之道，也是一样：君子所求，便以自谦为终极的宗旨。

第四节 "中"与"和"

《中庸》对于"中"的意义作了充分发挥。"中"和古希腊亚里士多德所主张的"中道为贵"（the golden mean）颇为相近。有的人错以为，主张中道就是凡事只应求其半，行其半。其实，"中"的真正含义是"恰如其分""恰到好处"。如果一个人要从华盛顿到纽约，结果穿越纽约而到了波士顿，那就是过分；如果只到费城，那就是不及。公元前3世纪中国诗人宋玉曾经在《登徒子好色赋》中描绘一位美人说："增之一分则太长，减之一分则太短；著粉则太白，施朱则太赤。"（《文选》卷十九）这里描绘的一位美女，身体和容貌都恰到好处。这就是儒家所谓的"中"。

在"中"这个概念里，时间是个重要的组成部分。冬天穿皮大衣是"正好"，但如果在夏天，就成为可笑了。因此，儒家往往把"时"与"中"联系起来，如"时中"，含义是懂得"适当其时"又"恰如其分"地行事。孟子称孔子:"可以仕则仕,可以止则止,可以久则久,可以速则速。"(《孟子·公孙丑章句上》)正是因此,所以孟子称颂说:"孔子,圣之时者也。"(《孟子·万章章句下》)

《中庸》第一章上写道:"喜怒哀乐之未发,谓之中;发而皆中节,谓之和。中也者,天下之大本也;和也者,天下之达道也。致中和,天地位焉,万物育焉。"人的感情还未迸发出来时,内心里无所谓"过分"或"不及",这时称为"中"。当人的感情倾泻出来,而保持恰如其分,这时也仍然是"中"。"和"来自"中","中"又是调和各种心情所必需。

这个思想适用于人的感情,也同样适用于人的欲望。个人的行为或人的社会关系中,都有一个中点,使人在表达感情和满足欲望时,知乎所止。当人的感情和欲望都表现得合乎分寸,他内心便达到一种平衡,这是精神健康所必需的。对整个社会来说,也是如此。如果在一个社会里,各种人都懂得对自己的欲望和感情适度地满足,这时,社会便达到和谐、安定、秩序井然。

"和"便是协调分歧,达成和睦一致。《左传》中曾经记载,昭公二十年(公元前522年),齐国大夫晏婴(?—前500年)有一段话,分析"和"与"同"的区别说:"和,如羹焉。水、火、醯(音希,醋)、醢(音海,肉和鱼制成的酱)、盐、梅,以烹鱼肉",这些调料合在一起,产生一种新的味道,既不是醋又不是酱的味道。"同"则如同以开水作调料,或一个乐曲只准用一个声音,并不引进任何新的味道。在中文里,"同"意味着单调一律,不容许有任何不同;"和"则意味着和谐,它承认不同,而把不同联合起来成为和谐一致。这种和谐需要一个条件,就是:各种不同成分之间,要有适当的比例,这就是"中","中"的作用则是达成"和"。

一个有组织的社会里,有各种不同才能、不同行业的人,各有自己的地位,完成不同的作用,各得其所,彼此没有冲突。一个理想的社会,也是这样和谐的一体。如《中庸》第二十九章所说:"万物并育而不相害,道并行而不相悖,……此天地之所以为大也。"

这种和谐,不仅是指人类社会,它也渗透全宇宙,构成所谓"太和"。《易·乾卦》的《彖辞》说:"大哉乾元……保合太和,乃利贞。"这是说,乾的生发能力多么浩瀚……联成一气,保有至高的和谐,这就是大吉大利。

第五节 "庸"与"常"

《中庸》第一章说:"天命之谓性,率性之谓道,修道之谓教。道也者,不可须臾离也，可离非道也。"这里提出了看似"普通"和"寻常"事物的重要性，这是《中庸》的另一个重要思想，它以"庸"来表示，意思就是"普通"和"寻常"。

人们每天都需要吃饭喝水，因此，吃饭喝水成为人类的日常活动。它们如此重要，又如此寻常，成为人人不能离开的事物。在人们的日常生活里，人际关系和道德也同样是不能须臾离开的。有的人觉得，人际关系和道德是十分寻常的事情，因此并不觉得它们有什么价值。其实，任何人离开了它们便无法生活。吃饭，喝水，人际关系，道德价值，都无非是顺乎人性，这便是"率性之谓道"。所谓精神文化、道德教育，其实就是培养"道"的意识。

既然"道"是人人每天生活所不能离开的，那么，何必再讲精神文化呢？对这问题的回答是：虽然所有的人都在不同程度上遵循"道"来生活，并不是所有的人都充分认识这个事实。《中庸》第四章里说："人莫不饮食也，鲜能知味也。"精神文化的作用就在于使人懂得他们其实是在循"道"而行，使人们懂得自己生活的意义，这和懵懂的生活，是大不一样的。

进一步说，虽然人人都不得不遵循"道"来生活，并不是所有的人都能做得完美。人既然生活在社会里，便不免有种种人际关系，在处理这些人际关系时，很少人能做得完美。精神文化的作用便是使人能够成为一个高尚，以至完美的人。

这便是《中庸》第十二章所说："君子之道费而隐。夫妇之愚，可以与知焉，及其至也，虽圣人亦有所不知焉；夫妇之不肖，可以能行焉，及其至也，虽圣人亦有所不能焉。……君子之道，造端乎夫妇，及其至也，察乎天地。"因此，虽然所有的人，包括愚和不肖，都多少是在循道而行。为提高他们的觉悟，以"至善"作为自己的人生目标，精神文化是十分必要的。

第六节　从启蒙到止于至善——明与诚

在《中庸》里，至善被称为"诚"（真诚、纯真），和"明"是连在一起的。《中庸》第二十一章说："自诚明，谓之性；自明诚，谓之教。诚则明矣，明则诚矣。"这是说，人如果真正懂得了普通、寻常生活中吃喝、人际关系的重要意义，他就已经是一个圣人了。一个人如果把他所领会的都付诸实践，他也就是圣人了。人只有在自己的实践中，才能懂得这些普通、寻常事的真正意义；也只有真正懂得了它们的意义，才能做得完美。

《中庸》第二十五章还说："诚者非自成己而已也，所以成物也。成己，仁也；成物，知也。性之德也，合内外之道也"。这是说，诚不是仅仅为了成全自己，它还是成全万物的途径。成全自己，这是仁德；成全万物，这是智慧。诚是人天性中的品德，人内心和外部世界的道理都在其中结合起来了。这段话的意思应该是清楚的，但我设想，"仁"和"知"两个字的位置或许应该调换一下。

《中庸》第二十二章还说："唯天下至诚，为能尽其性；能尽其性，则能尽人之性；能尽人之性，则能尽物之性；能尽物之性，则可以赞天地之化育；可以赞天地之化育，则可以与天地参矣。"这是说，唯有天下至诚之人，才能充分发挥人的天性；能充分发挥自己天性的人，才能充分发挥别人的天性；而后才能充分发挥万物的本性，而后才能帮助天地化育万物；而后才能与天地合为一体。

一个人如果力求完善自己，他就会看到，为此也必须同时完善他人。一个人如果不关心别人的完善，自己便不可能完善。这是因为，人要充分发展自己的天性，必须充分发展他的人际关系，也就是在社会之中。这就回到了孔子、孟子的传统，人要想完善自己，必须实行忠恕、仁义，这就包含了帮助别人。人要想完善自己，就必须充分发展受自上苍的天性，帮助别人就是参与天地化育万物的工作。一个人如果真正懂得了这一切，他就与天地合参，成为一体了。《中庸》所讲的"明"，便是这个意思：人做到与天地合参，便是完美。

为做到与天地合参，人是否需要做什么特别的事情呢？并不需要，所需要的只是做那些普通、寻常的事情，完全懂得它们的意义，并把它们做得"恰到好处"。在这样做时，人的内心和外部世界连接起来了，这不仅是人与天地合参，而是天人合一。这时，人虽在世界之中，却又超越了世界。后来新的儒家便是以发展这个思想来批判佛家的出世哲学。

这便是儒家把人心提高到天人境界的途径。它与道家所主张的弃绝知识、齐万物、一死生的做法不同，儒家的途径是通过爱的延伸，使人心得以超越我与他人的界限，也超越我与物的界限。

第十六章　治国平天下的哲学主张

人们常说，"历史不会重演"。人们又说，"阳光之下并无新事"。真理或者在于把两者结合起来。在中国人看来，从近代到现代直到今天的世界政治历史，很像是中国古代春秋战国时代的重演。

第一节　秦朝统一中国前的中国政治情况

中国古代的春秋时期（前722—前481）得名于这一时期的历史载入称为《春秋》的史书之中。继春秋之后的战国时期得名于这一时期列国之间战争加剧。前面说到，中国封建时期人们的行为受"礼"（仪式、礼制、行为规范等）的制约。不仅个人行为要受"礼"的制约、国家的行动也同样受到"礼"的制约，其中有些是为和平时期的国际交往，有些则是对国际战争时期各国行动的约束。为和平时期国际交往和战争时期对交战双方的约束，就相当于今天的所谓"国际法"。

我们看到，在当今世界里，《国际法》已经日益失去作用，一国不提出最后通牒而突然袭击另一国，或一国的空军轰炸敌对国家的医院，推脱说未曾看见医院房顶的红十字标志，已经屡见不鲜。在中国古代的春秋战国时期，不受国际关系中的"礼法"制约，也同样可见。

本来，春秋时期还有人遵守国际关系中的礼法。《左传》中记载公元前638年，楚、宋两国的泓水之战。宋国国君宋襄公亲自指挥军队进行这场战争。当楚国军队渡河进击时，宋襄公部将要求趁楚军渡河时出击。宋襄公回答说，敌军未组成阵势，不能进击。结果，宋军大败，宋襄公本人也受伤。在这种情况下，宋襄公还是坚持自己的守则说："君子不重伤（伤敌人两次），不擒二毛（头发灰白之人）。"襄公手下武将怒问襄公："若爱重伤，则如勿伤；爱其二毛，则如服焉。"（对受伤之敌不再加害，何若根本不去伤害敌人？不擒有灰白头发的敌兵，何不索性对敌投降!）宋襄公所奉行的战争时期礼法，体现的是封建武士的风度，而他的部将所说则是反映了时代的变化。

有趣却又令人沮丧的是，现代政治家争取国际和平的办法都是中国古代政治家曾经使用过而都遭到失败的办法。例如，公元前551年（《左传》襄公二十七年）曾举行过一次国际会议，试图限制各国的军事扩张。后来，将当时的"天下"（即中国）划分为东、西两大势力范围，分由当时最强大的齐国、秦国控制。齐王称"东帝"，秦王称"西帝"（见《史记·田敬仲完世家》）。战国时期，列国之间组织联盟，一称"合纵"，一称"连横"。当时中国有七个比较强大的国家，称为"七霸"，其中处于西端的秦国最为野心勃勃，"合纵"是六国联合对秦的联盟；秦国则采取联合六国中的任何其他国家，攻击与秦对抗的国家，这是由西向东的联盟，称为"连横"。

秦国以"远交近攻"的策略击破东方诸国"合纵"的联盟。它依靠"耕战"的优势，还在六国内广泛使用专事政治阴谋活动的"第五纵队"，终于得以逐一战败六国，在公元前221年统一全中国。秦王自封"秦始皇帝"，在中国历史上以此得名。他还废除以领地分封皇室、诸侯的旧法，改在全国设郡县，把政治权力集中，在中国创立了中央集权的庞大帝国。

第二节　中国的统一

始皇帝第一次真正实现了中国的统一，但是在他之前很久，中国人便久已期盼出现一个"天下"一统的中国。《孟子·梁惠王章句上》记载，梁惠王问孟子："天下恶乎定?"孟子回答："定于一。"梁惠王又问："孰能一之?"孟子回答："不嗜杀人者能一之。"孟子的话清楚反映了时代的愿望。

本章使用的"世界"是译自中文的"天下"一词，它的字面意义是"普天之下"。有的英文译著把"天下"译成"帝国"，因为当时的所谓"天下"，实际上只是指周天子和诸侯的领地总和。这确是当时的现实情况，但是我们在使用一个词语时，不能把它的内涵和外延混为一谈。"天下"的定义应当是它内涵的意义，当时人们对它的理解和它本身应有的定义不是一回事。举例来说，在中国古代，称"人"时，所指的就是"中国人"，但我们不能把中国古文中的"人"这个词语翻译解释为"中国人"。中国古代文献中的"人"，所指的乃是生物学意义的"人"，虽然当时人们对"人"的知识只限于对"中国人"的知识。同样的道理，古代中国人说"天下"时，他们所指的是"世界"，不过他们当时所知道的"天下"只限于"中国"范围。

从孔子的时代起,中国人虽然只生活在中国的地域之中,但他们的精神世界,特别是思想家的精神世界,却自认是生活在世界之中,所考虑的政治问题也是从世界范围来着眼。因此,秦统一的虽然只是中国全境,在当时人们看来,这就如同今日人们心目中的统一全世界了。从公元前221年起,此后两千多年,除去其中很短的、被中国人认为不正常的时期之外,中国人始终认为是生活在"普天之下"的世界里,受一个中央政府管辖。因此,中国人惯以为,要有一个中央机构来实现世界和平。但是,现代世界的格局,很像中国古代的春秋战国时代。在今日世界里,中国人不得不被迫改变自己的传统思维方式和行为方式,但在精神状态上,却觉得今日世界很像中国古代的春秋战国时期,因此就容易有"历史重演"的感觉。这种重演的历史为中国人民带来了现在的种种苦难。(请参阅本章末的注释)

第三节 《大学》

为说明中国哲学的世界性质,在这里可以略举《大学》中的一些思想,从中可见一斑。《大学》和《中庸》一样,都是《礼记》中的一章。宋代(960—1279)的道学家把《论语》《孟子》和《大学》《中庸》并列为"四书",成为道学(西方称为"新儒家")的基本文献。

道学家认为,《大学》是孔子的门生曾参所作(但还没有文献足以证明这一点),是学习"道学"的重要资料。它的第一章是这样开头的:

> 大学之道,在明明德,在亲民,在止于至善。……古之欲明明德于天下者,先治其国;欲治其国者,先齐其家;欲齐其家者,先修其身;欲修其身者,先正其心;欲正其心者,先诚其意;欲诚其意者,先致其知;致知在格物。
>
> 物格而后知至,知至而后意诚,意诚而后心正,心正而后身修,身修而后家齐,家齐而后国治,国治而后天下平。

这段话被称为《大学》的"三纲领""八条目"。按照后来儒家的说法,"三纲领"其实归结到一点,或称它为一条纲领,就是"在明明德"。"仁者爱人"便是"明明德"的途径;而"明明德"的终极完成便是"止于至善"。

"八条目"也同样可以归结为一条,便是"修身"。在上面所引的《大学》

这段话中，"修身"之前的"格物""致知"等，是修身的方式和途径。继"修身"之后的"齐家""治国""平天下"，是"修身"以至于"止善"的方式和途径，目的是"止于至善"。人若不尽其所能去完成对社会的责任，便不能充分发挥自己的天赋才性，"己欲立而立人，己欲达而达人"，人若不帮助别人达到完美，自己也就不可能达到完美。

"明明德"和"修身"是一回事，"修身"的内容就是在"明明德"。由这里可以看出：这几个思想最后归结为一个中心，这便是儒家的中心思想。

一个人不需要谋求担当国家或世界的领导，才能对国家福祉、世界和平作出贡献。作为国家一分子，尽责尽力，同样可以对国家的福祉作出贡献；作为世界一分子，尽责尽力，也一样可以对世界作出贡献。这样真诚地竭尽己力，就是"止于至善"。

就本章来说，重要的是指出，《大学》的作者是着眼于世界的治理与和平来考虑问题的，只要指出这一点就够了。《大学》的作者并不是这样考虑问题的第一人，但值得注意的是，他如此系统地思考了这问题，在他看来，无论是个人的"修身"，或本国的"修明之治"，都不是为政的最终目的。

这里不准备讨论格物致知怎样成为心灵修养的方式和途径；在后面讨论道学的时候，这个问题还会再度出现的。

第四节　《荀子》中的折中倾向

在中国古代哲学史上，公元前 3 世纪下半叶（秦汉之际）出现一种调和、折中的趋势。折中学派的主要著作《吕氏春秋》便是这个历史时期的作品。在《吕氏春秋》一书中，对当时各种思想流派都有所论述，但并没有对折中主义思想的兴起，从理论上来解释清楚。这一时期的儒家和道家却都流露出折中主义的倾向，表明它们尽管有各种不同的见解，但都反映了时代的折中主义精神。

这些思想家都承认有一个绝对真理，就是它们所称的"道"。各种不同的思想流派，着重"道"的不同方面，对"道"的认识，都作出了贡献。儒家认为，其他学派虽也有所贡献，但只有孔子领会了全部真理，因此其他学派都只是儒家的支流。道家则认为，老子和庄子才是全面领会了"道"所包含的全部真理，因此，道家应当凌驾于其他学派之上。

在《荀子·解蔽》篇中，有一段话说：

> 昔宾孟之蔽者，乱家（周游列国的学人）是也。墨子蔽于用而不知文，宋子蔽于欲而不知得，慎子蔽于法而不知贤，申子蔽于执而不知知，惠子蔽于辞而不知实，庄子蔽于天而不知人。
>
> 故由用谓之道，尽利矣；由俗谓之道，尽慊（疑惑）矣；由法谓之道，尽数矣；由执谓之道，尽便矣；由辞谓之道，尽论矣；由天谓之道，尽因矣；此数具者，皆道之一隅也。
>
> 夫道者，体常而尽变，一隅不足以举之。曲知之人，观于道之一隅而未之能识也。……孔子仁知且不蔽，故学乱术（深明道术），足以为先王者也。

荀子在《天论》中又说："老子有见于诎（屈），无见于信（伸）；墨子有见于齐（共性），无见于畸（个性）；宋子有见于少（欲望不多的少数人），无见于多（欲望无穷的多数人）。"荀子以为，哲学家们的洞见和他们的短处常常纠结在一起，哲学家往往有自己的洞察力，而往往因此又自恃太甚，结果洞见之处又恰好成为他的盲点，他的哲学的长处又同时成为他的哲学中的短处。

第五节 《庄子》哲学中的折中倾向

《庄子》书中最后的一篇《天下》篇陈述了道家的调和观点。《天下》篇其实是对中国古代哲学各流派的评述。我们不知道它的作者姓名，但这位作者实在是中国古代哲学史上一位杰出的哲学史家和评论家。

《天下》篇里首先区别真理的总体和局部。真理的总体是内圣外王之"道"，对"道"的研究成为"道术"。局部真理是真理总体中的某一部分，对局部真理的研究称为"方术"。《天下》篇中说："天下之治方术者多矣，皆以其有为不可加矣。古之所谓道术者，果恶乎在？……圣有所生，王有所成，皆原于一。"

这个"一"就是"内圣外王之道"。《天下》篇接下去又区别道有本末、精粗之分。它说："古之人其备乎！……明于本数，系于末度，六通四辟，小大精粗，其运无乎不在。其明而在数度者，旧法世传之史尚多有之。其在于《诗》《书》《礼》《乐》者，邹鲁之士（儒家）缙绅先生多能明之。《诗》以道志，《书》以道事，《礼》以道行，《乐》以道和，《易》以道阴阳，《春秋》以道名分。"

《天下》篇里认为，儒家对道的阐述不无道理，但儒家所见只是"数"和"度"，对更根本的原理并无所知。这就是说，儒家所见只是"道"的"末端"

和粗的方面，还不是"道"的根本和精微之处。

接下去，《天下》篇说："天下大乱，贤圣不明（不得彰明），道德不一，天下多得一察焉以自好。譬如耳目鼻口，皆有所明，不能相通。犹百家众技也，皆有所长，时有所用。虽然，不该不遍，一曲之士也。……是故内圣外王之道，暗而不明，郁（受压）而不发。"

接下去，《天下》篇区分了学术思想的不同流派，各派虽也有所"闻"于道，但都不能免于偏蔽。老子和庄子虽受到称颂，但这两位道家的代表人物，也同被列为"古之道术有在于是者"，这是含蓄地批评他们所见也只是道术的一方面。

由上所述，《天下》篇似乎认为，儒家看到具体的器物、度数，而不知它们所依据的基本原理；道家看到了基本原理，却不懂得器物和度数。换句话说，儒家知道"道"的枝干，而不懂得它的根本；道家懂得"道"的根本，却不知道它的枝干。只有把两者结合起来，才能构成真理的全部。

第六节　司马谈和刘歆的折中主义思想

这种折中主义的思想倾向一直继续到汉朝。《淮南子》和《吕氏春秋》的根本性质是一样的，只是更倾向于道家。除《淮南子》一书外，还有两位历史家——司马谈和刘歆也同样表现出折中的思想倾向。其中的司马谈本人便是一位道家。在本书第三章曾加以援引的司马谈所著《论六家要旨》中曾说："《易大传》：'天下一致而百虑，同归而殊涂。'夫阴阳、儒、墨、名、法、道德，此务为治者也，直所从言之异路，有省不省耳。"（《史记·太史公自序》）他接着指出六家之所长和所短。结束时认为，道家得各家之长，因此在其他五家之上。

刘歆和司马谈不同，他是一位儒家。在《汉书·艺文志》的《七略》里，他列举了十个思想流派。他也援引了司马谈所引的《易大传》所说："天下一致而百虑，同归而殊涂。"（汉书引文原为："天下同归而殊涂，一致而百虑。"——编者注）然后总结说："今异家者各推所长，穷知究虑，以明其指，虽有蔽短，合其要归，亦'六经'之支与流裔。……若能修六艺之术，而观此九家（十家之中最后列入的小说家，在哲学上无关宏旨）之言，舍短取长，则可以通万方之略矣。"

所有这些看法反映了当时思想界寻求共同点的强烈愿望。公元前3世纪的人们疲于列国之间几百年的战争，渴望政治上统一，哲学家们也一样谋求思想上的一致。折中主义便是这样的一个尝试。但是，折中主义并不能构成一个自身的思想体系。折中主义者相信真理的总体，指望从各家思想中取其所长，而达到真理，也就是"道"。然而他们所称的"道"，恐怕只是把许多不同的思想缀合在一起，并没有一个有机统一的基本道理，因此，很难称作真理。

[注]

对中国民族主义的一点说明（参阅本章"中国的统一"一节）

布德博士对于"中国的统一"一节最后的论断提出质疑。他说："中国从三世纪到六世纪的'六朝'、元朝（1280—1367年）和清朝（1644—1911年）的统治时间都很长，使中国人已经适应了国家的分裂或被外族统治，尽管从理论上说，这种局面还被认为是'不正常'。再者，即使在'正常'的、国家统一的历史时期中，也不断出现政治动乱或针对外族（如匈奴）的战争、针对国内叛乱的军事讨伐。因此，似乎很难说目前（1947—1948年）中国的状况是春秋战国以后中国罕见的局面，尽管今日中国的内忧外患，由于国际因素而加重了。"

布德博士提出的历史事实无疑是确实的。我在上述这一节所关注的不是历史事实本身，而是中国人直到19世纪末或20世纪初对历史的看法。把元朝和清朝看作是外族对中国的统治，这是从现代民族主义观点出发的一种看法。从古代起，中国人的确十分强调中国（或华夏）与夷狄之分，但是，所着重的分野，不是种族的不同，而是文化的不同。传统上，中国人把生灵分为三类：中国人、蛮族和禽兽，认为中国人是其中最有文化的，其次是蛮族，兽类则是全无文化的。

蒙古人和满洲人征服汉族时，已经在很大程度上接受了中国汉族的文化。他们在政治上居于统治地位，而汉族则在文化上居于统治地位。因此，蒙古人和满族人在中国的统治并未在中国文化或文明上造成断裂或剧变，而这是中国人最关心的一点。因此，中国人历来把元朝和清朝看作如同其他朝代一样的改朝换代，这可以从中国官修史书的朝代排列顺序看出来。例如，明朝推翻元朝，从另一角度说，也可以认为是一次民族革命。但是，明朝修元史时，只把元朝看作是接替宋朝的一个朝代，再如明末清初，被学术界尊崇为有民族气节的学者黄宗羲（1610—1695年）修《宋元学案》（宋元两代儒家哲学家评传）时，对在元朝政府任高官的汉人许衡（1209—1281）、吴澄（1249—1333）并没有提出道德上的抨击或非议。中华民国官方在修《清史》时，也把清朝看作只是接替明朝的另一朝代，这部《清史》后来被禁出版，是因为它对1911年民国革命叙述不确。新的官修《清史》可能采取一种完全不同的写法，但我在这里所关心的只是传统中国的看法。就传统来说，元、清两代在中国人心目中和其他汉人执掌政权的朝代一样，完全是"正常"的两个朝代。也许有人会说，中国人缺乏民族意识，我想着重说的正是这一点，中国人不着重民族意识，正是因为习惯于从"天下"来看问题。

至于中国在历史上曾不得不对匈奴等外族进行战争，中国人的传统看法认为，为了抵御蛮族入侵骚扰而进行战争是必要的，就如对兽类入侵，必须抵御一样。中国人并不认为匈奴可以和汉族平分天下，正如美国人并不认可和美洲土著居民平分美洲一样。

中国汉族历来并不特别强调民族之间的分野，因此，在公元三四世纪间，许多外族移居进入中国。这种民族迁徙可以称之为"内部殖民化"，它成为六朝时期（建都建康即今南京的吴、东晋、宋、齐、梁、陈六朝，221—589）中国政治动乱的一个主要原因。而这种"内部殖民化"正是希特勒在他的自传《我的奋斗》中，从超国家主义观点加以批判的地方。

佛教传入中国，使许多中国人认识到，在中国以外，还有其他民族也同样拥有高度文明。但中国人对于印度，历来有两种看法：反对佛教的人士认为，印度无非是另一蛮族；信仰佛教的人士则认为，印度是"西方净土"，把印度看作是超越现实世界的另一个世界。因此，尽管佛教传入中国后，对中国社会产生了巨大的影响，但多数中国人还是认为，中国是现实世界里拥有最高文化的民族。

由于上述的种种观念，当16、17世纪，中国人开始与欧洲人接触时，认为欧洲人也无非是新的蛮族，和先前的蛮族一样；因此称欧洲人为"夷人"，尽管在和欧洲人征战中，屡战屡败，并没有对欧洲人十分在意。一直到发现欧洲文明可以和中国文明相颉颃，才开始重视起来。这时所重视的不是在中国人以外还有欧洲人，而是欧洲人的文化所产生的力量和重要性。在中国历史上，能够与此相比的时代只有春秋战国时代，当时，同样拥有高度文明的各国彼此战争。这是何以许多中国人现在觉得历史在重演。

如果翻开19世纪重要政治家如曾国藩（1811—1872）、李鸿章（1823—1901）的著述，就可以发现，他们正是这样感受西方对中国的影响。这一条注释就是试图解释他们何以有这样的思想和感受。

第十七章　汉帝国的理论家：董仲舒

孟子在与梁惠王的对话中曾经说，唯有不嗜杀人的才能统一天下。可是几百年后，秦国靠经济和军事的优势，统一了全中国。当时秦国被称为"虎狼之邦"，它以军事力量以及法家的残忍的统治理论，战胜了对手。这样看来，孟子似乎错了。

第一节　阴阳家和儒家的合流

但是，孟子并没有完全说错。秦朝在公元前221年统一中国后，它的统治只维持了约15年。始皇帝死后不久，秦国内部爆发了一系列反抗秦朝残暴统治的起义，国家陷于分裂，最后被汉朝取而代之。汉王朝（前206—公元220）继承了秦朝中央集权的政治理念，继续从事秦朝未竟的事业，建立起了一个新的政治、社会秩序。

汉朝建立中央集权国家的过程中，有一个重要的理论家便是董仲舒，他出身于今河北省南部。董仲舒在汉朝废黜百家、独尊儒术，统一全国思想的活动中起了重要的作用。为保证儒术成为统治思想，汉朝废弃过去以贵族门第出身或家族富有作为选拔官员标准，改由政府主持，以儒术为标准，在全国同时举行考试，读书人都可以应试，从中选拔官员，以便从制度上确保儒家思想的统治地位。这是在董仲舒时期创始的，虽然在汉朝还只刚开始，要到几百年后才得以普遍推行，但董仲舒坚持推行这样的制度，并且坚持以儒家经书为正统，对此后历代起了重要作用。

董仲舒青年时代潜心读书，据说他曾在窗上垂帷，三年不曾向窗外眺望，最后终于完成了《春秋繁露》这部巨著。《汉书·董仲舒传》还记载，他"下帷讲诵"，自己在帷中授课，帷外门生，一个对一个口传，以致有些学生，始终未得见他一面。

董仲舒所要做的是：从理论上论证新的政治社会制度的"存在的根据"。他的看法是：既然人是天的一部分，人的所作所为，自然应依据天的所作所为。他和阴阳家持同样的见解，认为天人之间有一种密切的相互作用。从这个前提出发，他把阴阳家的形而上的宇宙观和主要是儒家的政治社会哲学结合起来。

中文里的"天"字在英文里通常译成"上天"（Heaven），也有时译成"自然"（Nature）。这两种译法都有未全尽意的地方，用于翻译董仲舒的哲学思想，更显出这个问题。我的同事金岳霖教授曾在他的一份未定稿中说："在中国哲学里，'天'的含义既包括自然，又包括君临自然的上苍。人们使用这词语时，有时着重在'自然'，有时则着重在'上苍'。这样来理解'天'的含义，可能较为恰当。"这个论断，在某些情况下不一定适用，例如，在理解老庄的哲学时就不能或此或彼，但在读董仲舒的哲学著作时，就需要分辨他在各个特定场合下，使用"天"字时的含义。因此，在本章里，当"天"字出现时，请读者用金岳霖教授的这段话来理解董仲舒著作中"天"字的含义。

第十二章里曾经指出：在古代中国，阴阳家和五行家代表两种不同的思想。这两家对宇宙的结构和起源都提出了正面的解释。后来，这两种思想逐渐合流，在董仲舒的思想里，这种合流特别明显，其中既有阴阳家的思想，又有五行家的思想。

第二节　对宇宙本体的理论

按照董仲舒在《春秋繁露·天地阴阳》篇的看法，宇宙是由十种成分组成，这十种成分是：天、地、阴、阳、木、火、土、金、水和人。他的阴阳观念很具体。关于阴阳，他说："天地之间，有阴阳之气，常渐人者，若水常渐鱼也。所以异于水者，可见与不可见耳。"

董仲舒所定的五行次序和《书经·洪范》中的次序不同，他以木为第一，火为第二，土为第三，金为第四，水为第五。五行"比相生而间相胜"，这就是说，木生火，火生土，土生金，金生水，水生木，这是"比（邻）相生"；木胜土，土胜水，水胜火，火胜金，金胜木，这是"间相胜"。

董仲舒也和阴阳家一样，认为木、火、金、水，各主一个季节，又各主东西南北之中的一方。木主东方和春季，火主南方和夏季，金主西方和秋季，水主北方和冬季。土居中，助木、火、金、水。四季嬗替则以阴阳运行来解释。

阴阳各有盛衰，有其一定轨道，循四方而运转。阳气初升时，它到东方扶木，从而春天来到。阳气全盛时，它居南方，是为夏季。但是，按照老子和"易传"中"反者道之用"、物极必反的道理，阳气盛极而衰，这时，阴气上升，阴气初盛时，它又到东方（不是西方，因为董仲舒认为天是"任阳不任阴"的，见《春秋繁露·阴阳位》）扶金而秋至；当阴极盛时，它移到北方扶水而冬至。这时阴由盛而衰，阳气重又抬头，开始另一次四季运行。

在董仲舒看来，一年四季的嬗替是阴阳二气运行的结果。他说："天道之常，一阴一阳。阳者天之德也，阴者天之刑也。……是故，天之道，以三时（春夏秋）成生，以一时（冬）丧死。"（同上）

董仲舒认为，这是"天之任阳不任阴，好德不好刑"。它也表明，"天亦有喜怒之气，哀乐之心，与人相副。以类合之，天人一也。"（同上）

董仲舒由"天人一体"进一步提出：人在身心两方面都是天的复制品（《春秋繁露·为人者天》）。因此，人高于世上万物。在《春秋繁露·立元神》篇中，董仲舒说："天、地、人，万物之本也。天生之，地养之，人成之。"人怎样"成"呢？董仲舒认为，是靠"礼"和"乐"，这就是靠教化和修养，如果没有教化和修养，世界便如同一项未完成的工程，宇宙本身也因之而不完美。因此，董仲舒说：天、地、人"三者相为手足，合以成体，不可一无也"。

第三节 人性的学说

天地既由阴阳二气而成，人是天地的复制品，人心自然也有两种因素，这就是"性"和"情"。董仲舒在说到"性"时，有时是就广义而言，有时是就窄义而言。就窄义来说，"性"是有别于"情"，又是与"情"相对的。就广义来说，董仲舒认为，"性者，质也。"人的质，就包括"性"（窄义）和"情"，人顺其本性能有仁德，顺其情而有贪欲。董仲舒说到"性"时，就相当于天的"阳"；说到"情"时，就相当于天的"阴"。

董仲舒由此联系到儒家哲学中的老问题：人性究竟是善，抑或恶？他不同意孟子"人性善"的理论，认为："善如米，性如禾。禾虽出米，而禾未可谓米也。性虽出善，而性未可谓善也。米与善，人之继天而成于外也，非在天所为之内也。天所为，有所至止。止之内谓之天，止之外谓之王教。王教在性外，而性不得不遂。"（《春秋繁露·实性》）这是说，天之所为，有其所止；在这范围内是天的作为，超过这一范围，则要靠圣王的教化；圣王的教化，在人性之外，但若没有圣王的教化，人性便得不到充分的发展。

可以看到，董仲舒十分强调文化的价值，人之能够与天地并列，所靠的是文化。在这方面，他的思想直追荀子而上。他不同于荀子的地方是：他不认为人性恶，而认为善是人性的发展，不是人性的悖逆。

因此，文化是人性的发展，就这一点来说，董仲舒又是继续了孟子的理论。他说："或曰：性有善端，心有善质，尚安非善？应之曰：非也。茧有丝而茧非丝也，卵有雏而卵非雏也。比类率然，有何疑焉？"（《春秋繁露·深察名号》）这里提问的是孟子的一派，董仲舒在回答时，也阐明了他的思想与孟子不同的地方。

但是，他们之间的不同，其实更多是语言上的不同，董仲舒自己说过："孟子下质于禽兽之所为，故曰性已善；吾上质于圣人之所善，故谓性未善。"（同上）这样，董仲舒和孟子之间的不同，最后归结为"未善"和"已善"的不同了。

第四节　社会伦理学说

董仲舒又以形而上学的阴阳学说作为论证社会秩序的根据。他写道："凡物必有合。合，必有上，必有下，必有左，必有右，必有前，必有后，必有表，必有里。……有寒必有暑，有昼必有夜，此皆其合也。阴者阳之合，妻者夫之合，子者父之合，臣者君之合。物莫无合，而合各有阴阳。……君臣、父子、夫妇之义，皆与诸阴阳之道。君为阳，臣为阴；父为阳，子为阴；夫为阳，妻为阴。……王道之三纲，可求于天。"（《春秋繁露·基义》）

在此之前，儒家认为，社会是由五种伦常关系组成的：君臣、父子、夫妇、昆弟、朋友。董仲舒从中选出君臣、父子、夫妇三项，称为"三纲"。"纲"的字义本是网上的大绳，网上其他的绳子都联到"纲"上，因此，国君是臣民的纲，即臣民的主宰；同样，夫为妻纲，父为子纲。

"三纲"之外，还有"五常"，这是所有儒家都主张遵奉的道德。"常"的字义是规范、恒常不变；因此，"五常"便用以表达儒家崇奉的五种德行，即：仁、义、礼、智、信。汉代的学者们还把"五常"和"五行"联系起来：仁与木和东方联系起来，义与金和西方联系起来，礼与火和南方联系起来，智与水和北方联系起来，信与土则居中（见《白虎通义》卷八）。董仲舒本人倒并不十分重视"五常"和"五行"的这种联系。

五常是个人的品德，三纲则是社会伦理。在旧时的中国，纲常就用以泛指道德和道德规范。人的自然发展应当依循道德规范的方向，而这是文化和文明的主要内涵。

第五节　政治哲学

但是，常人靠自己往往不能做到这些要求，因此政府便有责任帮助大众发展品德。董仲舒写道："天生民性有善质，而未能善，于是为之立王以善之，此天意也。"（《春秋繁露·深察名号》）

君王以庆、赏、罚、刑为"四政"，即统治的方法。这四种统治的方法是取法于四季。这便是董仲舒所说："庆赏刑罚与春夏秋冬，以类相应也，如合符。故曰王者配天，谓其道。天有四时，王有四政，四政若四时，通类也，天人所同有也。"（《春秋繁露，四时之副》）政府的组织也以四季为模式，按照一年分为四季，官员也分为四等，各级官员，每人下有三个助手，因每季有三个月。在考核官员时，也分为四等，因为人的能力、品德也天然分为四级。在这样的原则下，政府"选贤"，而后"任能"，根据所选之人的品德、能力，分别任用。这便是董仲舒所说："故天选四时、十二（月），而人变尽矣。尽人之变合之天，唯圣人者能之。"（《春秋繁露·官制象天》）

由于天和人的关系如此密切，因此董仲舒认为，政府的失误必然表现为自然界的异常现象。这个思想早在阴阳家时代便已存在，但董仲舒为它提供了一种目的论的、又是机械论的解释。

从目的论的角度来看，为政而人事不臧，必定招致天怒。天怒便表现为自然灾害如地震、日食、月食、旱灾、水灾等，这是上天警告君王，要他改正自己的错误。

从机械论的角度来看，董仲舒认为："百物去其所与异，而从其所与同"；"物固以类相召也。"（《春秋繁露·同类相动》）所以人事上的不正常必然引起自然界的不正常。董仲舒认为这是自然规律，并不是什么超自然现象；这个看法和他在其他地方所讲的目的论其实是有矛盾的。

第六节　历史哲学

在第十二章里，我们看到邹衍认为，历史中的朝代更替是由于五德运行产生的影响。按照邹衍的学说，每个朝代必须与五德之一相联，因此，这个朝代就应当遵循这五德之一的要求来运转。董仲舒修改了这个理论，认为朝代的更替不是依循五德运行的顺序，而是依循"三统"，即黑统、白统、赤统的顺序。他在《三代改制质文》中说：每个朝代都依循一统，每统又各有其为政的系统。

按董仲舒的说法，夏朝（历来认为时在公元前2205—前1766年）代表黑统，商朝（历来认为时在公元前1766—前1122年）代表白统，周朝（公元前1122？—前255年）则是赤统。夏、商、周三朝完成了历史循环的一周。继周之后，历史又开始一次新的循环，新的朝代又应当代表黑统。

有趣的是，到了近代，颜色和世界政治又再次联系了起来，并且分为三统：法西斯主义尚黑（统），资本主义尚白（统），而共产主义则尚赤（统）。

这当然只是偶合。在董仲舒的理论中，这三统并没有本质的不同。一个新君建立一个新的朝代，是由于承受天命，因此，他必须采取措施，表明承受天命。这些措施包括迁移国都，改国号，改纪元，改服色。董仲舒说："若夫大纲、人伦、道德、政治、教化、习俗、文义，尽如故，亦何改哉？故王者有改制之名，无改制之实。"（《春秋繁露·楚庄王》）

董仲舒称为政的基本原则为"道"。《汉书·董仲舒传》引述他的话说："道之大原出于天，天不变，道亦不变。"

王者受命于天，并不是一个新理论。在《书经》里，已经有这个思想。孟子把它说得更清楚。董仲舒则更具体地把它纳入了自己的天人一体论。

在封建时代，所有的君王都是从祖先承受君位，甚至秦始皇帝也不例外。只是到了汉朝，情况不同了，汉高祖刘邦出身布衣而君临天下。这需要某种理论的支撑，董仲舒正是提供了这种理论的支撑。

董仲舒的理论认为，一个国君的统治是由于天命，这就为君王行使皇帝的权威提供了合法的根据；同时又对君王的权威施加了某种限制：皇帝必须时刻注意上天的喜怒表现，按照上天的意旨行事。汉朝的皇帝和此后历朝的皇帝，每逢天灾时，都程度不等地要省察自己执政的表现，苛责自身，谋求改进。

董仲舒关于"三统"的理论还有一层作用就是宣告，一个朝代不能企望无限期地统治下去。无论一个皇朝多么好，它的统治仍然是有限期的。在大限来到时，它就必须让位给另一个朝代。新皇朝的创立者将另外承受天命。这是儒家为约束绝对君权而提出的一种限制。

第七节 对《春秋》的解释

照董仲舒的看法，继承周朝统治的既不是秦朝，也不是汉朝，而是孔子，他承受天命，创立了黑统。孔子所受天命，不是一种"法统"，而是一种"道统"。

这是一种新颖的理论，但董仲舒和他的学派都追随这个理论。《春秋》本是鲁国的史书。按董仲舒一派的说法，《春秋》乃是孔子的一部重要著作，在其中，孔子树立了他的道统的统治。孔子代表了黑统，并创建了黑统的各项制度。董仲舒对《春秋》的解释十分著名，他的各项学说都可以从《春秋》中找到根据，换句话说，他的理论权威来自《春秋》，这是他把自己的著作称为《春秋繁露》的缘故。

董仲舒把《春秋》所涵盖的历史时期（前722—前481）分为三个段落，他称之为"三世"：凡孔子仅从文献记载得知的时期称为"所传闻世"，孔子听说的历史时期称为"所闻世"，孔子在世亲见的历史时期称为"所见世"。董仲舒认为，孔子在叙述这三段历史时，所用的语言和文字是不同的，体会孔子所用的语言不同之处，即所谓"春秋笔法"，人们可以从中找到《春秋》的"微言大义"。

第八节　社会进步的三个阶段

对《春秋》一书，曾有三部重要的评注，它们自汉朝起，已被列为经书。这三部评注以其传说的作者而命名为：《左（氏）传》、《公羊传》、《穀梁传》。《左传》大概原来不是全为评注《春秋》而作，后来才附加于《春秋》之后。《公羊传》对《春秋》的解释正好符合董仲舒的学说，其中有"三世说"。东汉何休（129—182）又为《公羊传》作注释，对"三世说"作了进一步的发挥。

按照何休的说法，《春秋》所记述的是孔子以其理想，把"衰乱世"变为"升平世"，再变为"太平世"的过程。他把《春秋》中孔子"所传闻世"，称为"衰乱世"，这里第一阶段；在这时期，孔子把注意力集中在鲁国，以鲁国作为他的政治改革的中心。第二阶段是孔子由前人听说到的历史时期，即"所闻世"，何休称之为"升平世"（接近于太平）。在这时期，孔子已经把鲁国的政治整顿好，并进一步，把他的理想推广到中国境内的华夏族其他国家。第三阶段即孔子亲身经历的历史时期，何休称之为"太平世"，在这时期里，孔子又把他的理想推广到中国以外的蛮荒地区，使周围蛮族地区也得到了教化，这时候"天下远近大小若一"。（《公羊传》隐公元年注）。何休并不是说，孔子真的成就了这些工作，而是说，如果孔子掌权的话，他将完成的工作。即使仅仅是荒诞的想象，这种学说也是惊人的，因为事实上，孔子只是生活在所谓春秋三世的后期。

何休描述孔子，从整顿鲁国开始，逐步做到使天下得太平，和《大学》中所说的修身、齐家、治国、平天下的步骤次序很接近，就这一点来说，《春秋》俨然成了《大学》的示范。

这种社会进步三阶段的学说也见之于《礼记》中的《礼运》篇。按《礼运》篇所述，第一阶段时的世界是混乱的，第二阶段达到"小康"，第三阶段则是"大同世界"。《礼运》篇所描述的"大同世界"是：

> 大道之行也，天下为公。选贤与能，讲信修睦。故人不独亲其亲，不独子其子。使老有所终，壮有所用，幼有所长，矜寡孤独废疾者，皆有所养；男有分，女有归。货恶其弃于地也，不必藏于己；力恶其不出于身也，不必为己。是故谋闭而不兴，盗窃乱贼而不作，故外户而不闭。是谓大同。

虽然《礼运》的作者把大同世界说成是过去的黄金时代，但它显然反映了汉代人们的梦想，所向往的已不仅是国家的政治统一，而且还期盼着更多的东西。

第十八章　儒家兴盛和道家再起

汉朝不仅在时序上是秦朝的后继者，在许多方面，它都继承了秦朝未竟的事业。秦朝完成了中国的统一，汉朝则巩固了统一的中国。

第一节　思想的统一

秦朝为确保在它统治下中国的统一，采取了许多措施，其中最重要的一项是统一思想的政策。在秦国战胜了其他六国之后，宰相李斯向始皇帝上书说："古者天下散乱，莫能相一……人善其所私学，以非上所建立。今陛下并有天下，别白黑而定一尊；而私学乃相与非法教之制……如此不禁，则主势降乎上，党与成乎下。"（《史记·李斯列传》）

然后，他提出了极严酷的建议：一切史书，除秦朝史书外，其他"百家"之说和其他文献，除由博士官存档保管者外，并除医书、药书、农牧、卜筮之书以外，都应上交政府，予以焚毁。任何个人若想读书，都应"以吏为师"。（见《史记·秦始皇本纪》）

始皇帝采纳了李斯的建议，并于公元前213年付诸实施。这些严酷的措施其实不过是法家一贯思想的合乎逻辑的应用而已。韩非子在他的书中早已说过："明主之国，无书简之文，以法为教；无先王之语，以吏为师。"（《韩非子·五蠹》）

李斯建议的目的十分明显，他一心想确保一个天下（国家），一个政府，一部历史，一种思想。医书和其他实用书籍得免焚毁厄运，因为它们是技术性知识，无关"政治意识形态"。

结果，秦朝正是由于它的严酷统治而迅速灭亡。汉朝兴起后，许多古代的文献和"百家"著作又重见天日了。汉朝的皇帝同样想实现全国思想统一，但是看到秦朝严酷到极端的做法不是好办法，打算改而采取另一种做法。这便是董仲舒向汉武帝上书的由来。

公元前 136 年，董仲舒上书汉武帝（公元前 140—前 87 年在位），其中写道："《春秋》大一统者，天地之常经，古今之通谊也。今师异道，人异论，百家殊方，指意不同，是以上亡以持一统。"他的建议是："诸不在六艺之科、孔子之术者，皆绝其道，勿使并进。"（《汉书·董仲舒传》）

汉武帝采纳了董仲舒的建议，颁令以儒学为国家正统之学，其中"六经"又占有统治地位。但是，儒学要取得"独尊"的地位，不是仅靠一纸法令便能奏效的，还需要一段很长的时间；在这过程中，儒学吸收了不少其他各家的思想，由此树立起来的儒学和东周时孔子自己的思想，两者之间有了很大的差异。在上一章里，我们已经看到这个折中混合的过程是怎样进行的。但自汉武帝以后，儒家由于政府的支持，在宣扬儒家思想上，到底是占据了比其他学派都有利的地位。

董仲舒所鼓吹的"大一统"思想，在《春秋·公羊传》里也曾论及。《春秋》开卷第一句说："元年，春，王正月。"《公羊传》注："何言乎'王正月'？大一统也。"按照董仲舒和公羊学派的看法，"大一统"是孔子作《春秋》时为他理想中的新朝代制定的纲领之一。

汉武帝和秦始皇都致力于从思想上统一中国，但武帝所采纳董仲舒的建议比秦始皇所采纳李斯的建议要温和得多。秦朝对各种哲学思想流派的方针是一律禁绝，造成思想界的真空。汉武帝则是在百家中扶植儒家，使它成为正统。汉朝的做法与秦朝不同的另一点是：对私人传授其他各家思想，没有刑罚措施；只是任何人想从政做官，必须学习儒学和六经。官学以儒学为宗，这成为此后中国历代开科取仕的基础。从这里看，汉朝的做法乃是秦朝废黜百家和秦以前孔子开创私人办学的折中。有趣的一点是：中国的第一位私人教师，到这时竟成了中国官方册命的第一位教师。

第二节 孔子在汉代思想界的地位

由于官方的扶持，因此，到公元前一世纪中叶（西汉末年），孔子的地位已经被推崇得很高。这时候，"纬书"出现了。在织布时，有垂直的经线，有水平的纬线，两者上下交织而成布。汉代尊崇孔子，把《诗》《书》《礼》《乐》《易》《春秋》奉为孔子所作，称为"六经"，也有人认为，孔子在写作"六经"之后，意犹未尽，于是又依"六经"作"纬书"，总共"六纬"，与"六经"相配，认为这是孔子著述思想的全部。事实上，纬书乃是汉朝的著作，假托为孔子所作。

在纬书中，孔子被抬到他在中国历史上顶峰的地位。例如，春秋纬中《汉含孳》篇写道："孔子曰：丘览史记，援引古图，推集天变，为汉帝制法。"另一篇春秋纬，名为《演孔图》，其中称孔子是黑帝大神的儿子，曾经行了许多神迹。在纬书中，孔子被推上了神的地位，认为他可以预知未来。如果这些看法果真得以流行的话，孔子将在中国享有如同耶稣在西方的地位，儒学将成为名副其实的一种宗教了。

但是此后不久，儒家中更现实和讲理性思维的一派起而反对对孔子和儒学的荒诞不经之说。他们认为，孔子既不是神，也不是君王，而纯然是一位圣人。他既未曾预见汉朝的出现，也没有为任何朝代制定法制，他只是继承了古代文化的伟大遗产，赋予它新的精神，使它得以流传后代。

第三节　汉代经学中古文学派和今文学派之争

这部分儒学家组成所谓"古文学派"，因为他们声称，找到了"秦燹"（燹，音显，指兵火）之前的古籍，是以古文写成，这种文字到西汉末年，已成绝响。与"古文学派"相对立的董仲舒追随者，则尊崇以汉代通行文字写成的经书，被称为"今文学派"。

这两派的争论成为中国学术史上的一场大争论。这里不必详述争论中的各种细节，只要指出一点就够了，即古文学派是对今文学派的一种抗议性反应，或者也可以看作是一场思想革命。在西汉末年，古文学派得到当时最著名的学者刘歆（约前46—公元23）的支持。他以巨大的热情支持古文学派，以致后来今文学派的追随者指控他一手伪造了古文学派所依据的古文经书。

近年来，我对这两派的争论有一点新的看法，觉得这两派对立可能要追溯到秦以前，儒家内部思想分歧的两翼：今文学派实际是早期儒家中理想主义一翼的继续，而古文学派则是早期儒家中现实主义一翼的继续。换句话说，今文学派可能是源自以孟子为首的一派，而古文学派可能是源自以荀子为首的另一派。

在《荀子》一书中有一篇名为《非十二子》，其中说："略法先王而不知其统……案往旧造说，谓之五行，甚僻违而无类，幽隐而无说，闭约而无解。……子思唱之，孟轲和之。"

这段话曾令许多现代学者感到困惑不解，因为在《中庸》（历来认为是子思所作）和《孟子》两书中，都未曾提到过"五行"。但是在《中庸》书中有这样一段话："国家将兴，必有祯祥；国家将亡，必有妖孽。"《孟子》书中也曾说过有点类似的话："五百年必有王者兴。"这些话似乎表明，孟子和《中庸》的作者（如果不是子思，也是子思的追随者）都相信，天人之间有某种相互的作用，而且历史的运行是循环性的。这些学说在阴阳家和五行家的思想中都是十分突出的。

如果我们把董仲舒和孟子一派联系起来考虑，荀子对这一派的批判就更有意义。因为，如果把董仲舒的思想溯源到孟子，就会看到从孟子引发到董仲舒一派对它的延伸发展，确实可以说孟子的思想是"僻违""幽隐"了。

这个假说似乎从孟子一方也得到某种印证，因为孟子和董仲舒有共同的见解，认为《春秋》是孔子所作，他说："孔子惧，作《春秋》；《春秋》，天子之事也。是故孔子曰：'知我者其惟《春秋》乎？罪我者其惟《春秋》乎？'"（《孟子·滕文公章句下》）孟子认为，孔子作《春秋》，是做了天子当做的事。循这个思路发展下去，很容易就引导董仲舒得出他的理论，认为孔子的确承受了天命，要他成为天子。

董仲舒在阐述他的人性学说时，还明确地把他的学说和孟子的学说相比较，在上一章里已经指出，他们两人在人性学说上的差别其实不大。

如果接受这种假说，以汉代今文学派为儒家中以孟子为首的理想主义一派的继续，则古文学派源自儒家中以荀子为首的现实主义一派也就顺理成章了。因此，我们可以看到：公元1世纪的古文学派学者在宇宙观方面都与荀子和道家一样，抱有一种自然主义的宇宙观（前已述及，荀子在这方面也受到道家的影响）。

第四节　扬雄和王充

西汉末到东汉初的古文学派学者扬雄（前53—公元18）就是这方面的一个例子。他所著的《太玄》在很大程度上受到《老子》和《易经》中"反者道之用"的思想影响。

他的另一篇著作《法言》表达了他反对阴阳家、称颂孟子的思想。就这一点说，也并没有推翻我的上述观点，因为孟子虽然在某种程度上倾向于阴阳家，但绝没有达到像汉朝今文学派那样极端的程度。

古文学派最大的思想家无疑应推王充（27—约100），他的主要著作《论衡》充满对各种偶像的科学怀疑主义精神。在谈到自己这部著作的精神时，王充写道:"'《诗》三百,一言以蔽之,曰:'思无邪'。《论衡》篇以十数,亦一言也,曰:'疾虚妄'。"(《论衡·佚文篇》)他又说:"事莫明于有效,论莫定于有证。"(《论衡·薄葬篇》)

本着这样的精神,他猛烈攻击阴阳家的学说,特别是阴阳家从目的论或机械论讲天人感应的理论。对天人感应论的目的论方面,王充写道:"夫天道,自然也,无为。如谴告人,是有为,非自然也。黄老之家,论说天道,得其实矣。"(《论衡·谴告篇》)

对天人感应论的机械论方面,王充写道:"人在天地之间,犹蚤虱之在衣裳之内,蝼蚁之在穴隙之中。蚤虱蝼蚁为顺逆横从,能令衣裳穴隙之间气变动乎?蚤虱蝼蚁不能,而独谓人能,不达物气之理也。"(《论衡·变动篇》)

第五节　道家与佛学

王充以他的思想为一百年后道家的复兴准备了道路。说到道家,需要再一次强调指出"道家"和"道教"的区别。这里所说"道家"的复兴是指"道家"哲学思想的复兴,我称之为"新道家"。

有趣的是,道教也是在汉末兴起,这种道家思想的普及形式也被有些人称为"新道家"。古文学派把阴阳家的思想影响从儒家清除出去,阴阳家此后与道家思想结合而形成了道教。这个过程固然使孔子由神还原为人,却又使老子成为道教的创始人。道教后来模仿佛教,发展出道观(寺庙)、道士(僧人)和道场法事(仪式)。这种有组织的宗教虽以老子为祖师,却与早期的道家哲学毫无相似之处,因此而称为"道教"。

在此之前,公元1世纪时,佛教已经从印度经中亚传入中国。正如道教和道家应当予以区别一样,佛教和佛学也需要予以区别。上面说到,佛教对道教作为一种宗教的兴起,有很大的推动作用。佛教作为一种外来的宗教,在中国竟受到民众的欢迎,一些具有强烈民族情绪的中国人认为,佛教是蛮族的宗教,因而致力于发展中国土生土长的另一种宗教,这便是道教。道教从佛教借来了许多东西,包括宗教体制、仪式,以至其大部分经典的形式。

佛教不仅是一种宗教,它还是一种哲学,即佛学。道教尽管在宗教上和佛教针锋相对,但在哲学上,却和佛学结成了同盟。道教没有佛学那样强烈的出世精神,但是它们在宗教神秘主义这一点上却有相似之处。道家称"道无名",佛家也认为"真如"或终极的真实是"不可说"的,它既不是"一",又不是

"多"；既不是"非一"，又不是"非多"。这种名词术语正如中国汉语所说，是"想入非非"。

公元三四世纪（两晋时期）时的著名学者在思想上往往是道家，其中不少还和佛教高僧结为至交。这些学者对佛经非常熟悉，而佛教高僧对道家经典，尤其《庄子》也非常熟悉。他们相聚时，往往从事所谓"清谈"。当谈到精妙处，即"非非"处时，往往相视无言而会心微笑，这是一种心领神会的思想交流。

正是在这样的时候，人体会到佛教"禅"的精神。禅宗是中国佛教的一个宗派，它实际是道家哲学和佛学两家精妙之处的汇合，对此后中国的哲学、诗歌、绘画产生了巨大的影响。这一点在后面第二十二章里还会详细论及。

第六节　政治和社会背景

汉朝在思想领域里，儒家的高升和其后道家的复兴不能看作仅是由于少数几个思想家的鼓动，更不是儒家、道家交了什么好运，而是在当时情势下几乎可以说是必然的发展。

秦国征服六国，靠的是一种严酷无情的对内政策和纵横捭阖的对外政策，这些政策的理论基础便是法家哲学。到秦朝灭亡后，人人都责怪法家的严酷寡恩和完全无视孔子的仁义之道。汉武帝除颁令以儒家为国学正统外，还颁布了另一道诏令，这便是公元前141年下令：凡治申不害、商鞅、韩非（法家领袖）以及苏秦、张仪（纵横学领袖）之学的人，一律不准举荐为官。（见《汉书·武帝本纪》）

这样，法家便成了秦朝统治者失败的替罪羊。在诸子百家中，思想距法家最远的是儒家和道家，因此，很自然地，时代思潮便朝着儒家和道家的方向摆动。汉朝初年，道家思想在当时称为"黄老之术"，曾一度盛行，武帝的祖父文帝（公元前179—前157年在位）便深爱"黄老术"。再如上章指出，历史家司马谈在《论六家要旨》中，对道家的评价也比对其他各家都高。

在道家的政治哲学中，一个好的政府不需要做很多事情，相反地，做事越少越好。因此圣人如果执政，便要把前朝"苛政"的恶果予以消除。这正是汉初大众的要求。汉高祖率领他的革命军向秦国首都咸阳（长安）进发时，向民众宣布"约法三章"：杀人者死，伤人及盗抵罪。除此之外，秦朝一切苛法都予废除。（见《史记·高祖本纪》）汉高祖这样做时，实际是贯彻了"黄老之术"，虽然他并不是自觉的。

因此可以说，道家的政治哲学正迎合了汉初的政治需要，在多年战乱之后，汉帝所想做的正是废除秦朝的苛政，让百姓得以休养生息。及至百姓经过一个时期休养生息之后，君王想的是要有一番作为，这时，道家哲学已经完成了任务，不再适应时代和统治者的需要了，于是，君王又回到了儒家哲学。

儒家的社会政治哲学，可以说既是保守的，同时又是革命的。就其实质说，它的政治主张是维护君主专制统治的；就社会主张看，它维护当时社会中君子和小人的分野，但同时，它又主张，君子与小人的分野，不按传统的、以家庭出身贵贱来划分，而以个人的德才来划分。如果按孔子的主张，有德有才的人方是高贵的，以此作为划分君子和小人的标准，则君子、小人之分，并没有什么不对，倒是社会发展的需要。

在本书第二章里曾经指出，儒家为中国社会以家庭为本位奠定了理论基础。当封建制度瓦解时，民众从封建主的统治下得到解放，但家庭制度并没有改变。因此，社会制度依然是以儒家思想为根本。

废除封建制度的主要结果是政治权力和经济权力的分开。新兴的地主在其本地社会里确实拥有很大的社会势力，甚至还有政治势力；但至少他们已不再当政，只能以他们的财富和社会影响来左右政府官员，这终究是前进了一步。

新的专制统治者，按儒家的德才兼备要求来说，往往达不到理想的标准，因此，往往要寻求儒家的教化，其中首要的是社会的礼制。史书记载，汉初平定天下之后，高祖刘邦诏令儒生叔孙通率领一班人，拟订一套宫廷的礼仪。在首次举行这样的礼仪之后，刘邦踌躇满志地说："吾乃今日知为皇帝之贵也。"（《史记·刘敬叔孙通列传》）

叔孙通的作为也曾遭到其他儒生的抨击，但他的成功表明新的专制统治者欣赏儒家，尽管还不懂得儒家思想是怎么一回事，更不懂得儒家思想的真正精神将会导致对统治者无德无才的不满。

最重要的一点是在本书第三章里我所指出的，西方人所理解的"孔子学派"，实际是中国的"儒家"，他们不仅是思想者，而且谙习古代的文化遗产。这是当时其他各学派所不如儒家的地方。儒生讲解古代的经典，传授古代的文化传统，为此而竭尽所能。在一个农业国家里，人们惯于尊重传统，因此儒生成为最有影响的社会群体，这是很自然的。

至于法家，虽然成为秦朝统治者失败的替罪羊，但也还没有完全被抛弃。在第十三章里，我曾指出，法家是一批讲求现实的政客。在新的政治情势下，怎样采用新的统治方法来应付局势，这是法家之所长。因此，当中华帝国发展时，统治者还是不得不采用法家的思想。自汉以后，正统的儒家往往责备统治者是"外儒内法"。事实上，儒家和法家各有它们被运用的范围。儒家思想占统治地位的范围是社会体制、精神道德教化和学术领域，法家思想占统治地位的则是施政的原则和统治的方法。

道家也有它施展的机会。中国历史中有许多段落陷于政治社会动乱之中，这时候的人民大众倾向于批评现存政治社会制度，既没有时间，也没有兴趣去从事古典学术的探讨。这时，儒家思想自然被削弱；而道家思想则因对现存政治社会制度所抱的尖锐批判态度和为批判者提供了一个超脱现实、逃避政治迫害的思想体系而声势壮大起来，这正迎合了处于社会动乱之中的民众的需要。

公元220年，汉朝灭亡；随之而来的政治分裂和动乱一直拖延到公元589年隋朝统一全国，其间四个世纪，中国分裂成南北两部分，南部战乱连绵。另一个特点是在北部一些外族兴起，有的通过战争而在中国北部立国，有的则以和平迁徙的方式移居中国北方。在北方的几个朝代居统治地位的都是汉族之外的外族，但是它们的统治范围始终未曾达到长江流域。这四个世纪在中国历史上称为六朝或南北朝。

这段时期里，政治黑暗，社会动乱，悲观思想弥漫。在某些方面，和大体同时期的中世纪欧洲颇为相似。在欧洲中世纪，基督教成为社会中坚力量；在中国的南北朝时期，佛教迅速发展。有人认为，这时期的中国文化低落，这是完全错误的看法。如果把文化的定义作狭义的理解，可以说，这时期中国文化在绘画、书法、诗歌、哲学等许多方面都是处于发展的高峰时期。

下面两章所要介绍的便是这个时期里居主导地位的哲学，我把这种哲学称作"新道家"。

第十九章　新道家：崇尚理性的玄学

公元三四世纪盛行的思潮，历来称为"玄学"；"玄"字原出自《老子》第一章，末句形容"道"是"玄之又玄，众妙之门"，意思是指它深远神秘，变化莫测。"玄学"的名字表明它是道家的继续，因此，我称它为"新道家"，这是我起的新名字。

第一节　名家再次引起人们的兴趣

在前面第八、九、十章里，我们已经看到，名家向道家提供了"超乎形象"这个概念。在公元三四世纪里，随着道家的再起，对名家的兴趣也再次抬头了。新道家对惠施和公孙龙的理论再次钻研，在"玄学"中提出了"辨名析理"观念。首创这个观念的是郭象，他在《庄子注》的《天下篇注》里，把"玄学"和"辨名析理"结合起来。在本书第八章里，我们看到公孙龙也曾这样做过。

在《世说新语》（下章里，我们还将更多参阅这本书）里，在《文学》篇中说到一个故事，"客问乐令'指不至'者，乐亦不复剖析文句，直以麈尾柄确几曰：'至不？'客曰：'至。'乐因又举麈尾曰：'若至者，那得去？'于是客乃悟。"乐令名乐广，是当时一位名士。"指不至"是说战国时名家公孙龙分析：一个名词的内涵就是概念，是不变的；名词的外延与其内涵是两回事，它是可以转化的。人指向一个事物时，不等于就已到达那里，这便是"指不至"所要争论之点，也就是"名"与"实"的道理。至魏晋时，还有人以这一点问乐广，乐广以一个拂尘来说明理论问题，当他用麈尾柄触茶几时问"至不"时，这个"至"是指"至"的共相，它是概念，是不变的，既"到"了就不能"不到"；但拂尘在拂拭几上时又至又去，乐广说："若至者，那得去？"这时，他所用的"至"乃是指具体的"抵达"。名词的概念内涵是不能变的，"至"不能转化为"去"；但名词的外延是能转化的，一个具体的、"至"的东西，又可以转化为

"去"。乐广的一系列表示，是辨"至"之名，析"至"之实，这就是"辨名析理"。

用手指指向一张桌子，通常就被认为是已经在概念上到了桌子，但是乐广认为，若以概念而论，到了桌子，就不能离开，这才是"至"；但拂尘却又至又去，因此他反问"若至者，那得去"，意思是说，拂尘表面上已到桌子，实际并未到。因此，乐广从"至"之名分析"至"之实，这是"辨名析理"的一个例子。

第二节 对孔子的重新诠释

新道家中，至少有大部分还以孔子为圣人，究其原因，一部分是因为到魏晋时，以孔子为国家崇奉的先师，这思想已经确立。还有一个原因是，新道家对儒家经书中的重要部分也趋于接受，只是在接受中又按老庄的精神予以重新诠释。

举例来说，《论语·先进》篇里，孔子曾说过："回也其庶乎，屡空。"孔子的意思大概是说，颜回虽然很穷（"空"），但在精神上却是快乐的，由此表明他的道德已接近于完美。在《庄子·大宗师》篇里则衍生出一个颜回"坐忘"——在冥想中与大化合一，以致忘记自我存在——的故事。后来的太史叔明（476—546）注释《论语》这一段时，心里还想到《庄子·大宗师》里的故事，因此他说："颜子……遗仁义，忘礼乐，隳肢体，黜聪明，坐忘大通，此忘有之义也。忘有顿尽，非空如何？若以圣人验之，圣人忘忘，大贤不能忘忘。不能忘忘，心复为未尽。一未一空，故屡名生也焉。"（皇侃《论语义疏》卷六）这就是说，颜回还是未能全忘自己，因此才意识到自己的"坐忘"，否则，连"坐忘"也应忘记才是。颜回头脑里还未完全虚静，因此他才说自己"常"空。

另一位注释家顾欢（公元453年卒）在注释《论语》的同一段时说："夫无欲于无欲者，圣人之常也；有欲于无欲者，贤人之分也。二欲同无，故全空以目圣；一有一无，故每虚以称贤。贤人自'有'观之，则无欲于有欲；自'无'观之，则有欲于无欲。虚而未尽，非屡如何？"

新道家尽管是道家，却认为孔子比老子、庄子更高明。他们认为，孔子不讲坐忘，因为他已经忘记了"坐忘"这桩事。孔子也不讲"无欲"，因为他已经修养到这地步，已经没有了"无欲"的欲望。正因此，《世说新语》中记载了裴徽和王弼的一段"清谈"。王弼是玄学大师，他对于《老子》和《易经》的注释都已成为经典著作。王弼和裴徽的对话是这样的：

"王辅嗣弱冠诣裴徽，徽问曰：'夫无者，诚万物之所资，圣人莫肯致言，而老子申之无已，何邪？'弼曰：'圣人体无，无又不可以训，故言必及有。老、庄未免于有，恒训其所不足。'"（《世说新语·文学》）这个解释正反映了《老子》第五十六章"知者不言，言者不知"的看法。

第三节　向秀和郭象

在这一时期里，郭象（死于约公元 312 年）所著《庄子注》即便不是其中最重要的哲学著述，也是最重要著作之一。这里有一个史实问题，即：《庄子注》这部书究竟是否郭象所著？郭象的同时代人曾经指控郭象的《庄子注》是剽窃了与他同时而稍早的另一学者向秀（约 221—300）的著作。看来，他们两人都著有《庄子注》，思想也十分接近。因此，随时间推移，他们的两部著作渐难分辨，而成为一部著作。《世说新语·文学》篇曾提到对《庄子·逍遥游》篇的向、郭注，以此和僧支遁的释义相对应。因此，现在流传的《庄子注》，虽然署名是郭象注，其实多半是向秀和郭象两人合著。《晋书·向秀传》中称，向秀著《庄子注》，郭象予以"增衍"，这看来较接近于事实。

据《晋书》记载，向秀和郭象都是河南人，都擅玄学，以清谈著称。在本章里，我把这两位哲学家作为新道学中主张理性的流派的代表，在征引《庄子注》一书时，援《世说新语》例，称"向—郭《注》"。

第四节　道是"无"

向—郭《注》对老庄的早期道家思想作了重要的修订。首先，它把"道"解释为"无"。老子和庄子也主张"道"是"无"，但他们所讲的"无"，意思是说："无以名之"。这是说，他们认为："道"不是一样东西，因此，无从为它命名。而向—郭《注》则以"道"为"无"。道"无所不在，而所在皆无也。"（《大宗师》"在太极之先而不为高……"注）

向—郭《注》中又说："谁得先物者乎哉？吾以阴阳为先物，而阴阳者即所谓物耳。谁又先阴阳者乎？吾以自然为先之，而自然即物之自尔耳。吾以至道为先之矣，而至道乃至无也。既以无矣，又奚为先？然则先物者谁乎哉？而犹有物，无已，明物之自然，非有使然也。"（《知北游》"有先天地生者物耶……"注）

向—郭《注》还说："世或谓罔两待景，景待形，形待造物者。请问：夫造物者，有耶无耶？无也？则胡能造物哉？有也？则不足以物众形。……故造物者无主，而物各自造，物各自造而无所待焉，此天地之正也。"（《齐物论》"恶识所以然……"注）

老庄否认有一位具有人格的造物主，而代之以没有人格的"道"。它是万物之所由生。向、郭两人更进一步，认为道即"无"。他们还把早期道家主张万物来自"道"解释为万物自然而在。因此，向—郭《注》写道："道，无能也。此言'得之于道'，乃所以明其自得耳。"（《大宗师》"傅说得之，以相武丁……"注）

同样，先秦道家说，万物生于有，有生于无，也只是说，有是自在的。向—郭《注》中有一处说："非唯无不得化而为有也，有亦不得化而为无矣。是以夫有之为物，虽千变万化，而不得一为无也。不得一为无，故自古无未有之时而常存也。"（《知北游》"无古无今……"注）

第五节 万物的"独化"

万物自生，这是向—郭《注》里称之为"独化"的理论。按照这个理论，万物不是由一位造物主所造，但万物之间相互关联，这种种关联不仅存在，而且是必要的。向—郭《注》中说："人之生也，形虽七尺而五常必具，故虽区区之身，乃举天地以奉之。故天地万物，凡所有者，不可一日而相无也。一物不具，则生者无由得生；一理不至，则天年无缘得终。"（《大宗师》"知人之所为者……"注）

每一物需要每一个"它物"。但每一物仍然是独立自为地存在的。向—郭《注》说："天下莫不相与为彼我，而彼我皆欲自为，斯东西之相反也。然彼我相与为唇齿，唇齿未尝相为，而唇亡则齿寒。故彼之自为，济我之功弘矣，斯相反而不可以相无者也。"（《秋水》"以功观之……"注）照向—郭《注》的说法，事物之间的关联就像两支国际同盟军，每支军队都是为本国而战，但是两支军队互相支援；一支军队的胜负，必定对它的同盟军产生影响。

宇宙间存在的每一事物都需要整个宇宙作为它存在的必要条件，而它的存在又并不是由某一个特定事物所产生的。当某些条件具备，在某种情况下，某些事物就必然会发生。这并不意味着，万物是由一位创世主或某个人所创造。换句话说，事物是由一般性条件所产生，而不是由于其他某个特定的事物。举例来说，社会主义是一定经济条件的产物，而不是马克思或恩格斯所制造出来的，更不是马克思的《共产党宣言》所造出来的。就这一层意义来看，我们可以说，事物是自己生出来，而不是由别的事物产生的。

正因为如此，每一事物只能是它自己。向—郭《注》中说："故人之生也，非误生也；生之所有，非妄有也。天地虽大，万物虽多，然吾之所遇适在于是，……故凡所不遇，弗能遇也，其所遇，弗能不遇也；凡所不为，弗能为也，其所为，弗能不为也。故付之而自当矣。"（《德充符》"死生存亡……"注）

这个道理也同样适用于社会现象领域。向—郭《注》又说："物无非天也。天也者，自然者也。……治乱成败……非人为也，皆自然耳。"（《大宗师》"庸讵知吾所谓天之非人乎？……"注）这里所说"皆自然耳"是指它们都是一定条件和情况下的产物。《庄子·天运》篇讲到圣人乱天下，向—郭《注》对此评论说："承百代之流而会乎当今之变，其弊至于斯者，非禹也，故曰天下耳。言圣知之迹非乱天下，而天下必有斯乱。"（《天运》"人自为种而天下耳……"注）

第六节 典制与道德

向、郭认为，宇宙是在流动不居之中，在向—郭《注》中写道："夫无力之力，莫大于变化者也。故乃揭天地以趋新，负山岳以舍故。故不暂停，忽已涉新，则天地万物无时而不移也。……今交一臂而失之，皆在冥中去矣。故向者之我，非复今我也。我与今俱往，岂常守故哉！"（《大宗师》"然而夜半有力者负之而走……"注）

社会也是在不断变动之中，人的需要同样是在不断变化之中。典制和道德适应一时，不可能适用于永久。向—郭《注》中说："夫先王典礼，所以适时用也。时过而不弃，即为民妖，所以兴矫效之端也。"（《天运》"围于陈蔡之间……"注）

向—郭《注》中还说："法圣人者，法其迹耳。夫迹者，已去之物，非应变之具也，奚足尚而执之哉！执成迹以御乎无方，无方至而迹滞矣。"（《胠箧》"然而田成子一旦杀齐君而盗其国……"注）

社会随情况而变化，情况变了，典制和道德也应作相应的改变。如果不随之而变，就将扞格不入，（"即为民妖"，）变成人为的桎梏。新的典制和道德应运而生是自然的事。新的与旧的扞格不入，因为他们所处的时代变了。两者都是应时而生，因此不能说，一个比另一个就一定高明或不如。向、郭并不像老子、庄子那样一般地反对典制和道德，他们所反对的是在现实世界中已经过时、已经背乎自然的典制和道德。

第七节　有为与无为

向、郭就是这样，对先秦道家思想中的天、人、有为、无为都赋予了新的诠释。在社会情况变动中，新的典制和道德自然应时而生，在这时候，顺应天、顺应自然就要顺应新的典制道德，这就是"天"，就是无为。反对新的典制道德，极力维护旧的典制道德，这便是"人"，便是有为。向—郭《注》中有一段话："夫高下相受，不可逆之流也；小大相群，不得已之势也；旷然无情，群知之府也。承百流之会，居师人之极者，奚为哉？任时世之知，委必然之事，付之天下而已。"（《大宗师》"以知为时者……"注）

一个人，在他的活动中让天赋的才能发挥出来，这在他就是无为。反之，就是有为。向—郭《注》中说："夫善御者，将以尽其能也。尽能在于自任，……若乃任驽骥之力，适迟疾之分，虽则足迹接乎八荒之表，而众马之性全矣。而惑者闻任马之性，乃谓放而不乘；闻无为之风，遂云行不如卧；何其往而不返哉！斯失乎庄生之旨远矣。"（《马蹄》"饥之渴之……"注）尽管向、郭作出这样的批评，就这些人对庄子的理解来说，其实错误并不十分严重。而向、郭两人的见解则确是十分有创见的。

向、郭对先秦道家的"纯素之道"思想也作了新的诠释。向—郭《注》中说："苟以不亏为纯，则虽百行同举，万变参备，乃至纯也；苟以不杂为素，则虽龙章凤姿，倩乎有非常之观，乃至素也。若不能保其自然之质而杂乎外饰，则虽犬羊之鞟，庸得谓之纯素哉！"（《刻意》"故素也者……"注）

第八节　知识与模仿

老、庄都反对通常被社会推崇为圣人的那种人。在先秦道家著述中，"圣人"这个词有两重含义，一重含义是道家推崇的真人，另一重含义是拥有各种知识的饱学之士。老子和庄子都蔑视知识，因此也蔑视那些饱学之士。但是，从下面所述，向、郭并不反对有些人成为圣人；他们所反对的是有些人力图模仿圣人。柏拉图就是柏拉图，庄子就是庄子。他们质朴纯真，他们的天才是龙章凤姿，天质自然。柏拉图写《理想国》，庄子写《逍遥游》，都是一片冰心，直道而行，只是顺乎自己的天性。

这个看法可以举向—郭《注》下列一段话为证："故知之为名，生于失当而灭于冥极。冥极者，任其至分而无毫铢之加。是故虽负万钧，苟当其所能，则忽然不知重之在身。"（《养生主》"而知也无涯……"注）这是说，知识聪明的由来是由于人的欲求超过了人的才智所能。如果人在自己的才智范围之内行事，也就无需知识聪明了。人只要按自己的天生才智行事为人，志无盈求，事毋过用。如果能够力负万钧，他这样负重，也不会觉得力不能胜；一个人如果能日理万机，他这样做时也不会叫苦连天。如果这样来理解知识聪明，则柏拉图和庄子都不算是有任何知识聪明的人了。

照向、郭的看法，唯有东施效颦的人才需要知识聪明。向、郭把模仿看为谬误，大概有三个原因。其一是它无用，在向—郭《注》中他们写道："当古之事，已灭于古矣，虽或传之，岂能使古在今哉！古不在今，今事已变，故绝学任性，与时变化而后至焉。"（《天道》"古之人与其不可传也死矣……"注）在道家看来，"学"就是模仿。这段话的意思是说，古代的事情已经不复存在，虽然载入了史籍，却不能使它们在今日再现。古今不同，今世已变，只能抛弃恋古、仿古的念头，按照人的本性，与时代同变，才能臻于完善。万物都流动，人们每天都遇到新问题、新情况，感到新需要。对付新情况、新问题和新需要，要采取新的方法。即使在同一个时候，不同人的处境、情况和问题也有所不同，解决问题的方法也不可能尽同。一个人如果只知一味模仿，那有什么用？！

其次，模仿是徒劳的。向—郭《注》里有一段说："有情于为离、旷而弗能也，然离、旷以无情而聪明矣；有情于为贤圣而弗能也，然贤圣以无情而贤圣矣。岂直贤圣绝远而离、旷难慕哉？虽下愚聋瞽及鸡鸣狗吠，岂有情于为之，亦终不能也。"（《德充符》"庄子曰：道与之貌……"注）离朱是古代传说中的"明目者"，师旷是春秋晋国的乐师。他们的特殊才能是天生的。其他人想成为离朱、师旷而不能，离朱、师旷并无心成为精工巧匠，却取得了成就。常人想当圣贤而不能，圣贤顺其本性而成为圣贤。如果说，模仿圣贤太远，模仿离、旷太难，常人想成为下愚聋瞽、成为鸡狗，也不可能。每个事物之成为它自己，是身不由己的，它想变为其他事物，是不可能的。

其三，模仿是有害的。向—郭《注》中还说：有些人"不能止乎本性，而求外无己。夫外不可求而求之，譬犹以圆学方，以鱼慕鸟耳。……此愈近彼，愈远实，学弥得而性弥失。"（《齐物论》"五者圆而几向方矣……"注）这是说，有些人不知足于自己的天赋，硬勉强自己做不可能达到的事情，如同一个圆形，要模仿成为方形，鱼要想成为飞鸟。他们的目标定得越高，自己走得越远；知识越多，戕贼本性也愈甚。

不仅如此，"爱生有分，而以所贵引之，则性命丧矣。若乃毁其所贵，弃彼任我，则聪明各全，人含其真也。"（《胠箧》"擢乱六律……"注）事物的本性都有它的局限性。人如果力图超越本性，结果就将丧失本性；只有不顾外面的引诱，顺乎自己的本性，才能保持自己内心的完整。一意模仿别人，不仅不可能成功，还陷入丧失自己的危险。这是刻意模仿带来的危险。

这表明，模仿不仅无用，毫无结果，还将戕贼自己。因此，人的唯一明智的生活方式是"弃彼任我"，这便是在生活中实践"无为"。

第九节　齐万物

如果一个人能够真正"任我"地生活，不顾外来的压力或引诱，这意味着他已经能够祛除向、郭在《齐物论》注中所说的"偏尚之累"，时刻苦于选此舍彼的烦恼。这也就是说，他已经能够从一个超越的观点，看到万物在本质上并无差别，已经登上"无差别""混沌一体"的康庄大道了。

在《齐物论》里，庄子强调事物本质上并无差别的理论观点，其中又特别强调：像儒墨两家那样是己非彼并无意义。向、郭在《庄子注》书中对此也特别着力。对庄子所说"天地一指也，万物一马也"，向—郭《注》说："将明无是无非，莫若反复相喻。反复相喻，则彼之与我，既同于自是，又均于相非。均于相非，则天下无是；同于自是，则天下无非。"能够最好地表明事物的是非本无区别，便是把事物拿来比较。这样做时，人们就会发现：所有事物的共同之处就在于都以自己为是，而以别的事物为非。既然他们都确定地认为，一切其他事物都不对，那就是说，天下没有一样东西是对的；既然他们都确定地认为自己是对的，那就表明，世上没有错的东西。

向—郭《注》又说："何以明其然邪？是若果是，则天下不得复有非之者也。非若果非，则天下亦不得复有是之者也。今是非无主，纷然淆乱，明此区区者各信其偏见而同于一致耳。仰视俯察，莫不皆然。是以至人知天地一指也，万物一马也，故浩然大宁，而天地万物各当其分，同于自得，而无是无非也。"这是说，如果自认为"对"的果真绝对正确，则世上便没有"不对"的东西了；如果被指为"错"的东西果真都错，则世上也就没有能自认为"对"的东西了。事实是，在事物的是非上难以确定，分辨是非的界限陷于混乱，这表明，是非之分，无非是一种偏执之见，而在偏执这一点上，万物倒是一致的。仰观俯察，到处都如此。至人有鉴于此，从中知道天地如同一指，万物如同一马，因而得以心平气和。懂得齐万物，万物都顺性"任我"，就都怡然自得了。

第十节 终极的自由与快乐

如果人能够超越事物之间的差别，就能够享受像《庄子》第一篇《逍遥游》中提出的绝对自由和绝对快乐。在《逍遥游》里，庄子讲了许多故事，其中提到大鹏、小鸟、蝉，等等。朝生暮死的朝菌只有"小知"，千年古树（"大椿"）则有"大知"；小官僚才德有限，而列子则"御风而行"。对此，向—郭《注》说："苟足于其性，则虽大鹏无以自贵于小鸟，小鸟无羡于天池，而荣愿有余矣。故小大虽殊，逍遥一也。"（《逍遥游》"蜩与学鸠笑之曰……"注）

但这种快乐只是相对的快乐。如果万物只是在自身有限的领域中自得其乐，它们的乐也只是极其有限的。针对这一点，庄子在《逍遥游》的故事里提出了一个独立的人（大鹏），超越有限而融入无限，享受到无限所给予的绝对快乐。他因超越了有限、融入无限而"无我"。他顺乎万物本性，与万物一起得其所哉，因此，在世人眼中，他"一无所成"。他与道成为一体，道无名，依同样的道理，至人也无名。

向、郭在《庄子注》里，把这思想发挥得淋漓尽致："物各有性，性各有极，皆如年知……历举年知之大小，各信其一方，未有足以相倾者也。"这是说，事物各有其性，事物本性又各有局限。事物之间的差别往往只是数量上的差别，例如大知和小知，长寿和短寿，改变不了人的知识有限、生命有限这个本质。庄子在列举这方面的许多例证之后，举出了他心目中的独立的人，既忘记了自己，又忘记了和自己对立的一方，因此达到了"无差别"境界。因此，万物在各自的范围内自得其乐。独立无待的人既无功，也无名，向—郭《注》中说："是故统小大者，无小无大者也；苟有乎大小，则虽大鹏之与斥鹌，宰官之与御风，同为累物耳。齐死生者，无死无生者也；苟有乎死生，则虽大椿之与蟪蛄，彭祖之与朝菌，均于短折耳。故游于无小无大者，无穷者也；冥乎不死不生者，无极者也。若夫逍遥而系于有方，则虽放之使游而有所穷矣，未能无待也。"（《逍遥游》"小知不及大知，小年不及大年……"注）

庄子在《逍遥游》中描写独立无待的人有如"乘天地之正，而御六气之辩，以游无穷者"。向—郭《注》说："天地者，万物之总名也。天地以万物为体，而万物必以自然为正。自然者，不为而自然者也。故大鹏之能高，斥鷃之能下，椿木之能长，朝菌之能短，凡此皆自然之所能，非为之所能也。不为而自能，所以为正也。故乘天地之正者，即是顺万物之性也；御六气之辩者，即是游变化之涂也；如斯以往，则何往而有穷哉！所遇斯乘，又将恶乎待哉！此乃至德之人玄同彼我者之逍遥也。苟有待焉，则虽列子之轻妙，犹不能以无风而行，故必得其所待，然后逍遥耳，而况大鹏乎！夫唯与物冥而循大变者，为能无待而常通，岂独自通而已哉！又顺有待者，使不失其所待，所待不失，则同于大通矣。"在这里，"通"就是自由。

在向、郭的思想里，"道"即是"无"，"天"或"天地"成为他们最重要的思想。"天"是万物的总称，因此也就是万物的整体，从"天"的观点看万物，把自身融入"天"，就是超越万物和万物的差别性，或如新道家所说："超乎形象。"

因此，向秀和郭象不仅对先秦道家的思想作了重要的修正，还把庄子在思想上的暗示用具体透彻的语言表达出来。如果有人觉得，任何话语都不宜说得太透，暗示比明确更堪玩味，就会同意从前一个禅宗僧人所说："曾见郭象注庄子，识者云：却是庄子注郭象。"（请参阅本书第一章）

第二十章　新道家：豁达率性的风格

向秀和郭象在《庄子注》里从理论上阐述了一个人超越事物差别之后，得以不再依循别人的意旨生活，而率性任情地过自己的生活（"弃彼任我"）。这种思想和生活方式乃是中国古人称为"风流"的实质。

第一节　风流与浪漫精神

为理解"风流"的含义，需要读《世说新语》（简称《世说》），这是晋朝刘义庆（403—444）的著作，刘峻（463—521）注。晋朝的新道家和他们的佛僧友人以当时所盛称的"清谈"著名，从字面含义说，"清谈"是清新、精妙的谈话。它的艺术性在于运用精妙而又简练的语言，表达（往往是道家的）创意清新的思想。由于它的精微思想和含蓄而富妙趣的语言，因此只能在智力较高又互相熟悉、旗鼓相当的朋友之间进行，而被认为是一种"阳春白雪"式的高水平智力活动。《世说》就是当时名士间清谈的一部辑录，从中可以看到三、四世纪间风流自赏的名士们的生动形象。因此，《世说》一书问世后，便成了探索"风流"传统的一部主要资料书。

究竟"风流"是什么意思？这是一个含义丰富而又难以确切说明的语词。从字面上说，"风流"是荡漾着的"风"和"流水"，和人没有直接的联系，但它似乎暗示了有些人放浪形骸、自由自在的一种生活风格。

我对英语中"浪漫"（romantic）和"浪漫主义"（romanticism）两个词的含义还未能充分领略；但我大致感觉到，这两个词和"风流"的意思颇为接近。在中国思想史上，"风流"主要是和道家思想相连的。这是在本书第二章里，我说中国历史上，儒家和道家的地位与作用有点类似西方历史上的古典主义和浪漫主义的原因之一。

在中国历史上，汉朝（前206—公元220）和晋朝（265—420）不仅是两个不同的朝代，它们的社会、政治、文化都十分不同，以致成为两种文学、艺术和生活方式的代表：汉代的风格是庄严、雄浑，晋代的风格则是俊雅和旷达疏放。俊雅也是"风流"的一个特征。

第二节 "杨朱的乐园"

在这里，先要说一下道家著作中《列子》一书（古本已佚失）今本八篇中的第七篇《杨朱》篇。（Anton Forke 的英译本把它译作"杨朱的乐园"）在本书第六章里已经指出，它并不真正代表中国古代哲学家杨朱的思想。现代中国学者考证，今本《列子》（内容多为民间故事、寓言和神话传说）是公元3世纪的一部著述，因此，其中的《杨朱》篇也应是公元3世纪间的著作。它与3世纪的思潮十分吻合，实际上反映了"风流"的一个方面。

在《杨朱》篇里，把"外"和"内"加以区别。这位假托的杨朱说："生民之不得休息，为四事故：一为寿，二为名，三为位，四为货。有此四者，畏鬼畏人，畏威畏刑。此之谓遁人也。可杀可活，制命在外。不逆命，何羡寿？不矜贵，何羡名？不要势，何羡位？不贪富，何羡货？此之谓顺民也，天下无对，制命在内。"

《杨朱》篇里有一段虚构了公元前6世纪郑国著名政治家子产和他的哥哥、弟弟的谈话。子产治国三年，成绩斐然；但是，他的哥哥和弟弟，一个酗酒，一个好色，子产也莫能奈他们何。一天，子产和他的哥哥、弟弟谈话，对他们说："人之所以贵于禽兽者智虑。智虑之所将者礼义，礼义成则名位至矣。若触情而动，耽于嗜欲，则性命危矣。"

他的哥哥、弟弟回答说："夫善治外者，物未必治而身交苦；善治内者，物未必乱而性交逸。以若之治外，其法可暂行于一国，未合于人心；以我之治内，可推之于天下，君臣之道息矣。"

《杨朱》篇所说的"治内"相当于郭象所说的"任我"而活，所说的"治外"相当于郭象所说的"从人"而活。人活着，应当听从自己内心，而不是矫情迎合别人。也就是说，人活着，或循理或顺情，都应当出自纯真的内心，而不是为了迎合时尚。用三四世纪时通用的语言来说，就是任"自然"，而不是循"名教"。这是所有新道家人士都一致的认识，但其间还有区别，以郭象为代表的理性派强调要按理性的要求来生活，而另一批任情派则主张要率性任情地生活，这是下面所要讲的。

《杨朱》篇所代表的就是率性任情一派思想的极端形式。其中有一段是晏平仲（晏婴）问养生于管夷吾（管仲）的故事。（晏婴和管仲都是春秋时代齐国的政治家，但并不同时。）管仲回答说："肆之而已，勿壅勿阏。"晏婴问："其目奈何？"（"具体内容是什么？"）

管仲回答说：

> 恣耳之所欲听，恣目之所欲视，恣鼻之所欲向，恣口之所欲言，恣体之所欲安，恣意之所欲行。
>
> 夫耳之所欲闻者音声，而不得听，谓之阏聪；目之所欲见者美色，而不得视，谓之阏明；鼻之所欲向者椒兰，而不得嗅，谓之阏膻；口之所欲道者是非，而不得言，谓之阏智；体之所欲安者美厚，而不得从，谓之阏适；意之所欲为者放逸，而不得行，谓之阏性。
>
> 凡引诸阏，废虐之主。去废虐之主，熙熙然以俟死，一日一月，一年十年：吾所谓养。拘此废虐之主，录而不舍，戚戚然以至久生，百年千年万年：非吾所谓养。

这是说，凡以上所引乃是人生烦恼的主要原因，把它们除去，以享天年，无论是一天、一月、一年、十年——这便是养生。若死死抓住令人烦恼的事情，在忧戚中生活而不能自拔，纵使长寿，活到百年、千年以至万年，这不是我所说的养生。

接下去，"管夷吾曰：'吾既告子养生矣，送死奈何？'晏平仲曰：'送死略矣。……既死，岂在我哉？焚之亦可，沉之亦可，瘗之亦可，露之亦可，衣薪而弃诸沟壑亦可，衮衣绣裳而纳诸石椁亦可，唯所遇焉。'"

"管夷吾顾谓鲍叔、黄子曰：'生死之道，吾二人进之矣。'"（进一步领悟了。）

第三节　率性的生活

《杨朱》篇这里所描述的可以认为是代表了晋朝的一种精神，但不是全部，也不能说是其中最好的。在这一篇里上面所引述的，《杨朱》所感兴趣的只是一种粗鄙的享乐。在新道家看来，这种享乐也不是必定要予以鄙视，但如果一个人刻意追求这种享乐，那并不是"风流"的真意所在。

《世说》中有一个关于刘伶的故事，刘伶（约222—约300）是竹林七贤之一。故事中说，刘伶在家里喜欢一丝不挂，为此受到别人批评。刘伶回答批评他的人说:"我以天地为栋宇,屋室为裈衣(有裆裤),诸君何为入我裈中?"(《世说·任诞》)刘伶在家里一丝不挂,诚然是以此为乐,但他还从中感受到自在于天地宇宙之中。这种感觉正是"风流"的实质所在。

有这种超世感觉和追随道家修身养生的人,对"快乐"有一种比对具体物欲享乐更高的需要,也具有更敏锐的感觉。《世说》中记录了当时一些著名学者的脱俗举止。他们率性纯真地行动,却全然无意于物欲的享乐。例如,王羲之的儿子王徽之(字子猷,约388年卒)住在山阴(离现杭州不远),"夜大雪,眠觉,开室,命酌酒。四望皎然,因起彷徨,咏左思《招隐》诗。忽忆戴安道,时戴在剡,即便夜乘小船就之。经宿方至,造门不前而返。人问其故,王曰:'吾本乘兴而行,兴尽而返,何必见戴?'"(同上)朋友之间有真情,不在于见面亲热一番与否,因此,王徽之去探视戴安道,却又不前而返。

《世说》中另一则说:"钟士季(名会,225—264,是政治家、将军,又是一位文人)精有才理,先不识嵇康,钟要于时贤俊之士,俱往寻康。康方大树下锻,向子期(向秀)为佐鼓排。康扬槌不辍,傍若无人,移时不交一言。钟起去,康曰:'何所闻而来?何所见而去?'钟曰:'闻所闻而来,见所见而去。'"(《世说·简傲》)

晋朝人喜欢称颂名人的体态和精神美。嵇康被时人比作"松下风",称颂他"若孤松""若玉山"(《世说·容止》)。大概钟会也听到这些称颂嵇康的话,他约一些显要朋友一起去拜访嵇康,也看到了嵇康令人羡慕的容止。嵇康则并不在意别人的评论,也不以显要来访为意,因此并不理会钟,钟也不需要嵇康的曲意逢迎。两人互相会面,都以孤高自赏,心照可以不宣,因此便有了上面的对话。

《世说》中另一则故事说:"王子猷出都,尚在渚下。旧闻桓子野善吹笛,而不相识。遇桓于岸上过,王在船中,客有识之者云:'是桓子野。'王便令人与相闻,云:'闻君善吹笛,试为我一奏。'桓时已贵显,素闻王名,即便回下车,踞胡床,为作三调。弄毕,便上车去。客主不交一言。"(《世说·任诞》)

两人没有交谈,因为他们共同醉心的是音乐的纯美和心灵在音乐中的交流,王徽之请桓伊为他吹一曲,是为了欣赏音乐。桓伊知道难得遇到知音,而王徽之精于音乐,于是折回来为王吹了3曲,然后登车而去。两人都从对方得到了艺术的满足,这时,彼此还需要说什么呢?

《世说》中还有一段故事记名僧支遁(314—366)喜欢仙鹤。一次,一位朋友送他一对小鹤。这一对小鹤逐渐长大,支遁怕它们飞走,于是把它们的翅膀剪短。仙鹤展翅想飞时,却飞不起来,垂头丧气地看自己的翅膀。支遁也感到仙鹤懊丧,说道:"既有凌霄之志,何肯为人作耳目近玩!"于是等仙鹤翅膀再次长大时，让它们自行飞去了。

《世说》中还有一则故事是讲阮籍（哲学家、诗人，210—263）和他的侄子阮咸，两人都名列竹林七贤之中。"诸阮皆能饮酒，仲容至宗人间共集，不复用常杯斟酌，以大瓮盛酒，围坐相向大酌。时有群猪来饮，直接上去，便共饮之。"（同上）

支遁对鹤的同情以及阮氏一家对猪趋近就瓮饮酒不以为意，表明他们看自己和宇宙万物是同等的，没有高下之分，也没有异类之别。这种"同于万物"的感觉正是"风流"的重要思想基础，也是一个人成为艺术家所必须有的品质，因为一个真正的艺术家必须要能够把自己的思想感情注入所要表现的对象，然后通过自身这个中介再表现出来。支遁不愿成为别人的玩物，他把自己的性情注入了仙鹤；虽然人们并不认为他是一个艺术家，其实，就这个意义说，他是一个真正的艺术家。

第四节　感　情

在第十章里我们看到，庄子心目中的圣人能够超脱于常人的感情，他对外物的本性了解得如此透彻，对它们的流动不居和形态变化已经习以为常，而"以理化情"了。《世说》中记载了许多这样的事例，其中十分著名的一个例子是东晋谢安（320—385）的故事。他在晋国任丞相时，北方秦国大举攻晋。秦帝亲自率军并吹嘘说，秦军将士，铺天盖地，投鞭长江，可使长江断流。当时晋人十分惊恐，谢安派他的侄儿谢玄率军迎战。公元383年，两军在淝水一线决战，谢玄大胜，秦军败退。当战胜的消息报来时，谢安正与友人下棋。他拆信看后，把信放在一旁，继续与客人下棋。客人问，前方有什么消息，谢安悠静地回答说："小儿辈大破贼。"（《世说·雅量》）

《三国志·魏书》中卷二十八《钟会传》引何劭《王弼传》，记载了何晏（249年卒）与王弼（著名的《老子》注释家，226—249）两人关于感情的一次谈话。何晏沿袭庄子"以理化情"的看法，"以为'圣人无喜怒哀乐'，其论甚精，钟会等述之。弼与不同，以为'圣人茂于人者，神明也；同于人者，五情也。神明茂，故能体充和以通无；五情同，故不能无哀乐以应物。然则圣人之情，应物而无累于物者也。今以其无累，便谓不复应物，失之多矣'。"

汉代的谶纬经学家以孔子为神，魏晋玄学家认为孔子也是人，但乃是"圣人"，与常人不同之处在于圣人"与无同体"，没有喜、怒、哀、乐等感情。王弼独持己见，认为圣人"有情而无累"。这话究竟是什么意思，王弼没有更多发挥。后来隔了许久，新的儒家——本书第二十四章将加以讨论——对此加以发挥。在这里，我们只需要指出一点，即：虽然许多新道家注重理性，但也还有许多是重情的。

如前所述，新道家强调含蓄的敏感。由于这种敏感再加上前述重情派的"自我表现"理论，这就无怪乎其中许多人在动情时，不拘时间、地点便宣泄出来。

这方面的一个实例是《世说》引述竹林七贤之一的王戎（234—305）的故事。王戎的孩子夭折，"山简往省之，王悲不自胜。简曰：'孩抱中物，何至于此！'王曰：'圣人忘情，最下不及情；情之所钟，正在我辈。'简服其言，更为之恸。"（《世说·伤逝》）

王戎的这番话正好说明，为什么新道家中有许多人如此多情善感。使他们动情的不是个人得失，而是对人生或宇宙的某个方面的领悟和由此而来的感触。《世说》中有一则关于卫玠（286—312，当时传诵的美男子）的故事说："卫洗马初欲渡江，形神惨悴，语左右云：'见此茫茫，不觉百端交集。苟未免有情，亦复谁能遣此！'"（《世说·言语》）

《世说》中讲到前述工于奏笛的桓伊，还说："桓子野每闻清歌，辄唤'奈何'，谢公闻之，曰：'子野可谓一往有深情。'"（《世说·任诞》）

这些"风流"倜傥的名士，既富于深沉的敏感，胸中块垒自然与常人不同，在别人无动于衷的地方常会怵然于心。他们对人生和宇宙有情，也就包括了对自己有情，以至不能自已。《世说》中记载："王长史登茅山，大恸哭曰：'琅琊王伯舆，终当为情死！'"（同上）琅琊人王伯舆就是指自己。

第五节 情 爱

在西方，浪漫主义往往包含有性的因素在其中。在中文里，"风流"的含义也同样有那重意思，特别是到了后来，"风流"这个词在中文里，性的味道显得更多。就晋代新道家来说，他们对性的态度，与其说是注意肉体欲望，不如说是从纯粹审美的角度来对待异性。举例来说，《世说》中有关于阮籍的一则故事。"阮公（籍）邻家妇，有美色，当垆沽酒。阮与王安丰常从妇饮酒，阮醉，便眠其妇侧。夫始殊疑之，伺察，终无他意。"（同上）

《世说》还记载山涛（政治家、将军，205—283）、嵇康和阮籍"契若金兰。山妻韩氏，觉公与二人异于常交，问公。公曰：'我当年可以为友者，唯此二生耳。'"当时中国的风俗,妇道人家和丈夫的朋友是不能交往的。因此韩氏对山涛说,下次这两位朋友来时,容她在暗处看看这两位。下次嵇、阮两人来访时,韩氏便置酒肴,要丈夫留两人过夜,她在隔壁墙孔偷窥了一夜。第二天,山涛到夫人房间问道:"他们两人如何?"夫人回答:"论才华,你不如他们,但你的学识足以与他们相交。"山涛说:"他们也认为我的学识在他们之上。"(见《世说·贤媛》)

上面两则故事使我们看到,阮籍和韩氏欣赏异性美,却没有更多的要求;或者可以说,他们对美的欣赏使他们忘记了性的因素。

这些可以说是晋代新道家风格的特点和当时所谓"风流"的实质。在他们的思想里,风流来自"自然",而自然与儒家倡导的名教(道德规范制度等)则是对立的。这是儒家衰微的时期,而当时的著名学者乐广(公元304年卒)还是说:"名教中自有乐地。"(《世说·德行》)本书第二十四章将会讲到,新的儒家便是到"名教"中寻找乐地的一种努力。

第二十一章　中国佛学的基础

佛教传入中国是中国历史上的一个重大事件。它自传入后，成为中国文明的一个重要因素，对宗教、哲学、艺术和文学都产生了巨大的影响。

第一节　佛教的传入及其在中国的发展

佛教传入中国，究竟是在什么时候？对这个问题，中国史学界还没有确切的结论，大致可以说是在公元 1 世纪前半叶。传统的说法是：东汉明帝（58—75）时，佛教传入中国。但现在有史料可以证明，在此之前，中原的汉族已经接触到佛教。它此后在中国的传播是一个漫长、缓慢的进程。从中国文献中可以知道，在东汉（公元一二世纪）时，中国人把佛教看作方术中的一种，与阴阳家及后来的道教方术并没有根本的不同。

公元 2 世纪时，甚至有一种理论认为，释迦牟尼是老子的一个弟子。这种说法可能渊源于《史记·老子列传》说，老子最后"莫知其所终"。热心的道家由此发展出一个故事说，老子最后西行，到了印度，教了释迦和另二十八位弟子。由此又衍生出佛经源自老子《道德经》的说法。

公元三四世纪间，佛经译成中文的渐多，人们对佛家的形而上学思想了解较多。这时又出现一种看法，认为佛家的思想和道家，特别是庄子的思想相近，而与道教则不相干。解释佛经的著作往往援引道家思想，这类著作在当时称为"格义"，即从类比中求得它的含义。

这种方法难免带来不准确和曲解的毛病。因此到 5 世纪，佛经汉译如潮涌现时，"格义"的方法被摈弃了。但是，5 世纪时来自印度的佛教著译大师鸠摩罗什（Kumarajiva）还继续使用道家的名词术语如"有""无""有为""无为"等来表达佛家的思想。释义法和"格义"的不同在于："格义"只使读者看到外貌的形似，而释义则令人看到思想的内在联系。它实际是对印度佛教思想和中国道家思想进行一种综合的努力，由此而为中国佛学奠定了基础。

在这里需要指出一点："中国佛学"和"佛学在中国"的含义是不同的。佛教的某些宗派始终坚守印度佛教的宗教和哲学传统，和中国思想不相关联，例如唐代玄奘法师（596—664）由印度介绍到中国的法相宗（着重一切东西都是"识"所变，亦称"唯识宗"），可以称之为"佛学在中国"。它们在中国的影响仅限于某个圈子里，并仅限于某个时期。它们没有试图去接触中国思想界，因此，对中国人的思想发展也没有产生任何作用。

"中国佛学"则是佛学传入中国后，与中国哲学思想接触后的发展。下面我们将会看到例如"中道宗"，与道家思想便有某些相似之处。中道宗与道家思想的相互作用导致"禅宗"的兴起，它是佛家，而在思想上又是中国的，并形成中国佛教的一个宗派。它虽是佛教的一个宗派，却对中国哲学、文学、艺术产生了深远的影响。

第二节　佛学的一般概念

佛教传入中国后，佛经也大量译成中文，其中包括小乘（Hinayana）经典和大乘（Mahayana）经典。在中国佛教中流传的则只限于大乘经典。

总的说来，大乘佛教对中国思想影响最大的有两端：一是它提出的"宇宙为心"，另一是它在形而上学中使用的"负的方法"。在对此进行讨论之前，需要先对佛学的一般概念有一个总体的了解。

佛教虽然分为许多宗派，各有自己的思想特色，但各派也有一些共同信奉的基本观念，其中主要是"业"（梵文 karma）的理论。"业"通常解释为人的行动作为，而实际上，它的含义比"行为"要广阔得多，一切有情物（生灵）的思念和言语也都包括在内。按照佛家的看法，宇宙的一切现象，或者更确切地说，任何一个有情物所看出去的世界，都是他内心自造的景象。每当他有所动作，或只是说话，或心里动念，都是心的作为。这个作为必然产生它的后果，不论这后果要等多久才显现出来。这个后果便是"业"的报应。"业"是因，果是"报"。每一个人都是因与果、业与报的连环套。

每一个有情物的今生只是这个无穷锁链中的一环。死并不是生命的终结，而只是这个因果循环的一个中转站。人的今生只是他前生的"业"的果报。他在今生的作为（"业"）又决定他来世成为什么，他将来的作为又结成更后世的果报，以至于无穷。这个因果的锁链构成"生死轮回"（梵文称"samsara"）。一切有情物的"众生皆苦",其主要来源便由于此。

按佛家的看法,所有这些苦难的根源在于人不认识事物的本性。宇宙万物乃是各人自己内心所造的景象,因此它是"幻相",只是昙花一现。但是,人出于自己的无知("无明")而执著地追求("执迷不悟"),这种根本的无知,在梵文里称为"Avidya",中文译为"无明"。由"无明"导致"贪欲",又"执迷不悟",这便把人紧紧缚在生死轮回的巨轮上,无法逃脱。

人从生死轮回中解脱出来的唯一办法便是"觉悟"(梵文作 bodhi)。佛教各派的种种教义和修行都是为启发人对世界和自己的"觉悟"。人觉悟之后,经过多次再世,所积的"业",不再是贪恋世界、执迷不悟,而是无贪欲、无执著;这样,人便能从生死轮回之苦中解脱出来,这个解脱便称为"涅槃"(梵文作 Nivarna)。

对"涅槃"这个境界怎样进一步领会呢?可以说,这就是个人和宇宙的心融合为一(宇宙的心又即"佛性")。个人本来与宇宙本性是一体,他就是宇宙本性的表现,只是人先前不认识这一点,或说,不曾意识到这一点。大乘佛教中的性宗阐发了这个理论(性宗认为,心和性是一回事)。性宗在阐发这个理论时,也就把"宇宙心"(即宇宙本体)的观念带进了中国哲学思想。

大乘佛教还有其他宗派,例如:空宗(也称"中道宗")。它对"涅槃"有不同的解释。这一派解决问题的方法就是我所称的"负的方法"。

第三节 二谛义

中道宗(佛学中称三论宗)倡导真谛有两重,把佛教的道理分作供普通人受用的"俗谛"(亦称"世谛")和更高意义的佛法即"真谛"。由此更进一步,认为在二谛中还各分层次,因此,在俗谛中被认为是真谛的,从真谛看又被认为是俗谛。三论宗的大师吉藏(549—623)阐述二谛论包括有三个层次的真谛:

第一,普通人看万物为"实有",而不知"无"。为此,诸佛教导说,万物实际是"无"和"空"。在普通人的层次上,以万物为"有",就是俗谛;以万物为"无",就是真谛。

第二,以万物为"有"是偏颇之见;以万物为"无",也是偏颇之见。这是因为它给人一个错误的印象,以为"无"或"非有"只是由于从存在中把"有"移去,其实,"有"即是"无"。举例来说,我们面前的一张桌子,要表明它不存在时,并不需要把桌子毁掉。事实上,它从来就不存在,因为在人实际拆毁桌子前，他所想拆毁的桌子在他心里已经不存在了。在这刹那间，桌子已不是原来那样子了。它只是"看似"原来那样子。因此，在第二层次上看，说"万物皆有"和说"万物皆无"都是俗谛。只有当人认识到，"事物非有非无"，这才是真谛。

第三，但如果说，中道真谛意味着没有偏颇之见（即非有非无），这就意味着要区别"有"和"无"，而一切区别本身就是偏颇之见。因此，在第三层次上，说事物非有非无，这乃是没有偏颇的看法，又只不过是俗谛；真谛是指：事物非"有"非"无"，非"非有"、非"非无"；中道既不是"偏颇"，又不是"不偏颇"。（参阅吉藏《二谛章》卷上，载《大藏经》卷四十五）

在这段里，我有意识保留了"有""无"两个字，以显示当时的思想家看到（或感觉到）佛家和道家讨论的中心问题多么相似。更进一步分析便可看出，这种相似在某些方面只是表面性的。尽管如此，当道家以"无"来表达超越的形象时，它与佛家用"无"表达"非非"，两者之间确有相似之处。

在佛家的三论宗和道家之间，还有更深一层的相似之处在于他们的思想方法，他们从哪里入手来探讨问题和所得到的最后结果。这种方法便是运用谈话的不同层次，在一个层次作出的论断，到下一更高的层次又予以否定。在本书前面第二章论到《齐物论》时，可以看到庄子也是使用这个方法。

当一切都被否定，包括否定先前的否定时，人便会发现自己处于庄子哲学中的那种地位：一切都被忘记，包括"忘记一切"这一点也已忘记。这便是庄子所说的"坐忘"，也就是佛家所说的"涅槃"。我们不能问这一派佛家：你所说的"涅槃"究竟是什么意思？因为按照三论宗的理论，人到了第三层真谛时，便什么都无可言说了。

第四节　僧肇的哲学

5世纪中国佛教三论宗出了一位大师即鸠摩罗什，他本是印度人，但出生于安息国（在今日中国的新疆）。公元401年，他到长安，此后一直住在长安，直到公元413年他去世。在这十三年里，他翻译了许多佛教文献，教导了许多弟子。在他的弟子中，有些十分杰出，成为著名的佛教思想家。本章只举其中两位：僧肇和道生。

僧肇（384—414）出生于长安附近。他本来研读老庄，后来成为鸠摩罗什的弟子。他曾撰写了几篇文章，后汇集成《肇论》，意思指僧肇的论著。其中有一篇《不真空论》(意为"空不真"),文中说:"然则万物果有其所以不有,有其所以不无。有其所以不有,故虽有而非有;有其所以不无,故虽无而非无。……所以然者,夫有若真有,有自常有,岂待缘而后有哉?譬彼真无,无自常无,岂待缘而后无也?若有不能自有,待缘而后有者,故知有非真有。……万物若无,则不应起,起则非无。……欲言其有,有非真生;欲言其无,事象既形。象形不即无,非真非实有。然则不真空义,显于兹矣。"(《大藏经》卷四十五)

《肇论》的第一论题是《物不迁论》,其中说:"夫人之所谓动者,以昔物不至今,故曰动而非静。我之所谓静者,亦以昔物不至今,故曰静而非动。动而非静,以其不来;静而非动,以其不去。……求向物于向,于向未尝无;责向物于今,于今未尝有。……是谓昔物自在昔,不从今以至昔;今物自在今,不从昔以至今。……果不俱因,因因而果。因因而果,因不昔灭;果不俱因,因不来今。不灭不来,则不迁之致明矣。"(同上)这是说,人们通常所讲万物变化,意在指出过去之物,已经过去;今日之物,不是过去之物,而是当今的新事物。僧肇在《物不迁论》中又说:"梵志出家,白首而归,邻人见之曰:'昔人尚存乎?'梵志曰:'吾犹昔人,非昔人也。'"这是说,每一刹那都有梵志,但现在这一刹那的梵志不是过去来的;过去的梵志也不是从现在倒退回过去的梵志。从事物时刻在变来说,我们只见有变,不见有恒;然而就每一刹那来说,在那一刹那,事物和时间是结合在一起的。因此可以说,有恒常而无变化。

这是僧肇为充分阐述二谛义中的第二层次所提出的理论。在这层次上,说事物是"有而恒常"与说事物是"无而恒变"都是"俗谛"。说事物既非有,又非无,既非恒常又非恒变,则是高一层的真谛。

僧肇还在《般若无知论》里对二谛论的最高层次——第三层次——补充阐述。"般若"(梵文作 Prajna)的含义是"佛的智慧","般若无知论"的意思是说:佛的智慧并非知识。般若可以勉强解释为"圣智",它其实并不是知识。人们通常所说对于事物的知识是举出事物的一项品质,以此作为知识的对象。"圣智"则是指:懂得何谓"无",而且知道"无"超乎形象,没有任何特性,因此它不可能成为知识的对象。要懂得"无",只有与"无"一体,这便是"涅槃"。"涅槃"和"般若"是一而二,又二而一的。正如"涅槃"并非知识的对象,"般若"是懂得那并非知识的奥义。因此,进入第三层次的真谛时,人只能缄默,什么也无法说。

第五节 道生的哲学

僧肇去世时才三十岁，不然，他将会有更大的思想影响。道生和僧肇同为鸠摩罗什的弟子。道生（374？—434）河北巨鹿人，寓居彭城（今江苏省北部）。他以知识渊博、聪颖过人、能言善辩，闻名于时。据说，当他讲经时，甚至顽石也不禁点头。晚年在江西庐山、当时的佛学中心讲学，在他之前的高僧如道安（公元385年卒）、慧远（公元416年卒）都曾在此讲经。道生在讲学中提出了许多新的理论，这些理论被认为是对佛学传统的"革命"，以致他在南京讲经时曾被当地僧人中的守旧派攻击，把他逐出南京。

他所创立的理论包括"善不受报"论，原文现已佚失。在僧佑（公元518年卒）编纂的《弘明集》中辑有慧远所著《明报应论》，也是讲善不受报，可能反映了道生的某些思想，但我们对此无法断定。这篇文章的总的意思是从形而上学进一步发挥道家"无为"和"无心"的思想。"无为"的字面含义是"无所作为"；但它的真正含义是"无心"而行。一个人顺其自然地行事，不因人、因时、因地而厚此薄彼、先此后彼或有为有不为，这就是无为。按慧远的看法，一个人如果"无为""无心"，他的人生就无求、无待，而不在于他从事了这项或那项活动。按佛家的看法，人有求就有所执著，于是就有"业"，有"业"就有"报应"。因此，人若"无求""无执著"，他的"业"就不招致"果报"。（参阅《弘明集》卷五，载《大藏经》卷五十二）慧远的这个理论，无论是否是道生的原意，它把道家思想中有社会伦理影响的部分，引进了佛家的形而上学中去。这是中国佛学的一个重要发展，后来禅宗又把这个思想接了过去，并继续加以发展。

道生的另一项理论是"顿悟成佛"义。他在这方面的论著也已佚失。但在谢灵运（公元433年卒）的《辩宗论》（辨明宗义论）里保存了道生的这个思想。它是在与"渐悟论"的辩论中阐明的。道生和谢灵运并不是反对学佛和修行的重要性，他们的意思是说，学佛和修行只是成佛的预备，仅靠这样的渐进积累远不足以成佛。成佛还要有一个突变的心灵经验，使人跳过深渊，由此岸达到彼岸，在一瞬间完全成佛。人在跳越深渊时，也可能跳不过去，结果还是留在此岸；在此岸和彼岸之间，并无其他中间步骤。

顿悟论的立论依据是：成佛在于与"无"成为一体，或者可以说，和"宇宙心"（Universal mind）成为一体。"无"既超乎形体，便不是"物"；既不是

"物",便不能分割成多少块。因此,人不能今天与这块"无"合一,明天与那块"无"合一。"一体"只能是一个整体,合一只能是与整体合一。凡不是与整体合而为一,便不是一体。

《辩宗论》里记载了谢灵运和别人在这题目上的许多辩论。有一位僧人名叫僧维,他辩论说,如果一个学僧已经与"无"一体,他就再无可说。如果一个人还在学"无"以去"有",这个"学无以去有"的过程便是渐悟的过程。谢灵运对此回答说,如果一个学僧还处在"有"的领域,则他的努力只是"学",而不是"悟"。"悟"所指的是超越"有",一个人学"悟",并不就是"悟"。

僧维又问:如果一个学僧献身于学,期望与"无"成为一体,是否能有所进步呢?如果不能进步,则何必学?如果能进步,那岂不就是渐悟?谢灵运对此回答说,献身于学,可以达到排除杂念。但排除杂念不等于消灭杂念,人还是不能免于对杂念的执著,只有经历顿悟,人才消除了杂念。

僧维又问:如果一个学僧学佛修行,能不能与"无"暂成一体?如果能够这样,它比完全不能融入"无"终究稍好一些,这岂不就是"渐悟"?谢灵运回答说,暂时与"无"一体,乃是幻象;真正与"无"一体,必定是持久的,而不是短暂的。这和上面所说,排除杂念不等于消灭杂念的道理是一样的。

谢灵运在和僧维论辩中所持的观点,道生都表示赞同。在《辩宗论》里收录的道生《答王卫军书》,就是一个明证。后来道宣(596—667)编纂《广弘明集》,其中辑录了《辩宗论》。(见《广弘明集》卷十八,载《大藏经》卷五十二)

道生的另一项理论主张是:"一切众生,莫不是佛,亦皆涅槃。"(《法华经疏》)这是说,一切有情都有佛性,或说都有梵心。他关于这个问题的论文也已佚失,但他在这问题上的观点散见于他对几部佛经的注疏中。从中可以看出道生的主张,认为一切有情都有佛性,而不自知。这种"无明"(梵文 Avidya)是人被缚在生死轮回之中的缘由。因此,人首先应当知道自己里面有佛性;然后经过学佛和修行,得"见"自己内有的佛性。这个"见"只能来自一种"顿悟",因为"佛性"是一个不能分割的整体,人若"见",所见的必定是那整体,若未见整体,就是未见。佛性又是从外面无法见到的,人若"见"到自己里面的佛性,只能经过与佛性融为一体的体验。这便是道生所说:"返迷归极,归极得本。"(《涅槃经集解》卷一)"极"和"本"就是佛性,归极得本所经验的境界便是涅槃。

但是,涅槃并不是全然外在于生死轮回,与生死轮回迥然相异;这道理也适用于佛性,它不是完全外在于生死轮回,和现象世界全然相异。人若一旦"顿悟"，现象世界就成了佛的世界。所以道生说："夫大乘之悟，本不近舍生死，远更求之也。斯在生死事中，即用其实为悟矣。"（僧肇《维摩经注》卷七）佛家以"登彼岸"的比喻来表示得涅槃。道生说："言到彼岸：若到彼岸，便是未到。未到，非未到，方是真到。此岸生死，彼岸涅槃。"（同上书，卷九）他还说："若见佛者，未见佛也；不见有佛，乃为见佛耳。"（同上）

这大概也就是道生所主张的另一项理论，即"佛无净土"论，认为佛的世界就在现实世界之中。

《大藏经》卷四十五有一篇《宝藏论》，传说是僧肇所作，实际大概是别人假托之作。其中说："譬如有人于金器藏中，常观于金体，不睹众相。虽睹众相，亦是一金。既不为相所惑，即离分别。常观金体，无有虚谬。喻彼真人，亦复如是。"这是说，如果有一个人常在金器库里，目睹各种金器，而不注意它们的形象，或虽看见它们的形象，但注意的是器物的质地，则他所见乃是器物的真金质地，而不被器物的不同外表所惑。一个圣人所见世界，亦复如此。

这段话虽不一定是来自僧肇，但后来却常被佛家引用。意思是说，除现象世界之外，别无其他实在。因此，佛性的实在性也就在现象世界之中，正如在金器库中，除金器外，别无他物。有的人由于"无明"，在现象世界里，只见世界的诸相，却不见佛性的实在。另有些人，在现象世界中因悟而见到佛性，但所见佛性并未脱出现象世界。这两种人，所看见的现象世界是相同的，但觉悟了的人所见，其意义和未曾觉悟的人（处于"无明"之中）所见却完全不同。这便是在中国佛教里常说的："迷则为凡，悟则为圣。"

道生的另一项理论见解是认为，"一阐提人（不信因果报应，断绝善根，极恶之人），皆得成佛。"这是前述"一切有情都有佛性"的自然结论。但是，这和当时所传的《涅槃经》是相悖的。道生因此而被逐出当时的都城，即今南京。一直到多年以后，《涅槃经》的全文译成汉文，人们才发现，道生的主张与《涅槃经》是相合的。慧皎（公元554年卒）在为道生写传时说："时人以（道）生推阐提得佛，此语有据；顿悟，不受报等，时亦宪章。"（《高僧传》卷七）

慧皎还辑录了道生所说的另一段话："夫象以尽意，得意则象忘；言以诠理，入理则言息。……若忘筌取鱼，始可与言道矣。"（同上）这个譬喻取自《庄子·外物》篇，原文是："筌者所以在鱼，得鱼而忘筌；蹄者所以在兔，得兔而忘蹄。"在中国哲学传统里，把词语称作"言筌"，依循这个传统，最好的论说是"不落言筌"的论说，就是说，表达的思想不因所用言词而被误导、束缚。

前面已经说到，吉藏把二谛义分为三层，到第三层真谛时，它是"不可言说"的。到第三层真谛时，人不再会"落入言筌"。道生论述佛性时，几乎落入言荃，因为他把佛性几乎说成是"心"；若果真如此，则任何定义的局限性也可应用于佛性了。在这一点上，他受了《涅槃经》强调佛性的影响，因而接近于性宗。

在下一章里，我们将会看到，禅宗的理论基础，到道生的时候已经具备了。禅宗大师们所作的只是把本章所说的内容，予以更加突出。

从本章所述，我们也可以感到若干世纪后新儒家兴起的先声。道生的"人人皆可以成佛"的理论令人想起孟子"人皆可以为尧舜"的主张。孟子也说："尽其心者，知其性也。知其性，则知天矣。"（《孟子·尽心章句上》）但是，孟子所说的"心"和"性"，都是在心理学范畴之内，而不是在形而上学范畴之内。如果像道生所作的那样，把"心""性"都赋予形而上学的诠释，那便成为新儒家了。

"宇宙心"是印度佛教对中国哲学的一大贡献。在佛教传入中国以前，中国哲学只讲"人心"，却没有"宇宙心"。道家所讲的"道"，按老子给它的解释，说它"玄而又玄"，它还不成为宇宙之心。在佛教传入中国，经历了本章所论述的这个时期以后，中国哲学不仅有了"心"的理论，而且还有了"宇宙心"的理论。

第二十二章　禅宗：潜默的哲学

中文的"禅"或"禅那"是梵文"Dhyana"的音译，英文通常把它译为"沉思"或"冥想"（Meditation）。它的起源，按照传统的说法是：释迦所传授的佛法，除见诸佛经的教义之外，还有"以心传心，不立文字；直指人心，见性成佛"的"教外别传"。释迦只传授了一个弟子，这个弟子又传授给一个弟子。这样在印度传了二十八世，到菩提达摩（Bodhidharma）。菩提达摩于南朝宋末、公元520—526年间到中国，成为禅宗在中国的始祖。

第一节　禅宗起源的旧说

按照传统的说法，菩提达摩来到中国后，把释迦的心法传授给慧可（486—593），是为中国禅宗的二祖，又经僧璨（？—606）、道信（580—651），传到五祖弘忍（605—675）。他的弟子神秀（706年卒）创北派；弟子慧能（638—713）创南派。南派在传播中压倒北派，后来禅宗有势力，各派都祖述慧能的弟子，推崇慧能为六祖。（见道原《传灯录》卷一）

这个传统说法中涉及中国禅宗早期历史的部分，可信程度如何曾受到怀疑，因为在11世纪之前的文献里，找不到支持这种说法的根据。这个历史考证问题也不是本章所要解决的问题。在这里，只要指出，当代学者对此说多半持怀疑态度，已经够了。在上章里，我们看到，禅宗的理论基础在僧肇和道生的时代就已产生。有了这个基础，禅宗的兴起可以说是顺流而下，势所必然，无需再求助于传说中的菩提达摩来充当中国禅宗的创始人。

禅宗由于神秀和慧能而分裂成南、北两派，乃是历史事实。两派的分歧可以看为上章所说性宗与空宗分歧的继续。从慧能的自传《坛经·自序品》中我们知道，慧能是广东人，被弘忍收为弟子。弘忍知道自己大限将到，召集所有弟子各以一首诗偈来概括禅宗信仰要义，体认最好的就继承他的衣钵。神秀的诗偈说：

> 身如菩提树，心如明镜台。
> 时时勤拂拭，莫使染尘埃。

慧能则针对神秀的诗偈，写了以下这首诗偈：

> 菩提本无树，明镜亦非台。
> 本来无一物，何处染尘埃！

据说弘忍赞许慧能的诗偈，把衣钵传给了慧能。（见《六祖坛经》卷一）

神秀的诗偈所强调的是道生所说的宇宙心或佛性。慧能所强调的则是僧肇所说的"无"。在禅宗里，有两句常说的话："即心即佛"，"非心非佛"。神秀的诗偈表达的是前面一句；慧能的诗偈表达的则是后一句。

第二节 第一义不可说

禅宗后来依循慧能的路线而发展，正是禅宗的发展使空宗和道家思想的结合达到了顶峰。空宗尊为第三层次真谛的道理，禅宗称之为"第一义"。在上一章里，我们已经看到，关于第三层次的真谛，人无可言说。因此，"第一义"的本性便是"不可说"。据《文益禅师语录》记载，有人问文益禅师（公元958年卒）："'如何是第一义？'师云：'我向尔道，是第二义。'"

禅师教导弟子的原则是个人接触。为使其他弟子也能受益，禅师的教导被记录下来，成为《语录》（后来新的儒家也采用了这种办法）。从《语录》中可以看到，有的学僧向禅师提出关于禅的根本问题，禅师或者答非所问，如回答说"白菜三分钱一斤"，或甚至把徒弟打一顿。不明个中道理的人，会觉得禅师对徒弟的反应，令人莫名其妙，难以理喻。其实，禅师正是借此告诉徒弟，这问题是不能回答的（凡对第一义所拟说者作肯定陈述，都是所谓死语，禅宗认为，说死语的人该打），只有靠自己去"悟"，一旦领会，便得彻悟。

第一义不可说，因为"无"不是任何"物"，因此无可说。如果称之为"心"，就是强加给它一个定义，就是对它施加了限制。禅师和道家都称之为落入"言荃"，即掉进了语言的网罗。慧能有一个再传弟子马祖（公元788年卒），曾有人问他："和尚为什么说'即心即佛'？"马祖回答："为止小儿啼。"问："啼止时将如何？"曰："非心非佛。"（《古尊宿语录》卷一）

另一个徒弟庞居士问马祖："不与万法为侣者（与万物都无关系者）是什么人？"马祖云："待汝一口吸尽西江水，即向汝道。"一口吸尽西江水，是无人能做的，因此马祖实际是回答说，不回答这个问题。为什么不回答呢？因为这个问题是无法回答的。人若和万物都无联系，他便是超越了万物；既已超越万物，又怎能问，他是什么样的人呢？

还有些禅师以静默来表示"无"或第一义。例如《传灯录》第五卷记载，慧忠国师（公元775年卒）"与紫璘供奉论议。既升座，供奉曰：'请师立义，某甲破。'师曰：'立义竟。'供奉曰：'是什么义？'曰：'果然不见，非公境界。'便下座。"慧忠立的义是不可说的第一义，因此他便以缄默来立义，这是紫璘供奉无法破的。

由这一点来看，任何佛经也无法和第一义挂钩。因此，建立临济宗的义玄禅师（公元866年卒）曾说："你如欲得如法见解，但莫受人惑。向里向外，逢着便杀。逢佛杀佛，逢祖杀祖，……始得解脱。"（《古尊宿语录》卷四）

第三节 修禅的方法

要识得"无"这个第一义的真谛，就是对"无"的意识，这是"识"。因此，修行的方法也只能是"不修之修"。《古尊宿语录》卷一记载，传说马祖在成为怀让（公元744年卒）禅师的弟子之前，住在湖南衡山。"独处一庵，惟习坐禅，凡有来访者都不顾"。怀让"一日将砖于庵前磨，马祖亦不顾。时既久，乃问曰：'作什么？'师云：'磨作镜。'马祖云：'磨砖岂能成镜？'师云：'磨砖既不成镜，坐禅岂能成佛？'马祖由此而悟，乃拜怀让为师。"

因此，按禅宗的看法，修禅成佛的最好方法便是"不修之修"。这是什么意思呢？它是说由修禅的人照信佛的人通常理解的那样去修行，这其实是"有为"的修行。这种有为的修行也能产生一些功效，但不能持久。黄檗（希运）禅师（公元847年卒）说："设使恒沙劫数，行六度万行，得佛菩提，亦非究竟。何以故？为属因缘造作故。因缘若尽，还归无常。"（《古尊宿语录》卷三）

他又说："诸行尽归无常，势力皆有尽期。犹如箭射于空，力尽还坠。都归生死轮回。如斯修行，不解佛意，虚受辛苦，岂非大错？"（同上）

他还说："若未会无心，著相皆属魔业。……所以菩提等法，本不是有。如来所说，皆是化人。犹如黄叶为金钱，权止小儿啼。……但随缘消旧业，莫更造新殃。"（同上）

因此，最好的修禅便是尽力做眼前当做的事，而无所用心。这正是道家所讲的"无为"和"无心"。这也就是慧远或者也是道生所说"善不受报"义。实行这样的修持，不是为了达到某种目标，无论这个目标多么崇高。修持不是为了任何目的。这样，当人前世积累的业报已经耗尽，就不会再生出新的业，他便能从生死轮回中解脱出来，达到涅槃。

行事为人，无所用心，就是说，一切顺其自然。义玄禅师曾说："道流佛法，无用功处。只是平常无事，屙屎送尿，着衣吃饭，困来即卧。愚人笑我，智乃知焉。"（《古尊宿语录》卷四）许多一心修持的人，不能照这个样子去做，是因为他们对这种做法没有信心。义玄禅师说："如今学者不得，病在甚处？病在不自信处。你若自信不及，便茫茫地徇一切境转，被它万境回换，不得自由。你若歇得念念驰求心，便与祖佛不别。你欲识得祖佛么？只你面前听法的是。"（同上）

这样说来，修行需要对自己有足够的自信心，而抛弃其他一切得失考虑。人需要去做的是以平常心做平常事，如此而已。这是禅师所说的"不修之修"。

由此产生一个问题。如果修行的途径就是如此，那么这样进行修持的人和不从事修持的人还有什么区别呢？如果没有区别，那么不从事修持的人岂不一样达到涅槃吗？果真如此，大家都能从生死轮回中解脱，岂非就不再有生死轮回了？

对这问题的回答是：尽管吃饭穿衣是寻常事，要在做时无求无心，并不是一件容易事。举例来说，人们通常喜欢漂亮衣着，当衣着受到别人称赞时，心底便不禁顾盼生姿、得意起来。这些都是由穿衣引起的滞着。禅师们所着重的是内心修持，而不需要做任何特殊的事情，诸如宗教组织里的仪式祈祷之类。人只要澄心凝思，一无滞着，这时，以平常心做平常事，自然便是修持。在开始时，或许要用一番心，才能做到无心无待，正如人若要想忘记一件事情，开始时需要提醒自己去忘记。到了后来，渐渐可以"做而无所为"，这时，就需要脱去那一层对自己的勉强，正如人最后忘记了他需要忘记。

因此，不修之修乃是一种修持，正如"不知之知"仍是一种知一样。"不知之知"并非人本来的"无知"，修持得来的自然与人天生的自然也是不同的。人本来的无知和自然是一种天赋；而"不知之知"和"不修之修"则是内心修持的结果。

第四节　顿　悟

按佛家的看法，人的修行，不论多久，就其性质说，都只是心灵的准备。要想成佛，必须经历如上章所说的顿悟，这是一种类似跳过悬崖的内心经验。人只有经过这样的内心经验，才可以成佛。

禅师们往往把这种"悟"称作"见道"。南泉禅师普愿（830年卒）曾对弟子说："道不属知不知，知是妄觉，不知是无记。若真达不疑之道，犹如太虚廓然，岂可强是非也！"（《古尊宿语录》卷十三）人悟道也就是与道合而为一。这时，广漠无垠的"道"不再是"无"，而是一种"无差别境界"。

这种境界按禅师的经验乃是"智与理冥，境与神会，如人饮水，冷暖自知"（《古尊宿语录》卷三十二）。"如人饮水，冷暖自知"，最初见于《六祖坛经》，后来的禅师往往援引这两句话，以示人与外部世界的"无差别境界"不是言语所能表达，只有靠人自己经验才能体会。

在这种境界里，人已经抛弃了通常意义的知识，因为这种知识首先就把"人"这个认识主体和"世界"这个认识客体分开了。但正如南泉禅师上述前两句话所示，"不知之知"把禅僧带入一种知识与真理不分、人的心灵与它的对象合为一体的状态，以至认识的主体和认识的客体不再有任何区别。这不是没有知识，它与盲目的无知是全然不同的。这是"不知之知"，是南泉禅师所要表达的意思。

当禅僧处在顿悟前夕时，他特别需要师父的帮助。当学僧要在心灵中跳过那道悬崖时，师父给予的些许帮助，就意味着极大的帮助。在这时候，禅师采用的方法往往是"一声棒喝"。禅宗在文献里记载了许多这样的例子。师父向徒弟提出许多问题后，会突然用棒或竹篦打他几下。如果时间正好，徒弟往往因此而得到顿悟。怎样解释这一点呢？看来，师父打徒弟，正是借这样的行动，把徒弟推入在悬崖上向前一跃的那种心理状态，而这是徒弟在精神上早已等待着的一刻。

为形容"顿悟"，禅师们用一个比喻说："如桶底子脱"。当桶底忽然脱落时，桶里的东西，在刹那间都掉出去了。人在修禅的过程中，到一个时候，心里的种种负担，会像是忽然没有了，各种问题都自行解决了。这不是通常人们理解的解决了思想问题，而是所有原来的问题，都不再成其为问题了。这就是何以称"道"为"不疑之道"的缘故。

第五节　无成之功

人经历"顿悟"之后，并不是由此得到了另一样东西。舒州禅师清远（公元1122年卒）曾说："如今明得了，向前明不得的，在什么处？所以道，向前迷的，便是即今悟的；即今悟的，便是向前迷的。"（《古尊宿语录》卷三十二）这是说，人在"悟"了之后，先前的"迷"岂还在吗？先前的"迷"已被今日的

"悟"所替代。今日的"悟"便是先前的"迷"。在上一章里，我们看到，僧肇和道生指出：真实只是一个现象。禅宗有一句惯用语："山是山，水是水"。当人在迷雾中时，看山是山，看水是水；在人顿悟之后，山还是山，水还是水。

禅师还有另一句常用的话："骑驴觅驴"，它被用来指人想在现象之外找真实，或人想在生死轮回之外找涅槃。舒州禅师说："只有两种病：一是骑驴觅驴，一是骑驴不肯下。你道骑却驴了，更觅驴，可杀，是大病；山僧向你道，不要觅。灵利人当下识得，除却觅驴病，狂心遂息。

"既识得驴了，骑了不肯下，此一病最难医。山僧向你道：不要骑。你便是驴，尽山河大地是个驴，你作么生骑？你若骑，管取病不去。若不骑，十方世界廓落地。此二病一时去，心下无一事，名为道人，复有什么事？"（同上）人在顿悟之后，如还坚持要得到别的什么东西，就如同骑驴觅驴和骑驴不肯下一样。

黄檗禅师说："语默动静，一切声色，尽是佛事。何处觅佛？不可更头上安头，嘴上安嘴。"（《古尊宿语录》卷三）如果达到顿悟，这时候一切都是佛事，处处都见佛陀。据说，有一个禅僧进入庙里，向佛像身上吐痰。庙里人批评他，他说："请告我，何处无菩萨？"（《传灯录》卷二十七）

因此，禅师像寻常人那样生活，做寻常人所做的事情；经过从迷到悟的过程，他已把肉体的性情放下，而进入了禅定的境界。而在此之后，他还要离开禅定的境界，重返世俗人间。这便是禅师所说的"百尺竿头，更进一步"。到了百尺竿头，便是象征着顿悟，"更进一步"是表明到了顿悟，已经到了悟的顶峰，但前面还有事情要做。还要做的无非还是寻常生活中的寻常事情。正如南泉禅师所说，"直向那边会了，却来这里行履。"（《古尊宿语录》卷十二）

圣人虽然仍旧生活在此岸世界之中，但他对彼岸世界的领悟并不是白费了功夫。他所做的事情虽然还和普通人一样，但这些事情对圣人却有不同的意义。百丈禅师怀海（814年卒）曾说："未悟未解时名贪嗔，悟了唤作佛慧。故云：'不异旧时人，异旧时行履处。'"（《古尊宿语录》卷一）此处末句文字可能有误，怀海法师想说的显然是"不异旧时行履处，只异旧时人"。

人和旧时不同了，因为他的所作所为虽然和别人一样，但他对任何事物都没有滞着。这就是禅语常说的："终日吃饭，未曾咬着一粒米；终日着衣，未曾挂着一缕丝"（《古尊宿语录》卷三，卷十六）。

禅僧还有另一句常说的话："担水砍柴，无非妙道。"（《传灯录》卷八）人们或许会问：如果担水砍柴皆是妙道，那么，"事父事君"难道就没有妙道在其中吗？如果从禅宗教义里寻找这个问题的逻辑结论，回答只能是肯定的。但是，禅师们并没有正面回答这个问题。这个问题只有留待新的儒家去回答。这是在下面几章里将要讨论的问题。

第二十三章 更新的儒家：宇宙论者

公元589年，中国在经历几世纪分裂之后，又统一在隋朝（589—617）统治之下。但是不久之后，隋朝又被比它更强大、更加中央集权化的唐朝（618—907）所取代。从文化和政治上看，唐朝是中国漫长历史中的黄金时代，可以与汉代相媲美，甚至在某些方面还超过了汉朝。

公元622年，以儒家经典为主要标准开科取仕的制度，开始建立。公元628年，唐太宗（627—649年在位）下令，太庙中修建孔庙。公元630年又下诏，命硕学大儒审定儒家经典标准文本，然后从当时流行的各种注释文本中选出标准文本，再据以作出官方审定的注疏。经过这样的程序，选出的经书标准文本和注释文本与新编写的注疏，都由皇帝颁布，在太学中讲授。这样，儒家思想再次成为国家确认的官学，通行全国。

但是这时的儒学已经丧失了过去在孟子、荀子、董仲舒时代所拥有的活力，虽然经书文献都照旧存在，注释之类比过去更多，但它们既不能满足时代的需要，也引不起人们的兴趣。在道家思想再起和佛教传入中国之后，人们对形而上学的问题和我称之为"超道德"的价值，在当时人称为"性命之学"，实际是人的本性和命运的问题，感到更大的兴趣。本书前面第四章、第七章和第十五章里都曾指出，在《论语》《孟子》《中庸》尤其是在《易经》里，并不乏对这些问题的探讨。但是，新的时代、新的问题，使人们感到，旧的思想传统已不足以应付时代的挑战，尽管皇帝手下的官方学者已经作了巨大的努力。

第一节 韩愈和李翱

一直到唐中叶以后，韩愈（768—824）和李翱（844卒）才对《大学》和《中庸》作出新的解释来回应时代提出的新问题。韩愈在所著《原道》篇里说："斯吾所谓道也，非向所谓老与佛之道也。尧以是传之舜，舜以是传之禹，禹以是传之汤，汤以是传之文、武、周公，文、武、周公传之孔子，孔子传之孟轲，轲之死，不得其传焉。荀与扬也，择焉而不精，语焉而不详。"（《昌黎先生文集》卷十一）

李翱在《复性书》中也发表了类似的见解说："昔者，圣人以之传于颜子。……子思，仲尼之孙，得其祖之道，述《中庸》四十七篇，以传于孟轲。……呜呼！性命之书虽存，学者莫能明，是故皆入于庄、列、老、释。不知者谓夫子之徒不足以穷性命之道，信之者皆是也。有问于我，我以吾之所知而传焉……而缺绝废弃不扬之道几可以传于时。"（《李文公集》卷二）

关于"道"世代相传的"道统说"，孟子已大略提及（见《孟子·尽心章句下》），到了韩愈和李翱又再次兴起。这显然是由于佛教禅宗提出：它的师承关系来自释迦以教外别传的心法传授弟子，经过列祖，直到弘忍和慧能。后来，程氏兄弟中有一位（参阅本书第二十四章）更明确说，《中庸》或中庸之道"乃孔门别传心法"（朱熹在《中庸章句》前言中引）。后世许多人认为，道统的传承到孟轲而中断。只是李翱显然认为自己对于道统有所了解，并相信自己的教化活动是继承了孟子的统绪。自此以后，经过更新的儒家都接受韩愈的"道统说"，并以继承了道统自诩。他们这样说也并非没有理由，因为在本章后文和以下各章里可以看到：更新了的儒家确实是继承了孔子学派中的理想主义支派，特别是孟子的神秘主义倾向。因此，这些人被称为"道学家"，他们的哲学被称为"道学"，即研究"道"、也就是"真理"的学问。西方曾把宋、明"道学"（亦被称"宋明理学"）这种经过更新的儒学称作"新儒学"。（现在，国内外有些学者则称20世纪的儒学为"新儒学"，这是容易混淆的地方。）

宋代经过更新的儒学有三个思想来源。第一个思想来源当然是儒家本身的思想。第二个思想来源是佛家思想、连同经由禅宗的中介而来的道家思想。在更新的儒学形成的时期，佛教各宗派以禅宗为最盛，以致新的儒家认为，禅宗和佛教是同义词。如前所述，就某种意义说，更新的儒学可以认作是禅宗思想合乎逻辑的发展。更新的儒学还有第三个思想来源便是道教，在其中阴阳学家的宇宙论观点占有重要地位。新的儒家所持的宇宙论观点，主要便是由来于此。

这三种思想成分混杂在一起，有不少地方还互相矛盾。当时的哲学家要把这些思想结合，构成一个统一的思想体系，自然需要相当时间。因此，虽然新的儒家，其思想可以上溯到唐代的韩愈和李翱，但它的思想体系明晰形成则要等到十一世纪的宋朝（960—1279）。唐代经过鼎盛时期之后，自9世纪后期，经过半个多世纪由混乱走向崩溃，于907年灭亡；直到10世纪后半叶，中国才在宋初恢复统一。更新的儒学形成初期，它所关注的主要是宇宙论问题。

第二节　周敦颐的宇宙论

第一个讲宇宙论的哲学家是周敦颐（1017—1073），以他的别号濂溪先生更为人所知。他是道州（在今湖南省）人，晚年居庐山，也就是本书第二十一章述及慧远和道生讲授佛学的地方。早在周敦颐之前，一些道教僧人便已用图像来解说他们秘传的、令人可以长生不老的道术。据说，周敦颐得到了一张这样的图象，他把这张图像改画，用以说明宇宙演进的过程。也可以说，周敦颐从《易大传》的一些段落中得到启发，把其中思想加以发展，而用道教的图录来阐述他的思想。他用以说明自己思想的图像名为"太极图"，他对太极图的说明则被称为《太极图说》，仅读《太极图说》，便足以说明周敦颐的宇宙论思想。

《太极图说》的内容如下：

> 无极而太极，太极动而生阳，动极而静，静而生阴，静极复动。一动一静，互为其根；分阴分阳，两仪立焉。
>
> 阳变阴合，而生水、火、木、金、土；五气顺布，四时行焉。
>
> 五行，一阴阳也；阴阳，一太极也。太极，本无极也。五行之生也，各一其性。
>
> 无极之真，二五之精，妙合而凝。"乾道成男，坤道成女。"二气交感，化生万物。万物生生而变化无穷焉。
>
> 唯人也，得其秀而最灵。形既生矣，神发知矣，五性感动而善恶分，万事出矣。圣人定之以中正仁义而主静（自注：无欲故静），立人极焉。……
>
> （《周濂溪集》卷一）

"易传"的《系辞上》说："易有太极，是生两仪。"周敦颐的《太极图说》便是这个思想的发展。它的文字虽然简短，却已经为后来朱熹（1130—1200）的宇宙论提供了基本的轮廓。在更新的儒学大师中，朱熹是最重要的一位，在后面第二十五章里，将对他进一步加以讨论。

第三节　精神修养的方法

佛教的最终目的是引人成佛，这是当时人们最关切的一个问题。更新的儒学也有一个最终目的，便是引人成圣。成佛和成圣的区别在于：佛所提倡的修行是在社会之外，而修养成圣则需要在人海之中。与印度佛教相比较，中国佛教最重要的发展便是把原始佛教的出世性质大大减少。禅宗主张"担水砍柴，无非妙道"，正说明这种努力已接近于成功。可是，正如我在上一章末尾所指出的，禅师们并未把他们的思想推到逻辑的极致，而宣告"事父事君，亦是妙道"；其原因是，如果走到这一步，他们的教化便不再是佛教了。

对新的儒家来说，如何成圣同样是他们的一个主要问题。周敦颐对这个问题的回答是"主静"，"主静"的含义就是"无欲"。继《太极图说》之后，周敦颐的第二篇重要著作是《通书》（内容是"《易经》原理"）。在其中，周敦颐解释"无欲"，和道家所讲的"无为"，以及禅宗对"无心"的解释是差不多的。他不用"无为""无心"的提法，而用"无欲"的提法，正表明他力求区别于佛教的出世性质，因为"无欲"的内涵比较明确，不像"无心"那样无所不包。

在《通书》中，周敦颐写道："无欲则静虚动直。静虚则明，明则通（通达、贯通，"易传"《系辞上》：'一阖一辟谓之变，往来不穷谓之通。'）。动直则公，公则溥（音朴，义广大）。明通公溥，庶矣乎！"（《周濂溪集》卷五）

新的儒家所用的"欲"字，往往指自私的欲望，或直指自私，有时前面冠以"私"字，使意思更加明确。周敦颐这段话的意思可以用新的儒家常常援引的《孟子·公孙丑章句上》一段话来说明，这段话是："今人乍见孺子将入于井，皆有怵惕恻隐之心。非所以内交于孺子之父母也，非所以要誉于乡党朋友也，非恶其声而然也。"

照新的儒家的解释，孟子在这里所说的是任何人处在这种情况下的自然反应。人的本性基本上是善的。因此，就人的内心状态来说，他的脑子里本来没有自私的欲望。用周敦颐的话来说，就是"静虚"。从"静虚"状态出发，人处于上述状况下，他的自然冲动便是要立刻抢救这个孩子。这种直觉的行动便是周敦颐所说的"动直"。但是，如果人不是凭自己的本能冲动去行事，而是停下来左右思量，他也许会想，这个孩子的父亲是我的仇人，所以不必理睬这事；或者想，这是我的朋友的孩子，所以我一定要去搭救。无论出于哪一种考虑，他是受自私的再思考所驱使。这样，他便失去了原来的"静虚之心"，也不会有"动直之心"。

照新的儒家的说法，如果人没有私欲，他的内心便如同一面明镜，能够时刻反照镜前的事物。这时，镜子的明亮就如同人内心的清明，时刻准备反照心里洞察的眼前局面。当人心里没有自私的欲望时，它对外界刺激的自然反应是直截了当的，就是所谓"动直"。人在"动直"时，内心是正而又直的，由于大公无私，因此，不会畸轻畸重，厚此薄彼。这便是人天生的"公"性，就是所谓"溥"。

第二十三章　更新的儒家：宇宙论者

177

这便是周敦颐提出的成圣之方,它接近禅僧所倡导的"率性而活,率性而行"。

第四节 邵雍的宇宙论

在这里还应提到另一位讲宇宙论的哲学家邵雍(1011—1077),号康节先生,出生河南。他也从《易经》发展出宇宙论,并且也用图解来说明他的原理。

在本书第十八章里,我们看到汉朝出现一批纬书,假托是六经注疏。在《易纬》里,提出"卦气说",主张六十四卦中每一卦,都影响每年的一段时候。按照"卦气说",一年十二个月,每个月都处于几个卦象的统治之下,其中有一卦是当月的"主卦",因此,全年有十二"主卦",它们是:复䷗,临䷒,泰䷊,大壮䷡,夬䷪,乾䷀,姤䷫,遁䷠,否䷋,观䷓,剥䷖,坤䷁。它们之所以重要是因为从中反映了一年里阴阳二气的消长。

在前面第十二章里曾经讲过,在卦象中,直线贯底代表阳,与热相联;直线中断代表阴,与寒冷相联。在复卦䷗中,一爻为阳,随后五爻都是阴,表明寒气已到极盛,阴极而阳生,这是中国阴历十一月的主卦,冬至就在此月。再看乾卦六爻都是阳䷀,阳极而阴生,是阴历四月的主卦。继它之后的姤卦䷫,一爻为阴,以上五爻为阳,表明夏至以后阴气再来,这是阴历五月的主卦。再看坤卦䷁,六爻都是阴,表明阴气盛极,下个月就冬至而阳生。其他各卦则是表示阴阳消长的中间阶段。

这十二卦合在一起,表明阴阳消长,周而复始。阴极则阳生,此后阳气逐月上升,以至于极;这时,阴气再现,继以阴气逐月上升。阴气升到极点,阳气再现。于是,新的阴阳消长的循环又再开始,这是自然界不可避免的往复进程。

这里需要注意的一点是,邵雍的宇宙论使得十二个主卦象的理论更加清楚了。邵雍也如同周敦颐那样,从"易传"的《系辞上》的一段话开始,这段话说:"易有太极,是生两仪,两仪生四象,四象生八卦,八卦定吉凶,吉凶生大业。"为阐明这个过程,邵雍画出下图:

太柔	太刚	少柔	少刚	少阴	少阳	太阴	太阳
	柔		刚		阴		阳
		静				动	

这个图的最下面第一层是两仪,在邵雍的体系中,它们不是阴阳,而是动

静。上到第二层与第一层相联而得四象。如果把第二层的"阳"和第一层的"动"结合，乃是两根横贯到底的直线，象征"阳"。这就是说，在邵雍看来，四象中，"阳"不是以一根直线来代表，而是以两根直线来代表。依同例，如果把第二层的"阴"和第一层的"动"结合，所得到的是四象中的"阴"，它的符号不是一根中断的线▬▬，而是两根线☷。

依同例，把第三层和第一二层连结起来看，也构成八卦。例中，把太阳下的乾爻与第二层的"阳"和第一层的"动"联起来，便构成乾卦☰。如果把第三层的"太阴"与第二层的"阳"和第一层的"动"连结起来，便得到兑卦☱。把第三层的"少阳"与第二层的"阴"和第一层的"动"连结起来，这就是离卦☲。按同样的方法可以得到全部八卦，其顺序是：乾☰，兑☱，离☲，震☳，巽☴，坎☵，艮☶，坤☷。八个卦象各代表一定的原则和影响力。

这些原则便具体化为天地和宇宙万物。邵雍说："天生于动者也，地生于静者也，一动一静交而天地之道尽之矣；动之始则阳生焉，动之极则阴生焉，一阴一阳交而天之用尽之矣；静之始则柔生焉，静之极则刚生焉，一刚一柔交而地之用尽之矣。"（《皇极经世·观物内篇》）邵雍所用的"刚"和"柔"，也像他用的其他术语一样，是来自"易传"，其上是这样说的："立天之道，曰阴与阳；立地之道，曰柔与刚；立人之道，曰仁与义。"（《说卦传》）

邵雍继续写道："太阳为日，太阴为月；少阳为星，少阴为辰，日月星辰交而天之体尽之矣。……太柔为水，太刚为火；少柔为土，少刚为石，水火土石交而地之体尽之矣。"（《皇极经世·观物内篇》）

这是邵雍关于宇宙来源的理论，完全是从他的图中演化出来的。在他的图里，并没有把太极画出来，但是看的人可以领会到，太极是在第一层以下的空白之中。对此，邵雍写道："太极一也，不动；生二，二则神也。神生数，数生象，象生器。"（《皇极经世·观物外篇》）这些数和象都在图中表现出来。

第五节 事物演化的规律

在上图的基础上，再加上第四、第五、第六层，还是采用上述的连结办法，就可以从最初的八卦互相连结中演化出全部六十四卦。如果把包括六十四卦的图切为两半，每半弯成半圆；再把两个半圆合在一起，就构成邵雍的另一幅圆图，名为《六十四卦圆图方位图》。

如果我们考察这个圆图（为简化起见，把六十四卦象简化为十二主卦象），就会看到这十二个主卦象的顺序如下（处在中心，按顺时针方向看）：

这个顺序可用所谓"加一倍法"自动显现出来。因为在圆图里，每一层符号的数目比在它之下的一层，数目要多一倍。因此，最上层、即第六层的符号数目刚好是六十四，六层就组成六十四卦。这个简单的级数既十分自然，又显得十分奥秘。在更新的儒家中间，绝大多数都认为这是邵雍的一大发现，从中可以找到万物演化的普遍规律和揭示宇宙奥秘的钥匙。

这个规律不仅能够说明一年四季的变化，还能够说明一天十二时辰的昼夜交替。按照邵雍和其他新的儒家的理论，阴可以解释为仅是阳的否定。因此，如果阳是宇宙中的积极建设性力量，阴便是宇宙中的消极破坏性力量。从这样的角度来看阴阳原理，圆图显示的演化规律便可用以说明宇宙万物的生灭过程。这样来看复卦☷☳，它的第一爻表明生的开端，到乾卦☰，表明生的完成，然后，姤卦☴，表明处于灭的开始；到坤卦☷，表明灭的完成。这个圆图形象地表明了"一切事物都包含有对它自身的否定"这样一个普遍定律。这是老子和"易传"都强调的一个原理。

整个世界也逃不脱这个普遍法则。邵雍由此认为，复卦的初爻表明世界的出现；演进到泰卦，表明个体事物在世界上出现；发展到乾卦，人类文明到达了顶峰。此后则是不断地没落，到剥卦，表明一切个体事物的分崩离析；到坤卦，表明世界不复存在。在此之后，另一个世界，如同复卦的初爻那样开始出现，世界的生灭过程又再重演一遍。世界由生到灭的过程所经历的时间是十二万九千六百年。

在邵雍的主要著作《皇极经世》中有我们这个世界的详细年表。按照这个年表，现存世界的黄金时代——尧的时代——已经过去。在人们的憧憬里，尧是柏拉图描绘的哲学家—国王，他生活于公元前24世纪。至于现今的世界，相当于剥卦，这是万物没落的开始。在第十四章里我们曾谈到，中国的许多哲学家都持有一种历史退化论思想，认为理想世界在过去，现实世界里样样不如过去。邵雍的理论正好为这种历史退化思想提供了形而上学的根据。

认为一切事物都包含有对它自身的否定，这个看法很有点黑格尔的味道。但是按照黑格尔的理论，当一个事物被否定时，另一个新生的事物在更高的层面上开始了。按照老子和"易传"的思想，当一个事物被否定时，另一个事物又重复过去的旧事物。这是农业社会的思想，在本书第二章里，已经对它谈过了。

第六节 张载的宇宙论

这一章里要提到的第三位宇宙论哲学家是陕西的张载（1020—1077），别号横渠先生。他同样是从"易传"里发展出宇宙论，但所持的却是另一种观点。他特别强调"气"，这个"气"的观念在后来的新的儒家们的宇宙论和形而上学思想里，越来越居于重要的地位。"气"的字义本来是指和固体、液体相对应的一种物质状态，而新的儒学家们，由于各自的理论体系不同，使用这个字时，有时比此更抽象，有时又比此更具体。在用以表示更抽象的含义时，它的含义接近于柏拉图和亚里士多德哲学中的"质料"（Matter），柏拉图用以和他所说的"理念"（Idea）相区别；亚里士多德则用以和他所说的"形式"（Form）相区别。在这个意义上，"气"是一种原始混沌的质料，各种个体的事物都是由它而出。当"气"被用以表达更具体的含义时，它所指的是构成个体事物的物质性质料。张载使用"气"这个概念，便是就它的具体含义来说的。

张载也像上述的前人一样，以"易传"的《系辞上》中一段话作为他的宇宙论的根据，这段话是："易有太极，是生两仪（"两仪"即阴阳）"。但是，他认为，太极就是"气"。在他的主要著作《正蒙》开头，张载写道："太和所谓道（指太极），中涵浮沉、升降、动静相感之性，是生氤氲、相荡、胜负、屈伸之始。"（《正蒙太和篇》，《张子全书》卷二）道是指宇宙这个无始无终、不息不休的流行过程。这个过程，照张载说，就是"气"。"气"是动的，意味矛盾和矛盾的统一，就是"太和"；因此，"太和"是"气"的全体之名。张载又用"游气"来称"气"，以表明"气"内部阴阳两端循环不已，其中的"浮""升""动"是阳性的；"沉""降""静"是阴性的。气受到阳性的影响时，便浮、升、动；受到阴性的影响时，便沉、降、静。因此，气不断或聚或散，气聚的时候，便从中生成具体的个别事物；气散的时候，这些事物便分崩离析而朽坏。

在《正蒙太和篇》中，张载写道："气聚，则离明得施而有形；不聚，则离明不得施而无形。方其聚也，安得不谓之客；方其散也，安得遽谓之无?！"（同上）张载正是这样，力拒道家和佛家以有为"无"的思想。他说："知太虚即气，即无无。"（"太虚"是指"气"的本体，是宇宙结构，"太和"是指宇宙的精神面貌。）太虚不是绝对真空，它只是宇宙处于气散的状况，而人凭肉眼看不见而已。

《正蒙》中有一篇《西铭》，特别著名，因为这是张载贴在书斋西墙的一篇座右铭。在《西铭》里，张载认为，宇宙万物都来自同一个"气"，因此，世人和万物都是一体；人应当服侍乾坤（张载所说的"乾坤"，含义就是"天地"）就如同服侍父母一样，应当看待世人就如同自己的兄弟一样。人对父母应当尽孝道；对宇宙这个扩大的父母，同样应当尽孝道。在观念上扩大，但并不需要为此做什么额外、特殊的事情，人为社会大众所做的事情（也就是"立德"），都同时是为宇宙父母所做的事情。例如，当一个人出自对别人的同胞之心而爱人，这时他所做的就是服务社会、尽一己对社会的义务。而如果一个人爱别人，不仅因为别人是社会同胞，还因为都是宇宙父母的儿女，这时，人所做的就不仅是服务社会，而是服侍宇宙父母了。《西铭》末尾说：只要活着，我就追随、服侍宇宙父母，到死亡来临，我就安息。

后来的新儒家对张载的《西铭》都十分赞赏，因为它把儒家对人生的态度和佛教、道家对人生的态度区分开来。张载在《正蒙太和篇》中还写道："太虚不能无气，气不能不聚而为万物，万物不能不散而为太虚。循是出入，是皆不得已而然也。"（《张子全书》卷二）圣人就是对万事万物的过程充分理解的人。因此，他不像佛教徒那样，自外于万事万物的流程，企图借此打断因果锁链，结束生命的自然流程。他也不像道教徒那样，企图以"养生"来延长生命，久留于人世。圣人既洞察宇宙的动的本性，因此，知道"生无所得"，"死无所丧"（《正蒙诚明篇》，《张子全书》卷三）；因此，安然地过一个寻常人的生活，"存，吾顺事；没，吾宁也。"（活着，便尽一个社会成员、一个宇宙成员应尽的责任；死亡来临，便安息了。）

圣人所做的，无非是每个人应该做的事。但是因为他理解宇宙万事万物的流程，因此他所做的具有一种新的意义。新的儒家对先秦儒家所重视的"立德"，又赋予它一层新的、超越道德的价值。这些新的儒家都具有禅僧所说的"妙道"。就这一点说，这种更新的儒学实际上成为禅学的进一步发展。

第二十四章　更新的儒家：两个学派的开端

进入北宋到公元11世纪下半叶，新的儒家分成两个不同的学派，分别以周敦颐的两个学生，程颢、程颐两兄弟为创始人，他们被称为"二程"。这真是一种历史的可喜巧合。弟弟程颐（1033—1108年）创立了自己的学派，由朱熹（1130—1200）集大成，史称"程朱学派"或"理学"。哥哥程颢（1032—1085）创立了另一个学派，由陆象山（1139—1193）和王守仁（号阳明，1472—1528）完成，史称"陆王学派"或"心学"。程氏兄弟并未意识到他们创立的两个不同学派具有何等重要的意义，但是由朱熹和陆象山开始的学术争论，直到今天也仍然在进行着。

在以下各章里，我们将会看到，这两个学派所争论的主要问题乃是哲学的根本问题。用西方哲学的语言来说，他们所争论的问题是：自然中的规律，是否人头脑中的臆造，或宇宙的心的创作？这是柏拉图学派的实在论和康德学派的观念论历来争论的中心问题，可以说，也是形而上学的中心问题。这个问题如果解决了，剩下的争论就不多了。在这一章里，我不准备对这个问题进行详尽的讨论，只是指出中国哲学史上对它进行探讨的开端。

第一节　程颢对"仁"的认识

程氏兄弟是河南人。年长的程颢，号明道，世称"明道先生"；他的兄弟程颐，号伊川，世称"伊川先生"。他们的父亲和周敦颐是朋友，和张载是表兄弟。因此，程氏兄弟在年轻时曾受到周敦颐的教诲，后来又常和张载进行学术探讨。还有，他们和邵雍住处相隔不远，可以经常相聚。这五位哲学家之间的密切往还，成为中国哲学史上的一段美谈。

程颢十分称许张载的《西铭》，因为它所揭示的"万物一体"这个主题也是程颢哲学的中心。程颢认为，人达到视自己与万物一体正是"仁"的主要特征。

他说："学者须先识仁。仁者浑然与物同体，义礼知信皆仁也。识得此理，以诚敬存之而已，不须防检，不须穷索。……此道与物无对，大不足以名之，天地之用，皆我之用。孟子曰：万物皆备于我，须反身而诚，乃为大乐。若反身未诚，则犹是二物，有对，以己合彼，终未有之，又安得乐？《订顽》（即《西铭》。——引者注）意思乃备言此体，以此意存之，更有何事？'必有事焉而勿正，心勿忘，勿助长。'未尝致纤毫之力，此其存之之道。"（《河南程氏遗书》卷二上）

在本书第七章里，我曾就程颢所引孟子说的一段话加以讨论。人应当有所为（"必有事焉"），但不要"揠苗助长"。这是孟子养其浩然之气的方法。新的儒家十分推崇这段话。程颢更认为，做人的第一要务就是要懂得万物一体的道理；然后，牢记这一点，并且真诚用心去做，这就够了。人若日积月累地这样下功夫，就会真正感觉到自己和万物融为一体。程颢所讲的"真诚用心去做"，是提醒人要下功夫，但又不是矫揉造作。这便是程颢所说的"心勿忘，勿助长。未尝致纤毫之力，此其存之之道"。

程颢和孟子的区别在于：程颢对"仁"的诠释带有更多形而上学的意味。"易传"《系辞下》有这样一句话："天地之大德曰生"。这里的"生"字，可以理解为"产生"，也可以理解为"赋予生命"。在本书第十五章里，我把"生"解释为"产生"，因为那样解释和"易传"的全部思想可以更加和谐。但是在程颢和其他新的儒家的思想里，"生"的含义主要是"生命"或"赋予生命"。他们认为，万物本性天然是向着生命，这便是天地之仁。

在中国传统医学里，把人身体麻痹称为"不仁"。程颢说："医书言手足痿痹为'不仁'，此言最善名状。仁者以天地万物为一体，莫非己也。认得为己，何所不至？若不有诸己，自不与己相干，如手足不仁，气已不贯，皆不属己。"（《遗书》卷二上）

因此，在程颢看来，万物之间有一种形而上的内在联系。孟子所称的"恻隐之心""不忍人之心"，正是表现出人和万物之间的这种内在联系。然而，人们的"不忍人之心"往往被私心或欲望（或称"私欲"）所蔽，使人丢失了原有的与万物一体的意识。人所需要的是记起自己与万物原是一体，真诚用心地照着去做。这将使人逐渐恢复与万物一体的意识。这便是程颢的哲学主张。后来陆象山和王守仁又把这思想更细致地予以发挥。

第二节 程朱的"理"的观念的来源

在前面第八章里，我们看到，早在先秦时，公孙龙已经明确区别共相和事物本身，指出它们不是一回事。他提出，即便世上没有任何白的东西，白的共相仍然存在着。公孙龙似乎看到了柏拉图所分辨的"两个世界"——永恒的世界和在时间流程中的世界、可认知的世界和可见的世界。但是，后来的中国哲学家没有对这个思想继续发挥，名家在中国哲学中也不占主要地位。结果是这种思想朝另一个方向发展。直到一千多年之后，中国哲学家才又再次注意到永恒观念这个问题。再次提出这问题的两位哲学家便是程颐和朱熹。

程颐和朱熹的哲学并不是先秦名家的继续。他们对公孙龙和新道家所讨论的"名理"并未在意，本书第十九章里已经讨论了这个问题。他们的"理"的观念直接来自"易传"。在本书第十五章里，我曾经指出，道家所讲的"道"和"易传"所讲的"道"有所不同。道家所讲的"道"是宇宙万物所由出的"太一"；"易传"所讲的"道"则是宇宙万物中每一类事物内含的原理。程颐和朱熹正是从"易传"所讲的"道"，发展出他们所讲的"理"。

程颐和朱熹所受的直接启发可能是来自张载和邵雍。在上一章里，我们看到张载用"气"的聚散来解释万物的生成和消灭。张载的这个理论有一个缺陷，就是无法解释万物为什么分成不同的门类，即便我们接受花和叶都是由"气"聚而生，还是无法解释为什么有的成为花，而有的成为叶。程颐和朱熹的"理"的观念便是针对这一点而提出的。他们认为，我们所见的宇宙，不仅是"气"聚而生，还因为其中有它各自的"理"；万物各从其类，因为"气"的聚结，各依不同的"理"。花之所以成为花，是因为它的"气"按照花的"理"而聚结，于是便生成为花；叶所以成为叶，是因为它的"气"是按照叶的"理"聚结，因此便生成为叶了。

邵雍的图解也推进了"理"的概念的形成。按照邵雍的说法，他的图解正是为了说明事物演化的规律。这个事物演化的规律不仅早在有图解之前便已存在，并且在各类事物出现之前，便已经存在了。邵雍认为，在六十四卦产生以前，《易经》的思想早已存在了。程氏兄弟中有一位引邵雍诗说："尧夫诗：'……须信画前原有易，自从删后更无诗。'……此意古原无人道来。"(《遗书》卷二上) 这个理论和新实在论者的理论相同，后者认为，在数学诞生之前，已经有了数学的全部道理。

第三节 程颐的"理"的观念

如果把张载和邵雍的哲学结合起来，就相当于希腊哲学家们所讲的事物形式和质料的区别。程颐和朱熹对这个区别说得非常清楚。他们——也如同柏拉图和亚里士多德一样——认为世上的事物，其所以能存在，必须有一个"理"，而且居于某个"物"之中。如果有一物，就必有一理。但如有一理，可能有，也可能没有与它相应的物。这个道理，程朱称之为"理"；与"理"相应的"质料"，程朱称之为"气"。如果把朱熹的理论体系和张载的理论体系相较，则朱熹所讲的"气"，比张载所讲的"气"要抽象得多。

程颐还区别"形而上"和"形而下"。这两个概念的来源也是出自"易传"，《系辞上》说："形而上者谓之道，形而下者谓之器"。在程朱的思想体系中，这个区别相当于西方哲学中的"抽象"与"具体"。"理"乃是"道"，是"形而上"，或如西方哲学所说的"抽象"。至于"器"，程颐和朱熹用以指个别事物，或如西方哲学所说，是"具体"的。

按程颐的说法，"理"是外在的，人对"理"，既不能增一分，也不能减一分。他说："这上头更怎生说得存亡加减。是它元无少欠，百理具备。"（《遗书》卷二上）又说："百理俱在，平铺放着。几时道尧尽君道，添得些君道多；舜尽子道，添得些子道多。元来依旧。"（同上）程颐还描绘形而上世界是"冲漠无朕，万象森然"（同上）。意思是说，在形而上世界里，虚无一物，却又万物具陈。虚无一物，因为其中没有具体事物；万物俱陈，因为万物的"理"都在其中。"理"是客观存在着的，无论现实世界中有没有它的具体实例，也不在于人是否知道它们。

程颐的精神修养方法见于他所说的一段名言："涵养须用敬，进学则在致知。"（《遗书》卷十八）在中文里，"敬"的意思是严肃、真诚、心不分散。上文已经提到，程颢也说，学者必须首先认识万物本是一体，"识得此理，以诚敬存之"。此后新的儒家都十分看重一个"敬"字，以此作为精神修养的关键。周敦颐强调的是"静"，程朱强调的是"敬"；以"敬"字取代"静"字，正表明更新的儒学在精神修养方法上和禅学的进一步分道扬镳。

在第二十二章里曾经指出，新的儒家强调修养须下功夫。虽说人的最终目标是无所用心，但为达到无所用心，还是要用很大气力的。对这一点，禅师们不大提及，周敦颐主"静"，也不着重讲修养须用的功夫。程朱强调一个"敬"字，就把修养须用功夫这一点凸显出来了。

修养须要"敬",那么,"敬"什么呢?这是更新的儒学两派之间争论的一个问题。在下面的两章里,还会回到这个问题上来。

第四节 陶冶感情的方法

在第二十章里,我说到王弼的理论,认为圣人"有情而无累"。《庄子》也说:"至人之用心若镜,不将不迎,应而不藏,故能胜物而不伤。"(《应帝王》)这是说,一个接近于完美的人,心如明镜,不为物所移,对外物无求无待;物来而对应,但不存之于心。因此,接近完美的人能在对应中战胜外物,而不为外物所伤累。王弼的看法,似乎是从庄子的思想中引申出来的。

新的儒家所讲陶冶感情的方法和王弼的主张是一脉相承的。它的要旨是把感情和私己分开。程颢在《答横渠先生定性书》(论"定性",实际是"定心",即孟子所说"不动心")中说:"夫天地之常,以其心普万物而无心;圣人之常,以其情顺万物而无情。故君子之学,莫若廓然而大公,物来而顺应。……人之情各有所蔽,故不能适道,大率患在于自私而用智。自私则不能以有为为应迹,用智则不能以明觉为自然。……圣人之喜,以物之当喜;圣人之怒,以物之当怒。是圣人之喜怒,不系于心,而系于物也。"(《明道文集》卷三)

在答张载的这封信里,程颢讲,圣人有喜有怒,情顺万物;有情无私,廓然大公;对应自然,一无智巧。这和周敦颐所说的"静虚动直"是一个意思。前面第二十三章论到周敦颐时,从《孟子·公孙丑章句上》中所引"见孺子将落井"时人的自然心情,这个例证为程颢在这里所说,圣人喜怒,不系于心,而系于物,也一样适用。

按照程颢的看法,圣人也有快乐,有愤怒。但由于圣人心怀天下、客观公正,因此圣人的各种感情乃是宇宙中客观的现象,并不特别与个人连结在一起。圣人的快乐和愤怒是因为外界的事物值得引起快乐或愤怒,于是在圣人心里引起相应的感情。又由于圣人的心如同明镜一样反照外界事物,当外物移去时,它引起的感情反应也就消逝。因此,圣人虽有感情,却不会陷入感情的网罗。让我们再回到前面援引过的"见孺子将落井"的故事,如果一个人处于这样的时刻,他的自然反应就是冲过去抢救孩子。如果救回了孩子,他自然感到高兴;如果孩子已抢救不及,他自然是哀伤。但由于他的行动不是出于私己,事过以后,感情又会趋于平静,因此,不会陷入感情的网罗。

新的儒家常用的另一个例子是颜回的故事。《论语·雍也》章记载，孔子称许颜回"不迁怒"。通常人们在发怒的时候，往往会把怒气转移发泄在与他发怒这件事无关的人或物件上头，这便是"迁怒"。新的儒家对孔子的这句话十分认真，认为在颜回这个完美仅次于孔子的人身上，"不迁怒"是他的一个极重要的品质。对此，程颐评论说："须是理会得因何不迁怒。……譬如明镜，好物来时，便见是好；恶物来时，便见是恶。镜何尝有好恶也？世之人固有怒于室而色于市。……若圣人因物而未尝有怒。……君子役物，小人役于物。"（《遗书》卷十八）

因此，在新的儒家看来，颜回不迁怒是因为他的感情并不和私己连结在一起。一事来临，可能在他心里引起某些感情，但这种感情都是由于外物与自我无关，因此，在转向其他的人或事物时，无怒可迁。人心里对外界的反应包括了感情上的反应，但却不应让自己成为感情的掳物。颜回以"不改其乐"被孔子称许，新的儒家对这种"乐"也推崇备至。

第五节　寻孔颜乐处

在第二十章里，我曾说，新的儒家试图从名教（道德、礼制）中寻求快乐，这是指生命的快乐，而不是指寻求一点生活的乐趣。寻求快乐，对新的儒家来说是一件大事。例如，程颢说："昔受学于周茂叔（即周敦颐——引者注），每令寻仲尼、颜子乐处，所乐何事。"（《遗书》卷二上）在《论语》里，有很多段落记载孔子和弟子们的"乐"。新的儒家经常援引的有如：

　　子曰：饭疏食饮水，曲肱而枕之，乐亦在其中矣。不义而富且贵，于我如浮云。（《论语·述而》）

　　子曰：贤哉，回也！一箪食，一瓢饮，在陋巷，人不堪其忧，回也不改其乐。贤哉，回也！（《论语·雍也》）

《论语·先进》里还记载，有一次，孔子和四个弟子在一起谈话，孔子让弟子们各抒其志。一个说，希望成为一国的军事统帅。另一个说，希望在一个小国负责经济发展，三年经济起飞。还有一个，希望充当国家典礼局长。问到第四个弟子曾点，他一直自己弹琴，没有在意别人谈什么。孔子问到他时，他回答说："'暮春者，春服既成，冠者五六人，童子六七人，浴乎沂，风乎舞雩（音雨，古代祭天祈雨的羽舞），咏而归。'夫子喟然叹曰：'吾与点也！'"

对上述第一段，程颐分析说，吃糙米，饮凉水，并不给人什么乐趣，这两章的意思是说，尽管生活如此清苦，孔子仍然不改其乐。对第二段，程颐解释说："箪、瓢、陋巷，非可乐也，盖自有其乐耳。'其'字当玩味，自有深意。"（《遗书》卷十二）程颐这样分析是对的；但孔、颜究竟乐在何处？问题还没有得到解答。

曾有一位鲜于侁（音伸）问程颐说："'颜子何以能不改其乐？'正叔（程颐别号）曰：'颜子所乐者何事？'侁曰：'乐道而已。'伊川曰：'使颜子而乐道，不为颜子矣。'"（《二程遗书·外书》）程颐的这个回答很像禅师们的回答，这是朱熹编纂《二程遗书》时，不把这段收入正文，而把它列入《外书》的缘故。但是，这段话确有一定的道理。圣人的快乐是他内心状况的自然反照，即周敦颐所说的"静虚动直"，也可以用程颢所说"廓然而大公，物来而顺应"来描述。圣人如果停留于"乐道"，则他和道、主观和客观还是分离的；圣人以己为乐，是因为他已经和道合为一体，乐的主体和乐的客体已经结合，圣人所乐的正是存在的这种状态。

新的儒家的这种看法也反映于对上面第三段《论语·先进》引文的解释。朱熹对这段话解释说："曾点之学，盖有以见夫人欲尽处，天理流行，随处充满，无少欠阙。故其动静之际，从容如此。而其言志，则又不过即其所居之位，乐其日用之常。初无舍己为人之意。而其胸次悠然，直与天地万物上下同流，各得其所之妙，隐然自见于言外。视三子之规规于事为之末者，其气象不侔矣。故夫子叹息而深许之。"（《论语集注》卷六）

在第二十章里我曾谈到，风流的主要特性在于心超脱于万物的畛别之上，率性而行，自事其心，不求取悦于人。在朱熹看来，曾点正是这样的一个人。他快乐，因为他实践了风流的真精神。从朱熹的这番话里，我们也能体会到新的儒家有一种浪漫主义的气息。前面我曾说过，新的儒家从名教中寻求快乐；同时，还要看到，新的儒家并不把名教和自然对立起来，而是把名教看作自然的发展。在新的儒家看来，这乃是孔孟思想的真谛。

新的儒家是否成功地实践了他们自己的思想主张呢？是的，他们确实这样实践，并且获得了成功。下面的两首诗，第一首的作者是邵雍，第二首的作者是程颢。从诗中可以看出，邵雍是一个快乐的人。程颢称他为"风流人豪"。他把自己的住所命名为"安乐窝"，自号"安乐先生"；下面这首诗的题目是《安乐吟》：

安乐先生，不显姓氏。
垂三十年，居洛之涘。
风月情怀，江湖性气。
色斯其举，翔而后至。

> 无贱无贫，无富无贵。
> 无将无迎，无拘无束。
> 窘未尝忧，饮不至醉。
> 收天下春，归之肝肺。
> 盆池资吟，瓮牖荐睡。
> 小车赏心，大笔快志。
> 或戴接䍦，或著半臂。
> 或坐林间，或行水际。
> 乐见善人，乐闻善事。
> 乐道善言，乐行善意。
> 闻人之恶，若负芒刺。
> 闻人之善，如佩兰蕙。
> 不佞禅伯，不谀方士。
> 不出户庭，直际天地。
> 三军莫凌，万钟莫致。
> 为快活人，六十五岁。

(《伊川击壤集》卷十四)

程颢的诗，题为《秋日偶成》：

> 闲来无事不从容，睡觉东窗日已红。
> 万物静观皆自得，四时佳兴与人同。
> 道通天地有形外，思入风云变态中。
> 富贵不淫贫贱乐，男儿到此是豪雄。

(《明道文集》卷一)

达到这种精神境界的人堪称是英雄，因为他们是不可征服的。但他们不是通常的所谓"英雄"，而是"风流人豪"。

也有些新的儒家批评邵雍过分夸张了自己的快乐；但对于程颢，则没有这样的批评。我们总算找到了中国式浪漫主义（风流）和古典主义（名教）结合的最美好的实例。

第二十五章　更新的儒学：主张柏拉图式理念的理学

程颐逝世（1108 年）相隔仅 22 年，朱熹出生于今福建。在这 22 年里，中国政局发生了巨大的变化，宋朝虽然孕育了灿烂的文化，但在军事实力上，远远不及汉朝和唐朝，因此，经常处于北方和西北方少数民族的军事威胁之下。公元 1127 年，北宋京城开封为来自中国东北的女真族金国（属通古斯系统）所攻陷，宋朝被迫迁都到长江以南的杭州。以这场灾难为标志，宋朝分为北宋（960—1127）和南宋（1127—1279）两个阶段。

第一节　朱熹在中国历史上的地位

朱熹在中国学术史上，常被称为朱子。他不仅学问渊博、深思明辨，而且留下了大量著作，仅语录就有 140 卷之多。程颐开创的理学到朱熹而完成。这个哲学体系的领袖地位虽然曾遭到陆王"心学"和清朝一些学者的挑战，但直到 19 世纪末、20 世纪初，西方学术传入中国之前，程朱的理学始终是中国最有影响的哲学学派。

在第十七章里，我说到中国历代朝廷用科举制度来树立官方意识形态的优势地位。参加科举考试的读书人必须按照官方审定的儒家经书及其注释、注疏，撰写文章为巩固该朝统治献策。在第二十三章里，我还提到，唐太宗亲自审定儒家经书的"正义"（正确含义）。到了宋朝，以推行改革著名的政治家王安石亲自为一些儒家经书制定"新义"。公元 1075 年，宋神宗诏令，以王安石制定的经书"新义"为朝廷认可的"正义"。但是这项诏令不久便撤回，因为反对王安石的一派官僚取代王安石派而掌权，王安石所制定的一切便都被否定了。

新的儒家认为《论语》《孟子》《大学》和《中庸》是儒家最重要的经书，这四部书被称为"四书"。朱熹作《四书集注》，认为这是他的最重要著作。据说他直到临去世前一天还在修改这部注疏。他还写了《周易本义》和《诗集传》。公元1279年，元朝取代宋朝统治中国。公元1313年，元仁宗发布诏令，以"四书"为开科取士的标准，并以朱熹所作《四书集注》为解释"四书"的依据。凡指望中举的读书人都必须熟读朱熹的经书注疏，不能离开朱熹的集注，另行解释"四书"。明、清两朝沿袭元制，直到1905年，清朝政府废科举，办学校，才废除了这套做法。

在第十八章里，我曾指出，儒家思想在汉朝取得学术界的优势地位，有一个重要原因是由于儒家成功地把思辨哲学与学问结合起来。儒家思想的这两方面特点在朱熹身上充分显示出来。他学问渊博，是当时著名的学者；他又深思明辨，是一位第一流的哲学家。几世纪来，朱熹成为中国思想界的主要人物，不是偶然的。

第二节 "理"或原理

在上一章里，我们考察了程颐关于"理"的理论。到朱熹手里，这个理被阐述得更加明晰。他说："形而上者，无形无影是此理；形而下者，有情有状是此器。"（《朱子语类》卷九十五）一物是它的理的实例，若没有某个理，便不可能有某个物。朱熹说："做出那事，便是这里有那理。"（《朱子语类》卷一百一）

一切事物，无论是自然的，或人为的，都自有其理。《朱子语类》中有一段："问：枯槁之物亦有性，是如何？曰：是它合下有此理。故曰：天下无性外之物。因行阶云：阶砖便有砖之理。因坐云：竹椅便有竹椅之理。"（《朱子语类》卷四）

《朱子语类》中还有另一段话："问：理是人、物同得于天者，如物之无情者，亦有理否？曰：固是有理。如舟只可行之于水，车只可行之于陆。"（同上）还有一段话说："问：枯槁有理否？曰：才有物，便有理。天不曾生个笔，人把兔毫来做笔，才有笔，便有理。"（同上）这是说，毛笔之性便成为毛笔之理。宇宙万物莫不如此；一类事物便有一类事物之理，在这类事物中，任何一件开始存在，这一类事物的理便进入该物之中，成为该物之性。一个事物之所以成为该事物，乃是由于其中之理。因此，按照程朱学派的看法，事物分门别类，并非每一类都有"心"，即"情"，但各类事物都有其特性，就是它们的"理"。

因此，在具体事物存在之前，这些事物的理便已存在。朱熹在一封《答刘叔文书》中说:"若在理上看,则虽未有物而已有物之理。然亦但有其理而已,未尝实有其物也。"(《朱文公文集》卷四十六)举例来说,在人未曾发明舟车之前,舟车的"理"已经存在。所谓"发明"舟车,无非是人发现了舟车之理,于是按照它去制成舟车而已。在宇宙未生成之前,一切"理"便都已存在了。《朱子语类》卷一有一段话说:"徐问:天地未判时,下面许多都已有否?曰:只是都有此理。"又说:"未有天地之先,毕竟也只有理。"理是早已存在的。这就是说,理是永恒的。

第三节 太 极

每类事物都有它的"理",这"理"便是事物之所以然。这"理"便是该事物的"气",这就是说,"理"是事物的终极标准("极"字原意是屋脊的大梁,新的儒家用以表示事物的最高原型)。整个宇宙也必定有一个终极标准;它是至高的,又是无所不包的。它包括了万有的万般之"理",又是一切"理"的概括,因此称为"太极"。朱熹说:"事事物物,皆有个极,是道理极致。总天地万物之理,便是太极。"(《朱子语类》卷九十四)

他还说:"无极,只是极至,更无去处了。至高至妙,至精至神,是没去处。濂溪(周敦颐——引者注)恐人道太极有形,故曰无极而太极。是无之中有个至极之理。"(同上)由这些话中,可见太极在朱熹的思想体系中的地位相当于柏拉图思想体系中的"善"的观念,或亚里士多德思想体系中的"神"的观念。

但是,在朱熹的思想体系中,有一点使得他的思想体系中的"太极"比柏拉图的"善"的观念,或亚里士多德的"神"的观念更具有神秘性。这一点便是在朱熹的思想体系里,太极不仅是宇宙万有之理,同时还内在于每类事物的每个个体之中。每个事物继承了它这类事物的理,在这个个别的理之中,又有太极整体之理。朱熹说:"在天地言,则天地中有太极;在万物言,则万物中各有太极。"(《朱子语类》卷一)

但如果这样,太极是否失去了它的统一性呢?朱熹回答说,否。在《朱子语类》中,朱熹说:"本只是一太极,而万物各有禀受,又自各全具一太极尔。如月在天,只一而已;及散在江湖,则随处可见,不可谓月已分也。"(《朱子语类》卷九十四)

我们知道,在柏拉图哲学中,理念世界和感觉世界的关系,以及"一"和"多"的关系,怎样解释清楚,是一个难题。朱熹也同样遇到这个难题。朱熹用月亮这个实例来解释，这本是佛家常用的比喻。至于一类事物之理和个别事物之理，它们之间的关系是否涉及"理"被分裂的问题，这未被提出。如果有人提出的话，估计朱熹会用同样的月亮比喻来打发这问题。

第四节 "气"

如果存在于外界的只是"理"，那么世界只是一个"形而上"的世界。但是，我们的外部世界还有物质世界，这是由于在"气"之上还加上有"理"的模式。朱熹曾说："天地之间，有理有气。理也者，形而上之道也，生物之本也；气也者，形而下之器也，生物之具也。是以人、物之生，必禀此理，然后有性；必禀此气，然后有形。"（《答黄道夫书》，《朱文公文集》卷五十八）

他又说："疑此气是依傍这理行。及此气之聚，则理亦在焉。盖气则能凝结造作；理却无情意，无计度，无造作。……若理则只是个净洁空阔的世界，无形迹，它却不会造作。气则能酝酿凝聚生物也。但有此气，则理便在其中。"（《朱子语类》卷一）从中我们可以看到，这本是张载可以讲的话，但是张载没有讲，这话由朱熹讲了出来。任何个别事物乃是气的凝聚，但这个别事物不是独立自存的，它还是一类事物中的一分子。作为一类事物中的一分子，它不仅是气的一般性的凝聚，气是按照这类事物的理的模式而凝聚的。这就是何以任何时候气的凝聚总有理在其中。

关于理和气孰先孰后，这是朱熹和他的门生讨论很久的问题。朱熹有一次说："未有这事，先有这理。如未有君臣，已先有君臣之理；未有父子，已先有父子之理。"（《朱子语类》卷九十五）朱熹显然认为，在物质世界里，有事物之前，已经先有一事物之理。但是，一般说来，理是否在气之先？朱熹说："理未尝离乎气。然理形而上者，气形而下者，自形而上下言，岂无先后？"（《朱子语类》卷一）

《朱子语类》中还有一段话说："问：有是理便有是气，似不可分先后。曰：要之也先有理。只不可说，今日有是理，明日却有是气。也须有先后。"（同上）这些段落使我们看到，朱熹的中心思想是认为："天下未有无理之气，亦未有无气之理。"（同上）但是，他认为，"不可说今日有是理，明日却有是气。"为什么？因为时间和气是同时存在的，若没有气，便没有时间，因此不能说"'明日'有是气"。另一方面，理是永恒的，永恒进入时间，又超越时间，因此，把理说成在气（时间）之后"开始存在"乃是荒谬的，因此提出"理和气孰先孰后"的问题，在宇宙本体论上是没有意义的。尽管如此，说"气的开始"意味着以为先有时间，而后有气，可以说是事实上的谬误，而说"（永恒的）理的开始"则是一个逻辑上的谬误。就这个意义，也就是从宇宙本体论联系到宇宙发生论来说，问"理和气孰先孰后"的问题，也不能认为就是不正确。但宇宙发生论的问题，只有回到宇宙本体论去，以求得解决。

另一个问题是：如果用柏拉图和亚里士多德的哲学思维来说，理和气之间，哪一个是"第一推动力"？理不能成为"第一推动力"。因为理自身"缺少意志和设计，从而没有创造力"。但理的自身虽然不动，在它的"纯净、虚空又广阔的世界"里，有"动静之理"，它们是理，动之理本身并不动，正如静之理本身并不静。气一旦"禀受"了动静之理，它就开始"动"或"静"，气之动者称为"阳"，气之静者称为"阴"。按照朱熹的解释，中国宇宙论的二元因素就是这样来的。他说："阳动阴静，非太极动静，只是理有动静。理不可见，因阴阳而后知。理搭在阴阳上，如人跨马相似。"（《朱子语类》卷九十四）因此，太极如同亚里士多德哲学中的神，他虽不动，却是万物的推动者。

阴阳相交，生出五行，由此而生成万物。朱熹的宇宙论对周敦颐和邵雍的理论的一大部分都是赞同的。

第五节　性和心

从上所述可以看出，朱熹认为，每一事物从生成时便有一个理居于其中；这个理使事物得以生成，并构成事物的本性。人和其他万物一样，是在具体世界中的一个具体事物。因此，人性就是人类得以生成之理居于个别人之中。朱熹赞同程颐所说的"性即是理"，并多次加以引述。这里所说的"理"不是宇宙之"理"，而是个体所禀受的"理"。程颐曾经说过一句看似矛盾的话："才说性，便已不是性。"从朱熹的理论可以懂得程颐这话的意思是说，人说到物性时，是指个体之中的理，而不是理的普遍形式。

一个人必须禀气而后生。人类之理是共同的，但人各有不同，是因为所禀受的气不同。朱熹说："有是理而后有是气，有是气则必有是理。但禀气之清者，为圣为贤，如宝珠在清冷水中；禀气之浊者，为愚为不肖，如珠在浊水中。"（《朱子语类》卷四）因此任何人，除所禀受之理外，还有禀受之气，这是朱熹所说的"气禀"。

这也就是朱熹关于恶的来源的学说。柏拉图早就指出，人形成个体，必须有质料的具体化,这个具体化的人必然不及人的原型理念那样完美。举例来说,任何具体的圆形必定不像"圆"的理念那样绝对的圆。这是现实世界无可避免的厄运,现实世界中的人也不例外。朱熹说:"却看你禀得气如何。然此理却只是善。既是此理,如何得恶?所谓恶者,却是气也。孟子之论,尽是说性善,至有不善,说是陷溺。是说其补(本?)无不善,后来方有不善耳。若如此,却似论性不论气,有些不备。却得程氏说出气质来接一接,便接得有首尾,一齐圆备了。"(《朱子全书》卷四十三)

这里所说"气质之性"是指一个人禀受的天性。柏拉图说,人的天性总是向着他的理念原型,却总是不及那理念原型,总是达不到那理念原型。朱熹把理原来的普遍形式称为"天地之性",以和人所禀受之性相区别。张载早已对此加以区别,程颐和朱熹继承了这个思想。他们认为,这种区别便得以解决关于人性善和人心恶的争论。

在朱熹的理论体系中,人性和人心是两回事。在《朱子语类》中有一段话说:"问:灵处是心抑是性?曰:灵处只是心,不是性。性只是理。"(《朱子语类》卷五)又说:"问:知觉是心之灵,固如此,抑气之为耶?曰:不专是气,是先有知觉之理。理未知觉,气聚成形,理与气合,便成知觉。譬如这烛火,是因得这脂膏,便有许多光焰。"(同上)

因此,心和其他的个别事物一样,是理加上气之后的体现。心和性的区别在于心是具体的,性是抽象的。心可以活动,例如思想、感觉,性却不能有这些活动。但是,当人心里这样活动时,可以由此推论出,在人性中有相应的理。朱熹说:"论性,要须先识得性是个什么样物事。程子'性即理也',此说最好。今且以理言之,毕竟却无形影,只是这一个道理。在人,仁、义、礼、智,性也,然四者有何形状?亦只是有如此道理。有如此道理,便做得许多事出来,所以能恻隐、羞恶、辞让、是非也。譬如论药性,性寒、性热之类,药上亦无讨这形状处,只是服了后,却做得冷、做得热的,便是性。"(《朱子语类》卷四)

在第七章里,我们看到,孟子认为,人性有四种德性,是为常性,构成"德之四端"。孟子的分析主要是心理学的分析,而在上面这段引文中,朱熹为孟子的学说提供了形而上学的根据。按照朱熹的说法,这四种恒德属于理的范围,因此,它们是性,而"德之四端"则是心的活动。我们只能通过具体,才能认识抽象。同样,我们只有通过心的活动才能认识人性。在下一章里,我们将会看到,陆王学派认为,心即是性。这是程朱和陆王两派理学思想分歧的一个主要问题。

第六节 政治哲学

如果世上每一样事物都有它的理，那么，国家作为一个具体存在的事物，也必定有国家和政府的理。如果国家和政府都是按理组织、按理行事，它就安定兴旺；否则，它就瓦解而陷于混乱。按照朱熹的看法，这个政治上的原理就是先前圣王教导和推行的为政之道。这不是由人主观制定的，其中的理是永恒的，无论是否有人教导或推行，它是永恒存在着的。关于这一点，朱熹和他的友人陈亮（1143—1194）持有不同的见解，为此曾进行过热烈的争论。在和陈亮的辩论中，朱熹写道："千五百年之间……尧、舜、三王、周公、孔子所传之道，未尝一日得行于天地之间也。若论道之常存，却又初非人所能预。只是此个，自是亘古亘今常在不灭之物。虽千五百年被人作坏，终殄灭它不得耳。"（《答陈同甫书》，《朱文公文集》卷三十六）他又说："盖道未尝息，而人自息之。"（同上）

事实上，不仅先前的圣王按照为政之理来治理国家，任何在政治上有所成就的人，都是由于在不同程度上，遵行了为政之道（理），即便他们不自知，或实行得并不完善。朱熹写道："常窃以为，亘古亘今，只是一理，顺之者成，逆之者败。固非古之圣贤所能独然，而后世之所谓英雄豪杰者，亦未有能舍此理而得有所建立成就者也。但古之圣贤，从本根上便有惟精惟一功夫，所以能执其中，彻头彻尾，无不尽善。后来所谓英雄，则未尝有此功夫，但在利欲场中，头出头没。其资美者，乃能有所暗合，而随其分数之多少以有所立；然其或中或否，不能尽善，则一而已。"（同上）

为阐明朱熹的学说，让我们以建造房屋为例。一幢房屋要想建成，必须按照建筑学的原理来建造。这些原理是永恒存在的，甚至即便世上没有一座房屋，建筑学的原理还是存在着。任何人要想成为一个伟大的建筑师，必须充分懂得建筑学的原理，按照建筑学的原理来设计、施工；这样，他设计建造的房屋才能牢固持久。不仅大建筑师，任何人要想建造牢固持久的房屋，都必须遵守这些原理。那些没有受过专门训练的外行建筑工头，在建造房屋时，或许是靠本能，或许是靠一点实际的经验；他们对建筑学的原理或者不懂得其中道理，或甚至根本不知道。结果他们所造的房屋，由于不符合或不完全符合建筑学原理，因而不能牢固耐久。先前的圣王和后代的所谓英雄，他们执政的结果不同，道理是一样的。

在前面第七章里，我们看到孟子把治国之道分为两种：王道和霸道，后者就是靠暴力统治。朱熹和陈亮的争论乃是奉行王道与实行霸道之争的继续。朱熹和其他新的儒家认为，汉唐以降的历代政权，执政者都是谋私利，而不是为大众；他们的统治不是王道，而是霸道。在这里，朱熹是孟子的追随者，但也和先前一样，朱熹对孟子的政治理论，也提供了形而上学的论证。

第七节 修心养性的方法

柏拉图曾经认为，除非哲学家执政，或执政者成为哲学家，否则不可能指望有完美的国家。中国哲学家中的多数也持这种看法。柏拉图在《理想国》里，用了很多篇幅讨论哲学家执政应先受什么样的教育。朱熹在《答陈亮书》中也说，古代圣王"从本根上便有惟精惟一功夫"，圣王对王道之本曾受到最明智的教育。究竟其具体内容是什么，修养的方法是什么？朱熹认为，在每个人里面，甚至在每一事物里面，都有太极，太极便是万物之理的总体。因此，万物之理，俱备于我。但是人由于禀受有不足或缺陷，因此未将万物之理充分表现出来，如同珍珠湮没在浊水里一样。人所当做的就是把珍珠再现出来。所用的方法便是程颐已经说过（见上章）的两方面："格物致知"，即对外界事物调查研究，扩大自己的知识；以及"用敬"，即专心致志，心不旁骛。

这个方法最初见于《大学》，新的儒家把《大学》看作是"初学入德之门"。在前面第十六章里，我们已经看到，《大学》所教导的自我修养方法，第一步便是"格物致知"。按程朱学派的看法，了解外部世界的目的便是扩大我们对永恒之理的认识。

这个方法为什么不从"穷理"，而要从"格物"入手？朱熹说："《大学》说'格物'，却不说'穷理'。盖说穷理，则似悬空无捉摸处。只说'格物'，则只就那形而下之器上，便寻那形而上之道。"（《朱子全书》卷四十六）"格物"是为了从有形之物中体认超越物体的"理"，也就是"道"。换句话说，理是抽象的，物是具体的，我们要做的是："格物"以"穷理"。我们所得的结果是：既领悟了理念的永恒世界，又领悟了自己内心之性。我们越多领悟"理"，也就越多地领悟"心性"，它通常往往被人的禀受所蔽，人通过"格物穷理"，使"理"这个珍珠再现出来。

有如朱熹所说："盖人心之灵，莫不有知；而天下之物，莫不有理。惟于理有未穷，故其知有不尽也。是以大学始教，必使学者即凡天下之物，莫不因其已知之理而益穷之，以求至乎其极。至于用力之久，而一旦豁然贯通焉，则众物之表里精粗无不到，而吾心之全体大用无不明矣。"（《大学章句·补格物传》）这里，我们再次看见了"顿悟"的学说。

朱熹说到这里，似乎已经说清楚了他的思想，为什么还要再加上"用敬"呢？回答是：若不"用敬"，"格物"很容易成为一种单纯的智力活动，而达不到"顿悟"的目标。在"格物"的过程中，人实际在做的乃是再现自己的本性，使沉溺在浊水中的珍珠重现光辉。为达到"悟"，人就当时时刻刻以"悟"为念，"用敬"的真意就在于此。

朱熹的精神修养方法和柏拉图的精神修养方法十分相像。他认为。人性中原有万物之理，和柏拉图讲人有"与生俱来"的宿慧也十分相像。柏拉图曾说："我们在出生之前，已经有了对各种价值和事物本质的悟性知识。"（《斐多篇》第七十五段）由于有"宿慧"，因此，"人如学会按适当的次序［参阅《宴饮篇》第二百一十一段：'由鉴赏外界的美的形式到（自身）对美的实践，由对美的实践到对美的思想领悟，由对美的思想领悟而最后达到绝对的美'］领略各种各样美的事物"，最后，会"突然领悟到奇妙无比的美的世界的本质。"（《宴饮篇》，第二百一十一段）这其实也是"顿悟"的一种形式。

第二十六章　更新的儒学中的另一派：宇宙心学

在第二十四章里我们看到，陆王学派，或称心学，肇始于程颢，经陆象山和王守仁而完成。陆九渊（1139—1193），人称象山先生，是今江西人。他和朱熹是朋友，而在哲学见解上则有巨大的分歧，为此两人在重大的哲学问题上，以口头和文字进行辩论，在当时已经引起人们的很大兴趣。

第一节　陆九渊论心

据说陆九渊和王守仁都经历了"顿悟"而确信他们的思想乃是真理。据说，陆九渊有一天"读古书至'宇宙'两字，解者曰：'四方上下曰宇，往古来今曰宙。'忽大省曰：'宇宙内事，乃己份内事；己份内事，乃宇宙内事。'"（《象山全集》卷三十三）。另外，他还说："宇宙便是吾心，吾心便是宇宙。"（《象山全集》卷三十六）

朱熹支持程颐的说法，认为"性即是理"，而陆九渊却说："心即是理。"这两句话相差只一个字，却是两个学派基本分歧之所在。在上一章里我们看到，在朱熹的思想体系中，心被理解为"理在气中"的具体表现，据此，心与抽象的理不能等同。因此，朱熹只能说：性即是理，而不能说心即是理。但是陆九渊的思想体系却正相反，他认为心即是性。这两者只是文字上的不同。关于这种文字上的不同，陆九渊说："今之学者读书，只是解字，更不求血脉。且如情、性、心、才，都是一般物事，言偶不同耳。"（《象山全集》卷三十五）

在上一章里，我们可以看到，朱熹所说"心"和"性"的区别，远不止于文字上的不同，在他看来，心和性在实际里是不同的。朱熹所见的实际和陆象山所见的实际不同：朱熹认为现实包含有两个世界，一个是抽象的，另一个是具体的；而在陆九渊看来，现实只包含心的世界。

陆九渊关于心学的言论著作只是勾勒了一个轮廓，为全面了解心学，我们还须读王守仁的言论和著作。

第二节 王守仁的宇宙观

王守仁（1472—1528）生于明代，浙江人，人称"阳明先生"。他不仅是一位杰出的哲学家，还是一位有能力、有道德操守的政治家。他早年曾追随程朱理学，并决心依照朱熹的思想，从"格竹子之理"开始。为此，他七天七夜专心致志地求竹子之理，结果并无所悟。他被迫放弃"格物"这条路。后来，由于朝廷政争，被贬贵州，在山区落后原始的生活环境里，有一晚他得到顿悟，对《大学》的主旨有了新的认识。由此而对《大学》有了全新的诠释，完成了心学的思想体系。他的思想言论由门人辑录为《传习录》，其中有一段说："先生游南镇，一友指岩中花树问曰：'天下无心外之物，如此花树，在深山中，自开自落，于我心亦何相干？'先生云：'尔未看此花时，此花与尔心同归于寂，尔来看此花时，则此花颜色，一时明白起来。便知此花，不在尔的心外。'"（《传习录》下，《王文成公全书》卷三）

另一段说："先生云：'尔看这个天地中间，什么是天地的心？'对曰：'尝闻人是天地的心。'曰：'人又什么叫作心？'对曰：'只是一个灵明。''可知，充天塞地，中间只有这个灵明。人只为形体自间隔了。我的灵明，便是天地鬼神的主宰。……天地鬼神万物，离却我的灵明，便没有天地鬼神万物了。我的灵明，离却天地鬼神万物，亦没有我的灵明。如此便是一气流通的，如何与它间隔得？'"（《王文成公全书》卷三）

从这些段落中，我们可以知道王守仁对宇宙的概念，认为宇宙是一个自身完整的精神实体，这个精神实体便构成了我们经验中的世界；此外，并没有另一个朱熹所强调的抽象的"理的世界"。

王守仁还主张心即是理。在《传习录》（《王文成公全书》卷一）有一段说："心即理也。天下又有心外之事、心外之理乎？"在《王文成公全书》卷二《答顾东桥书》中又说："心之体，性也。性即理也。故有孝亲之心，即有孝之理；无孝亲之心，即无孝之理矣。有忠君之心，即有忠之理；无忠君之心，即无忠之理矣。理岂外于吾心耶？"由这些话里，我们可以更清楚地看到朱熹和王守仁以及理学、心学两派思想的分歧。照朱熹的说法，我们先懂得孝之理，然后有孝亲之心；先有忠之理，而后有忠君之心。我们不能把这话倒过来说，而王守仁恰恰是把这话颠倒过来。按照朱熹的思想，理是客观外在的实在，无论心存在与否。而按照王守仁的思想，若没有心，便没有理。心为宇宙立法，理是由心立的。

第三节 "明德"

在这样的宇宙概念之上，王守仁对《大学》赋予一种形而上学的意义。在前面第十六章里，曾经说到《大学》抒发了后来对它所称的"三纲领"："大学之道，在明明德，在亲民，在止于至善。"王守仁解释《大学》就是学作大人之学。关于"在明明德"，他写道："大人者，以天地万物为一体者也。其视天下犹一家，中国犹一人焉。若夫间形骸而分尔我者，小人矣。大人之能以天地万物为一体也，非意之也，其心之仁，本若是其与天地万物而为一也。岂惟大人，虽小人之心，亦莫不然。彼顾自小之耳。是故见孺子之入井，而必有怵惕恻隐之心焉，是其仁与孺子而为一体也。孺子犹同类者也，见鸟兽之哀鸣觳觫而必有不忍之心焉，是其仁之与鸟兽而为一体也。……是其一体之仁也，虽小人之心，亦必有之。是乃根于天命之性，而自然灵昭不昧者也。是故谓之明德。……是故苟无私欲之蔽，则虽小人之心，而其一体之仁，犹大人也。一有私欲之蔽，则虽大人之心，而其分隔隘陋，犹小人矣。故夫为大人之学者，亦惟去其私欲之蔽，以自明其明德，复其天地万物一体之本然而已耳；非能于本体之外，而有所增益之也。"（《大学问》，《王文成公全书》卷二十六）

关于"三纲领"中的第二条"在亲民"，王守仁说："明明德者，立其天地万物一体之体也；亲民者，达其天地万物一体之用也。故明明德必在于亲民，而亲民乃所以明其明德。亲吾之父以及人之父，以及天下人之父，而后吾之仁实与吾之父、人之父、与天下人之父而为一体矣，实与之为一体而后孝之明德始明矣。……君臣也，夫妇也，朋友也，以至于山川神鬼鸟兽草木也，莫不实有以亲之，以达吾一体之仁。然后吾之明德始无不明，而真能以天地万物为一体矣。"（同上）

关于"止于至善"，王守仁写道："至善者，明德、亲民之极则也。天命之性，粹然至善，其灵昭不昧者，此其至善之发见，是乃明德之本体，而即所谓良知者也。至善之发见，是而是焉，非而非焉，轻重厚薄，随感随应，变动不居，而亦莫不有天然之中。是乃民彝物则之极，而不容少有拟议增损于其间也。少有

拟议增损于其间，则是私意小智，而非至善之谓矣。"（同上）

第四节　良知——来自直觉的认识

这样，"三纲领"实际上被归结为一条，即：在明明德，这就是心的本性。一切人，无论善恶，从基本上，都同有此心。人的自私也不能把本性完全泯灭，往往在人对外界事物的本能反应中表现出来。人突然发现一个幼儿即将落入井中的本能反应便足以说明这一点。人对事物的第一个反应表明，人内心里，知道什么是对的，什么是错的。这种非意识是人的本性的表现，王阳明称之为"良知"（按字面的意思就是"对良善的知识"）。人所当做的便是服从良知的命令，毫不迟疑地去做。如果人不立即遵照良知的命令去做，而寻找不做的理由，便是在良知上加以增益或减损，这便失去了至善。其实人寻找借口不去遵行良知的命令，乃是出于私欲。在前面第二十三、二十四章里，我们看到周敦颐和程颢也持同样的主张，王守仁则对这个理论赋予了一个形而上学的基础。

据说，杨简（1226年卒，南宋哲学家，陆九渊弟子）初见陆九渊时问，人的本心如何？在这里值得提一下，"本心"原是禅学的用语，但陆王学派也沿用了这个词语。陆九渊在回答杨简的问题时，援引了《孟子》中论到善之四端的一段。杨简说，他从孩提时代便已学过这一段，却始终不明白人的本心何所指。杨简时任富阳主簿，在谈话中间出去处理了一桩诉讼案，然后回来与陆九渊继续谈话。陆九渊说：刚才你断案，知道怎样判断是非，这便是你的本心。杨简问：仅止于此吗？陆九渊大声回答说："你还要什么？"杨简就此顿悟，由此成为陆九渊的弟子。（见《慈湖遗书》卷十八）

还有另一个关于王守仁弟子的故事。这位弟子有一次半夜里捉到一个小偷，便对小偷讲说"良知"的道理。那小偷笑着问道："请问，我的良知在哪里？"当时天气很热，王守仁的这个弟子请小偷脱掉外衣，随后又请他脱掉内衣，小偷都照办了。接下去请小偷脱掉裤子时，小偷犹豫说，这恐怕不妥吧。王守仁的弟子便对小偷说："这便是你的良知！"

这个故事没有说，小偷是否在这次谈话里得到顿悟。但是，这个故事和前一个故事都使用了禅师启发禅僧顿悟的方法。它们的用意都在于表明，每个人都有良知，这良知便是人的本心。人凭着良知，懂得什么是对的，什么是错的。人人按本性说，都是圣人。这便是何以王守仁的学生惯于说"满街都是圣人"。

他们这样说的意思是：人人都可以成圣。人只要秉着良知去分辨是非、遵行良知的命令，就真的成为圣人了。换句话说，人所当做的是遵行良知的命令；用王守仁的话来说，就是"致良知"：这是王守仁哲学的中心思想，他在晚年时反复讲的就是这三个字。

第五节 "正事"

《大学》里还讲"八条目"，它的内容是个人精神修养的八个步骤，第一、二步便讲"致知"与"格物"。按照王守仁的思想，"致知"便是"致良知"。个人精神修养无他，就是顺自己的良知去生活，把来自直觉的知识付诸实行。

在中文里，"格物"按程颐和朱熹的解释就是剖析事物，王守仁的解释不同，他认为："格者，正也"，"物者，事也"（《大学问》，《王文成公全书》卷二十六）。这样，"格物"便不再是"剖析事物"，而成为"匡正事物"了。他认为，人的直觉知识不可能按佛家教导的冥思默想方法而得到延展，它只有通过人们处理日常事务的经验而得到延展。王守仁说："心之所发便是意（意志、思想）。……意之所在便是物。如意在于事亲，即事亲便是一物；意在于事君，即事君便是一物。"（《传习录》，《王文成公全书》卷一）物有是非之别，人可以本着良知（直觉知识）来作出判断。当人从良知认识到一件事是对的，就应当真诚去做；当人的良知告诉人，某件事是错的，他就应当真诚地不去做。这样，便匡正了他的事务，同时延展了良知（致良知）。人的良知只有通过匡正自己事务的行动实践而得到延展，除此之外，没有别的办法。《大学》说"致知在格物"，含义就在此。

八条目的下两步是"诚意"和"正心"。王守仁以为，诚意无非是"正事"和"致知"，因为实践这两点都需要真诚。人对自己的良知的命令，寻找借口不去执行时，便是没有诚意，这个不真诚和程颢、王守仁所说的自私和自我辩解并没有区别。人在意诚时，他的心是正的。正心就要诚意。

八条目的后四步是修身、齐家、治国、平天下。王守仁认为，修身就是致良知。若不在"致良知"上用功夫，怎能修身呢？修身的含义，除去"致良知"外，还能再有什么呢？人努力"致良知"时，自然爱大众；人在爱大众时，自然努力治家，尽力谋求国家井然有序和天下太平。因此，八条目也归结到一条，就是"致良知"。

什么是"良知"？它就是人内心的亮光，或如《大学》称之为"明德"。因此，"致良知"也就是"明明德"。这样，《大学》的全部思想就归结为"致良知"了。

再次用王守仁的话来说："人心是天渊，无所不赅。原是一个天，只为私欲障碍，则天之本体失了。……如今念念致良知，将此障碍窒塞，一齐去尽，则本体已复，便是天渊了。……一节之知，即全体之知；全体之知，即一节之知。总是一个本体。"（《传习录》下，《王文成公全书》卷三）

第六节 "用敬"

由此可见，王守仁的思想体系和宋代周敦颐、程颢、陆九渊是一脉相承的，只是王守仁用词更明确、表达更为系统。《大学》的三纲领、八条目如此恰当地被纳入他的体系，使他的话更有自信，也更足以服人。

王守仁的思想体系和他的精神修养方法如此简单明了，这个特点使他的主张具有极大的吸引力。人只需要首先懂得，人人都有本来的一颗心，这颗心与天地是一体。这就是陆九渊所说的"先立乎其大者"，这句话原是来自《孟子》。陆九渊曾说："近有议吾者云：除了'先立乎其大者'一句，全无伎俩。吾闻之曰：'诚然。'"（《象山全集》卷三十四）

在第二十四章里说到，新的儒家认为，精神修养的关键在于一个"敬"字。但是，"敬"什么呢？按照陆王心学的看法，人应当"先立乎其大者"，然后"用敬"存之。陆王学派批评程朱学派，还未"先立乎其大者"，便迫不及待地去"格物"。这样，即便"用敬"，也全无功效。陆王学派把程朱的做法比作烧火做饭，但锅内却无米。

程朱学派对此的回答是：若不从"格物"做起，怎能知道要"立"的是什么呢？如果排除了"格物"，就讲"先立乎其大者"，那就只能靠"顿悟"。按程朱学派的意见，这种主张的禅学成分多于儒学成分。

在二十四章里我们看到，程颢也说，"学者须先识仁"，与万物同为一体；然后以诚敬存之。除此以外，不须再做他事。人所需要的是确信自己、勇往直前。陆象山的主张也很相近，他说："激励奋迅，决破罗网，焚烧荆棘，荡夷污泽。"（同上）照这样做去，连孔子的权威也可不再需要了。如陆象山所说："学苟知本，六经皆我注脚。"（同上）在这方面，我们可以清楚看出，陆王心学乃是禅学思想的继续。

第七节 对佛学的批评

但是，陆王心学和程朱理学对佛学都持尖锐批评的态度，而在对佛学的思想批判中，程朱理学和陆王心学的分歧又再次显现出来。朱熹曾说："释氏说空，不是便不是，但空里面须有道理始得。若只说道我是个空，而不知有个实的道理，却做甚用。譬如一渊清水，清泠彻底，看来一如无水相似，他便道此渊只是空的。不曾将手去探是冷温，不知道有水在里面，释氏之见正如此。"（《朱子语类》卷一百二十六）在这里，朱熹指出，在佛家所见的"空"之中，其实有个"理"在。他又说："儒者以理为不生不灭，释氏以神、识为不生不灭。"（同上）按朱熹的意见，佛家以具体的世界为空，并不无道理，因为具体世界的一切都流动不居，因此都只是暂时的。但世界还有理，它是永恒不变的。就这一点看，世界不是空。佛家不识得理的真实性，只因理是抽象的；犹如有些人看不见池中的水，只因为水没有颜色。

王守仁也批评佛教，但批评的出发点不同。在《传习录》下卷里，王守仁说："仙家（指道士——译注）说到'虚'，圣人岂能（"岂能"意为"是否可以"——译注）'虚'上加得一毫'实'？佛家说到'无'，圣人岂能'无'上加得一毫'有'？但仙家说虚，从养生上来；佛家说无，从出离生死苦海上来。却于本体上加却这些子意思在，便不是它虚无的本色了，便于本体有障碍。圣人只是还它良知的本色，更不著些子意思在。……天地万物，俱在我良知的发用流行中，何尝又有一物超于良知之外，能作得障碍？"（《王文成公全书》卷三）

他又说："佛氏不著相，其实著了相（著相，意为"执著"）；吾儒著相，其实不著相。……（佛）都是为了君臣父子夫妇著了相，便须逃避。如吾儒，有个父子，还它以仁；有个君臣，还它以义；有个夫妇，还它以别。何尝著父子君臣夫妇的相？"（同上）

如果依循这种辩论的思路，可以认为，新的儒家在坚持道家和佛家的基本思想上，比道家和佛家自己更加一贯和彻底，他们是比道家更道地的道家，也是比佛家更道地的佛家。

第二十七章　西方哲学的传入

任何哲学思想体系都往往被人误解和误用。更新的儒学的两派也难免这样的厄运。朱熹的主张是：从原则上说，人应当由"格物"入手，从中求得永恒之理，即法则。但是朱熹自己便没有严格遵行这个原则。在《朱子语类》中，可以看到，他对自然现象和社会现象的确进行了一些观察，但是他的主要精力和时间是用在对经书的研究和评论上。他不仅深信有永恒之理，而且认为古圣先贤的言论便是这种永恒之理。因此在他的思想中，有一种权威主义和保守主义的成分，在程朱学派后来的发展中，这种倾向更加明显。这个学派的思想被后来的统治者树立为官方的正统思想，更加重了它的权威主义和保守主义色彩。

第一节　反对更新的儒学的思潮

陆王便是对哲学保守主义的一种革命，到王守仁的时代，这种革命运动到了最高潮。它简捷了当地诉诸每一个人的直觉，这直觉便是每个人"本心"的内在亮光。陆王学派虽然从未像程朱学派那样得到官方的确认，却像程朱学派同样地有影响。

但是，王守仁的哲学也同样受到误解和误用。本来，王守仁所主张的是：人凭直觉会立刻知道自己的意志或思想是对，或是错。它能告诉人的是应当做的事，却不能告诉人怎样去做，它缺少的是现在美国人所称的"知道怎样干"（Know how）。王守仁认为，在具体情况下，要想知道怎么做，需要结合具体情况，研究行动的具体办法。但是，后来王守仁的追随者们似乎相信，直觉可以把样样事情都告诉人，包括"知道怎么干"。这便走到了荒谬的地步，陆王学派的追随者们也因此而吃了苦头。

在上一章末尾我们看到，王守仁用禅宗辩论的办法来批评佛教。正是这种论辩方法最容易被歪曲误用。后来流传一个带讽刺意味的故事说，曾有一个书生到一座寺庙游览，遭到寺僧的冷遇。他在庙里时，看见寺僧对前来游览的大官却毕恭毕敬。大官走了之后，这个书生质问寺僧，见达官贵人就趋炎附势，对布衣书生就不爱理睬，是何道理？僧人回答："敬乃不敬，不敬却正是敬。"书生听寺僧这样回答，抡起巴掌，打了和尚一个耳光。和尚气愤地质问书生，为什么打人？书生回答："打乃是不打，不打却是打。"在王守仁后流传这样的故事，无疑是对心学和禅学的一种讥讽。

王守仁生活于明朝（1368—1644），心学的盛行也是在明朝。明朝取代元朝（1280—1367），历时275年，最后，在内部农民起义和外族入侵的双重打击下覆灭，为清朝（1644—1911）所取代。清朝的统治者满族比在元朝居统治地位的蒙古族对中国汉族的传统文化抱着远为同情的态度。清朝统治中国267年，前面的三分之二时间，可以说大体上为中国带来了和平与繁荣。在这段时间里，中国文化在一些方面有了重要的发展；而在其他一些方面则又日益严重地趋向文化和社会的保守主义。就官方态度来看，程朱学派的思想更加牢固地被官方树立起来。然而在非官方控制的领域里，程朱学派的理学和陆王学派的心学都遭到知识界的抵制。领导这种抵制运动的学人批判更新的儒学在禅宗和道教的影响下，都曲解了孔子的思想，把儒家思想原有的实践方面丢失殆尽。曾有对更新的儒学持批判态度的书生说："朱子道，陆子禅。"这种指责在一定意义上不无道理，在前面两章里已经说过，这里不再赘述。

从哲学本身说，这种指责并无意义。在本书第二十四章里已经指出，更新的儒学是儒学、佛学和道家思想（经过禅学）、道教思想的融合。从中国哲学史的观点看，这种思想融合是一种发展，因此是得而不是失。

就清朝说，儒家思想的正统地位胜过以往历代，而更新的儒学被指责为背离原来的儒家思想，无异说它是假的，因而是错谬的。在反对更新的儒学的人看来，更新的儒学比佛教、道教的思想更为有害，因为它貌似原来的儒学，从而更容易把人引入歧途。

为此，清朝的学者提倡"汉学"，就是以汉代的经书注疏为论学依据。他们认为，西汉离孔子的时代较近，而且当时佛学还未传入中国，因此汉代注释的儒家经典，自然更符合孔子的原意。这样一来，清代学者对遭到宋明两代新的儒家忽视的汉代学者著述十分重视，把这种研究称为"汉学"；而把更新的儒学称为"宋学"，因为更新的儒学及其主要流派都兴起于宋朝。贯穿整个18世纪，直到19世纪末、20世纪初，清代"汉学"和"宋学"之争成为这一时期中国哲学史上的大事，其实所争论的无非是对古代文献的看法，其中涉及对古代著作的哲学内容和经书文字的考订，从文字考订引出对经书本意的阐述，进而论证它们的哲学含义应当是什么。

由于汉学家重视古代文献的研究，清代学者在古书校勘、古文字学、历史语言学等方面，作出了成绩。这是清代文化史上的巨大成就。

就哲学来说，清代汉学家的思想成就比较逊色，但是在文化上，清儒使人们看到古代文化的广阔视野，起了打开人们眼界的作用。明朝的书生为应付科举，其中以朱熹的《四书集注》为判卷标准，因此读书人的注意力都集中于"四书"，对"四书"以外的其他典籍所知甚少。"汉学"的本意虽然希望儒生集中注意先秦两汉的儒家，但读书人一旦打开了眼界，便很难一心只读圣贤书。除了正统儒家之外，读书人也去读《墨子》《荀子》《韩非子》等被长期弃置在旁的典籍。因年代久远而湮没的古文字学重受重视，古代文献经后世传抄而出现的错讹别字，现在得到订正。由于清朝汉学家的辛劳，现在我们读古代典籍，比明朝时容易得多。清代"朴学"的成就，使学人对古代思想的研究兴趣又重新兴起。中国人在近几十年接触西方思想时，自然要反问中国传统思想，以求两相比较。这样，我们就转到西方哲学传入中国带来的各种影响这个主题上来了。

第二节　孔教运动

在这里不需要仔细考察中国人开始接触西方文化时的态度，只指出一点就够了，那就是明朝末年，16世纪末、17世纪初西欧天主教耶稣会士来华，把当时欧洲的天文、数学成就介绍到中国，给许多中国儒生以深刻的印象。当时的欧洲人称中国和东亚是"远东"，中国人则称欧洲是"泰西"。在先前的一千多年里，中国人称印度为"西天"，对印度以西便笼统称为"泰西"。这个名词现在已经弃置不用，但直到上世纪末，"泰西"这个词还是十分流行的。

在第十六章里曾经说到，中国人历来是以文化差异，而不是以民族差异来区分自身与外族（"化外""夷狄"）。中国人的民族意识更多来自文化，而不是来自政治。中国的地理位置远离其他重要国家，又拥有古老的文明，在这种地理、文化环境里，中国人很难设想，居然还有其他民族，也拥有发达的文明，而在生活方式上却与中国人全然不同。因此，中国人接触外来文化时，往往倾向于蔑视并且加以抵制，主要不是排斥外来的东西，而是认为外来文化是低级的，甚至是错误的。在第十八章里我们看到，佛教传入中国，激起了中国道教的兴起，这是一种以中国本民族宗教抵制外来宗教信仰的努力。当西方文化传入中国，而基督教传教士在这种文化传播中起了主导作用，它所引起的反应也十分相似。

16、17世纪，欧洲基督教传教士学者给中国人深刻印象的，不是他们的宗教信仰方面，而是他们在数学和天文学方面的成就。但是后来，特别是19世纪，欧洲大国在军事、工业、商业上居于优势地位，向外扩张；而与此同时，中国的政治力量在满族统治下正趋于衰落。这时，中国人感到基督教对于文化的推动力量。19世纪下半叶，外国传教士和中国人之间爆发了几次大规模冲突，19世纪末，中国著名的政治改革家康有为（1858—1927）发起孔教运动，以对抗日益增长的西方影响。这一事件并非偶然的——甚至从中国思想发展角度看，也不是偶然的，因为汉学家们已经为此铺平了道路。

在第十七、十八章里我们看到，汉代经学分古文学派和今文学派。汉学在清朝的再起，使古文学派和今文学派的争论也再次抬头了。汉代以董仲舒为首的今文学家深信孔子创立了一个理想的新朝代，这一派后来甚至把孔子奉为超人，认为他降世是为了完成在人间的使命。康有为是清代今文学派的领袖，他从古代文献里找出许多材料，力图把儒家建立为一种宗教，并且建立起相应的孔教组织。

在介绍董仲舒时我们已经读到董仲舒关于孔子的怪诞理论，康有为比董仲舒有过之无不及。汉代的注疏家们从《春秋》和《礼记》中引申出社会进化有三个世代（衰乱世、升平世、太平世）的理论，康有为把这个理论加以发展，他在1902年著《论语注》时说："孔子生当据乱之世。今者，大地既通，欧美大变，盖进至升平之世矣。异日大地大小远近如一，国土既尽，种类不分，风化齐同，则如一而太平矣。孔子已预知之。"（《论语注》卷二）

康有为是1898年戊戌维新的领袖人物。这场改革只进行了几个月，便遭到镇压，康有为的一些追随者被杀，康有为自己逃亡日本，清朝当局重又加强镇压。其实，康有为认为自己并不是鼓吹西方文化，而是为了实现中国古代孔子的理想。他为儒家经书撰写了不少注疏，把他的思想写入这些注疏之中。除这些书之外，1884年，他还写了一本《大同书》，其中描绘孔子学说预见到的人类进化第三阶段"太平世"时的世界。这部书如此大胆、如此革命化，以致最大胆的未来社会空想家都为之吃惊，而康有为自己并不是一个乌托邦主义者。他坚持认为，他的理想只有到人类社会发展到最高阶段时，才能实施。而目前阶段，他所主张的只是君主立宪制。康有为在世时，保守派首先憎恨他，因为他太激进；后来，激进派憎恨他，因为他太保守。

但是，20世纪并不是一个热衷于宗教的世纪。在基督教传入中国的同时，或者说，凌驾于基督教之上的是传来了科学，它和宗教正好背道而驰。因此，基督教本身在中国的影响是有限的，孔教运动也早已夭折了。1911年辛亥革命推翻了清朝统治，1912年中华民国临时政府成立，取代了清朝政府。1915年起草中华民国宪法时，康有为的追随者曾要求中华民国以孔教为国教。这一点引起了激烈的争论，最后达成了一个妥协方案，在宪法草案中写入"中华民国以儒家思想为伦理道德的基本准则"。这个宪法从未付诸实行。此后，康有为所倡导的以儒学为基础而建立的儒教，也无声无息了。

应当提到的是，直到1898年，康有为和他的同志们对西方哲学所知极少。康有为的朋友谭嗣同（1865—1898）在维新运动失败后以身殉难，被清政府处决。就思想说，谭嗣同比康有为更敏锐。他曾著有《仁学》一书，其中吸收了近代化学和物理学的一些思想。在《仁学》书首，作者举出了读者在读《仁学》之前应当阅读的一些书籍，其中涉及西方思想的只是《新约圣经》和"有关数学、物理、化学和社会学方面的著作"。显然当时人们对西方哲学的知识十分有限，他们所知道的西方文化，除坚船利炮外，只限于科学和基督教。

第三节　西方思想的传入

20世纪初的中国，关于西方思想的最大权威应推严复（1853—1920），他年轻时被清政府派往英国学习海军，在英国读到当时英国流行的一些人文学著作。回国后，他翻译了赫胥黎的《天演论》（Thomas Huxley：*Evolution and Ethics*）、亚当·斯密的《原富》（Adam Smith：*An Inquiry into the Nature and Causes of the Wealth of Nations*）、斯宾塞的《群学肄言》（Herbert Spenser：*A Study of Sociology*）、约翰·穆勒的《群己权界论》（John Stuart Mill：*On Liberty*）和他的《名学》（John Stuart Mill：*A System of Logic*）前半部、甄克斯的《社会通诠》（E. Jenks：*A History of Politics*）、孟德斯鸠的《法意》（Montesquieu：*Espirit des Lois*）以及编译的耶方斯《名学浅说》（Jevons：*Lessons in Logic*）。严复从事这些著作的翻译工作是在1894—1895年中日战争之后。他由此而著名，他的译作也广泛流传。

这些译作的广泛流传可以归因于三点。首先是中国在鸦片战争、英法联军入侵中败于西方国家；随后，又在甲午战争中败于日本。在此之前，中国人认为西方国家所恃的只是洋枪大炮和战舰，这都是科学技术；至于精神方面，西方国家并无长处。日本由明治维新，全面学习西方而战败中国，这极大地动摇了中国人对自己古老文明优越性的自信，由此而想对西方有所了解。第二个原因是：严复在他的译作中插进许多评论，比较这些西方作者的思想和中国哲学思想的异同，以便于读者理解。这个做法类似本书第二十章所述，先前佛经被译为中文时所用的"格义"法，也就是类比法。第三个原因是：严复以他的中国古典文学修养翻译斯宾塞、穆勒等人的当代英语，使中国读者阅读这些外国著作，如同阅读中国古代经书典籍。中国人历来尊敬学术，以为凡能用中国古典文字表达的思想，就值得尊敬，一如尊敬中国古典经书一样。

但是，从上列严复的译作目录中可以看出，严复介绍西方哲学著作很少，只有耶方斯的《名学浅说》和穆勒的《名学》，而前者只是节译与综述，后者只译了一半。严复推崇斯宾塞，说"欧洲自有生民以来无此作也"（《天演论》导言一，按语），这就说明他的哲学知识十分有限。

与严复同时还有另一位学者，对西方哲学有更深的理解，并且有真知灼见，这就是王国维（1877—1927），但是他直到放弃哲学研究之后才以历史学、考古学和文学的成就驰名中国学术界。他在三十岁之前已经研究了叔本华（Arthur Schopenhauer）和康德（Immanuel Kant）的著作。严复所读的西方学术著作都是英国学者的著作，王国维却和严复不同。可惜他在三十岁时放弃了对西方哲学的研究，王国维在他的《三十自述》中陈述了其中原因。他说：

> 余疲于哲学有日矣。哲学上之说，大都可爱者不可信，可信者不可爱。余爱真理，而余又爱其谬误伟大之形而上学、高严之伦理学与纯粹之美学，此吾人所酷嗜也。然求其可信者，则宁在知识论上之实证论、伦理学上之快乐论与美学上之经验论。知其可信而不能爱，觉其可爱而不能信，此近二三年中最大之烦闷，而近日之嗜好，所以渐由哲学而移于文学，而欲于其中求直接之慰藉者也。（《静安文集续编·自序二》）

这里王国维说，他是因为在西方哲学中找不到能够沁人心灵的安慰，才由哲学转向文学的。

王国维又说：英国的斯宾塞和德国的冯特（Wilhelm Max Wundt）都只是二流的哲学家，他们的哲学不过是与科学的调和，或是前人哲学的调和；而他所知的其他哲学家不过是哲学史家。他认为自己如果继续读哲学，可以成为一个胜任的哲学史家。"然为哲学家则不能，为哲学史（家）则又不喜，此亦疲于哲学之一原因也。"

这里大段引述王国维的话，是因为我以为，从这些引述的话中可以看出他对西方哲学有一些具洞察力的见解。正如中国成语所说，他知道哲学中的"甘苦"。但总的说来，在20世纪初，懂得西方哲学的中国人很少。我自己在上海中国公学读大学本科时，课程中有"逻辑学初步"，但当时在上海，没有人能够担任这门课的教席。最后找到一位教师，他要求学生买耶方斯的《名学浅说》编译本作为教科书，而把这本书作为学习英语的课本来读。当读到"逻辑判断"一节时，他要我背诵"判断"这个字的英语（judgment）拼法，想看我是否知道，在"g"和"m"中间不应加进英文字母"e"。

不久以后，我们又换了另一位教师。他是真心实意地把这门课作为逻辑来教。在耶方斯的《名学浅说》一书课文后面有许多练习题，教师并没有要求学生做这些练习题。我不管教师怎么说，自己按照这些习题，逐一去做，碰到一个习题，是我所不懂得的，我便在课后请老师给我讲解。他费了半小时，还未能讲解清楚，最后说："让我再想想，下次给你讲。"此后，他便不再来上课了。为这件事，我对老师深抱歉意，因为我并不是故意和他为难。

当时北京大学是全国国立大学之中，唯一计划开设中国哲学、西方哲学、印度哲学三门（门相当于后来的系）的学校。但是，按照大学当时的科系设置，只有一个"中国哲学门"。1915年，据说即将成立"西方哲学门"，已经请到一位曾到德国学习哲学的教授前来授课。于是，当年我便到北京，进入北大作为本科生，但是遗憾的是，这位预定要来授课的教授不幸逝世，因此我只好转入中国哲学门学习。

在中国哲学门里，我们的教授之中，有的标榜古文经学，有的标榜今文经学，有的标榜程朱理学，有的标榜陆王心学。其中一位主张心学的教授开设"中国哲学史"课，每周四课时，讲两年。他按传统的讲法，从尧舜讲起，到第一学期结束时，刚讲到周公——就是说，离孔子的时代还有五百年。学生请教他，需要多少时间讲完这门课。他回答说："学哲学，无所谓学完或没有学完。如果你们要求我结束这门课，我可以一句话就讲完这门课；如果你们不愿结束，这门课可以一直讲下去。"

第四节　西方哲学的传入

1919年到1920年间，美国的约翰·杜威和英国的伯特兰·罗素两位哲学家应邀到中国，在北京大学和其他地方讲学。这是第一次有西方哲学家来中国讲学，也是中国人第一次听到有关西方哲学的第一手介绍。但是他们所讲的，主要是他们自己的哲学，使得听众以为西方的传统哲学思想已经过时而被弃置一旁了。大部分听众对于西方哲学史知识太少，因此对杜威、罗素两位的哲学的意义，也就弄不清楚。为要懂得一种哲学思想，首先要知道在它之前的哲学传统思想，然后才能理解，当前的哲学思想对过去的思想，在哪些地方是赞成的，在哪些地方是否定的。因此，这两位哲学家，在中国虽然受到热烈的欢迎，他们的思想，却很少人懂得。无论如何，他们对中国的访问，为当时的中国青年学生终究是展开了新的思想文化地平线。就这一点来说，他们在中国的讲学具有巨大的文化和教育价值。

在本书第二十一章里，我曾说到"中国佛教"和"佛教在中国"有不同的含义；我也说到，佛教对中国哲学的贡献是"宇宙心"的概念。西方哲学传入中国也有类似的情况。举例来说，继杜威和罗素访华讲学之后，曾有许多不同的哲学思想体系在中国流行过一时。但是，迄今为止，几乎所有这些学说都只是代表了"西方哲学在中国"；还没有一种哲学能像禅学那样，融入中国人的思想，成为其中的一部分。

就我认识之所及，西方哲学对中国哲学的持久贡献在于它的逻辑分析方法。在第二十一章里，我曾说过，佛家和道家都使用"负的方法"。西方哲学的"分析方法"正好是"负的方法"的反面；因此，也许可以称之为"正的方法"。负的方法致力于消泯差别，告诉人：它的对象不是什么；而正的方法则致力于突出区别，使人知道它的对象是什么。对中国人来说，佛学带来的负的方法并不十分重要，因为中国人在道家思想里已经有了负的方法，佛家思想只是加强了它。而从西方引进了正的方法却有十分重大的意义，它不仅使中国人有一种新的思维方法，还改变了中国人的心态。但是在下一章里，我们将会看到，它不能取代"负的方法"，而只是加以补充。

西方哲学对中国人的重要性，不在于它已达到的现成结论，而在于它使用的方法。中国有一个故事说，有个人遇到一位神仙，神仙问他想要什么。这人回答说，想要金子。神仙便伸出手指点石成金，把几块金子给这个人。但他不要。问他还要什么，他回答说，我要你的手指。分析方法就是西方哲学的手指，中国人要的就是这个手指。

这就是何以在西方众多哲学流派之中，首先吸引中国人的是逻辑。甚至在严复翻译穆勒的《名学》之前，17世纪的明末中国学者李之藻（卒于1630年）便曾和一位耶稣会士合作，翻译了一本中世纪欧洲的亚里士多德逻辑教科书，这部书的名称是《名理探》。在本书第十九章里，我们看到，"名理"的含义就是通过分析名字来辨明原理。严复把"逻辑"译作"名学"。在本书第八章里我们看到，以公孙龙为代表的中国名家哲学的实质正是通过分析名字来辨析原理。但是，在那一章里我还指出，名家的哲学思想还不就等于逻辑学，它们之间有相似之处，使中国人初听西方逻辑学时，会立刻注意到它与中国古代名家的相似之处，而把两者联系起来。

直到如今，西方哲学传入中国的最丰硕成果是振兴了对中国哲学——包括佛学——的研究。这句话并不难理解。人们在接触到不熟悉的新思想时，很自然地，便会找自己熟悉的思想去加以比较，求得互相印证。而当人把它们对照比较时，自然便要对它们加以分析。正如在本章开始时我们看到，清儒研究儒家以外的先秦各家思想，得力于汉学（朴学）为它们铺平了研究道路。汉学所从事的是文本考订和古文字学的校勘注释，而不是哲学思想研究。这恰好是运用分析方法分析先秦各家哲学必要的先行工作。

由于逻辑是西方哲学吸引中国人的首要方面，当代中国哲学家重新考察先秦哲学思想时，也很自然首先是对名家进行研究。1922年，胡适博士所著《先秦名学史》问世，成为这种研究的一项重要成果。其他学者如梁启超（1873—1930）也对名家和其他学派的研究做出许多贡献。

一直到1937年中日战争之前，中国学术的时代精神可以说就是用分析方法对中国古代思想重新加以解释。甚至西方的基督教传教士也同样受到这种思潮的影响。这或者可以解释，何以有相当一批在华的西方传教士，用西方语言翻译中国哲学典籍，或著书介绍中国古典哲学，而很少有传教士把西方哲学典籍译为中文，或撰写关于西方哲学的中文著述，介绍给中国人。结果，就哲学方面看，可以说西方传教士所做的，乃是中国思想向西方的倒流。本来是向中国传播西方思想，很可能倒造成相反的结果，就如同"租借"关系里的租借双方也可能倒转过来一样。

第二十八章　厕身现代世界的中国哲学

在介绍了中国哲学的演变和发展后，读者可能会问：当前中国哲学，特别是抗日战争以来的中国哲学是什么样？中国哲学对未来世界的哲学能作出什么贡献？事实上，常常有人向我提出这样的问题，而且使我感到很窘，因为要把一种哲学介绍给对这种哲学传统并不熟悉的人，无论介绍者赞成或反对这种哲学，都不是一件容易的事。现在，本书的读者对中国哲学传统已经有所认识，我就接着上一章的故事讲下去，试着回答这些问题。

第一节　哲学家和哲学史家

接着讲上一章的故事，我所谈将限于自身经历的范围之内，并不是除此以外都不值得谈，而是因为这是我最清楚的故事，用它来作一个实例，比列举一大串名字、开一个"主义"名单，而对其中任何一个题目都不能详加说明，要有意义得多。对一个哲学家，仅仅说他是个什么"主义者"、什么"论者"，所造成对他的误解，会比对他增添的了解还更多。

我曾写了两卷本的《中国哲学史》，第二卷于1934年出版，那是中国抗日战争爆发前三年。第一卷已由布德教授译成英文，于1937年在北平出版，那是抗日战争已经爆发三个月之后。那部书就是我在上一章末所讲的当代中国哲学精神的表现，在其中我运用清代儒家对中国古代哲学典籍校勘考订的成果，并运用分析方法来澄清这些古代哲学家的思想。从历史家的眼光来看，这种方法有它的局限性。这是因为古代哲学家的思想本来或者并不像现代诠释者所看到的那么清楚。哲学史的作用是告诉我们：过去的哲学家们说了些什么，他们说这些话时是什么意思，而不是我们认为这些话应当意味着什么。在我的哲学史里，我尽力使用分析方法来说清楚作者的原意，也就是说，把分析方法的作用，限制在适当的范围之内。

但是，从纯哲学家的角度看，把过去哲学家的思想予以澄清，并把这些思想引申到他们的逻辑结论，从中表明他们是正确，或是谬误，比仅仅弄清楚他们的原意当然要有趣得多，也重要得多。这样做包含着"从旧到新"、从传统到现代的思想发展过程。这种发展乃是上述时代精神的又一阶段。这样做已经超出了一个历史家的学术工作范围，而进入一个哲学家的创作范围了。王国维先生对哲学的思想评论，我也有同感。这就是说，我不满足于自己仅仅成为一个哲学史家。因此，在完成了这部《中国哲学史》之后，我立即着手准备新的工作；但这时正是1937年夏，抗日战争爆发了。

第二节 抗日战争时期的哲学耕耘

抗战前，北京大学的哲学系（我是从那里毕业的）和清华大学的哲学系（这是现在我任教的大学）被认为是全中国大学哲学系中最强的。这两所大学各有自己的传统和重点。北京大学以历史研究和它的学术水平著称，哲学上倾向于观念论，用西方哲学的术语来说，是康德和黑格尔派；用中国哲学的术语来说，则是陆王学派。清华的传统和重点则相反，倾向于使用逻辑分析来研究哲学问题，反映了实在论哲学的趋势，如果用西方哲学的术语来说，它是柏拉图派（因为新实在论学是柏拉图式的）；如用中国哲学的术语来说，它属于程朱学派。

这两所大学都坐落在北平（从前称北京）。战争爆发后，两所大学都迁往西南，再加上南开大学，共同组成西南联合大学，度过整个抗日战争时期。北大和清华的两个哲学系结合成一个罕见的奇妙联合体，其中九位教授代表了中国和西方哲学的各重要派别。起初，联合大学设在湖南长沙，哲学系和其他人文各系则在南岳衡山。

我们在湖南为时仅四个月。1938年春，又继续向西南后方迁移，最后到达昆明。在湖南的几个月，正是中华民族历史上最危急的时期，然而这段时期在国民精神上却是最昂扬向上的时期。我们所困处的衡山，在历史上，曾是怀让磨砖作镜的地方（见本书第二十二章），朱熹也曾在那里住过。我们与南宋时代被外来敌人追逐南迁的民众经历着同样的苦难命运。但是，当时聚在一起的有哲学家、作家、学者，大家住在一座楼里，形成一个奇妙的社会。其时、其地、其人，结合在一起，这是一个非常激励人心、激发人们灵感的时期。

在这几个月里，我以及我的同事们，包括汤用彤教授、金岳霖教授，相继完成自己的著作。汤用彤教授写完了《中国佛教史》的第一部分；金岳霖教授完成了他的《原道》；我完成了《新理学》。金岳霖教授和我有许多共同的想法，但是我的工作如我的书名所表明的，乃是试图对程朱理学加以发展；金岳霖教授的《原道》则是对中国传统形而上学问题进行独创性的研究。后来在昆明，我继续写了几本书：《新事论》（又名《中国自由之路》）、《新世训》、《新原人》（人性新论）、《新原道》〔又名《中国哲学的精神》，牛津大学的休士先生（E. R. Hughes）曾把它译成英文，在伦敦出版〕，还有《新知言》（形而上学方法新论），这些书都曾由上海商务印书馆出版。下面我将综述它们取得的成果，作为当代中国哲学趋势之一的实例，从中或许可以部分看出中国哲学对未来哲学可能做出的贡献。

哲学，或说形而上学的思考，是由于人经验到某种存在而引起的。这个某种存在可能是感觉，或是感情，或是其他的什么。在《新理学》中我说："某个事物存在着。"程朱学派，以至道家，都从这句话演绎出他们的全部形而上学思想和概念。从"某个事物存在着"推演出"理"和"气"的观念并不困难；其他观念也可以用同样的方法演绎出来。例如，"动"的观念，我不需要有一个"第一推动力"来开始世界的原始运动；而是把它作为一个形而上学的观念，是"存在"这个观念自身就蕴涵着的。存在就是一种活动，一种运动。如果把世界看作一种静止的存在，我们便是接受了道家的说法，认为在任何事物进入世界之前，首先存在着"有"。如果从动的角度来观察世界，我们便是接受了儒家的说法，认为在任何事物存在之前，必先有"动"；这无异说，事物开始存在，乃是一种活动。在我称之为"人的图像式思考"——亦即想象——之中，人把存在或运动想象为神，为万物之父。在这样的想象式思考之中，人得到的是宗教或宇宙论，而不是哲学或形而上学。

从这样的思想线索发展下去，在《新理学》里，我演绎出中国哲学的全部形而上学观念，并把它们结合为一个清楚的思想体系。这部书得到很好的反映，认为它对中国哲学结构的阐述比过去任何一部书都更清楚；并且认为它代表着中国哲学的复兴，而这乃是中华民族复兴的象征。

在上一章里我们看到，程朱学派含有一种权威主义和保守主义的因素，而《新理学》避免了这个缺陷。我认为，形而上学能够使人知道"理"的存在，但不能使人从中知道每一事物的具体的理。为发现每一具体事物的理，有待人们运用科学的、实践的方法去逐一发现。各种事物的理是绝对的、永恒的，但人们对它们的认识——即人们对科学法则和理论的认识——则是相对和可变的。

理的具体化需要一个物质基础。各种类型的社会便是社会结构中包含的各方面理的体现。每一种理的实现都需要一定的物质作为基础，这个物质基础便是任何一种社会的经济基础。因此我相信，人类历史要用经济来加以解释。在《新事论》（中国走向自由之路）里，我便是运用这个原理来解释中国文明和中国历史。在本书第二章里，也是这样做的。

我想，王国维在哲学上的苦闷是由于他未曾理解，知识的每一分支都有它自己应用的领域。任何形而上学的理论，如果不能对事实加以肯定，就没有值得人相信的理由。而另一方面，如果它对事实作出许多肯定，则它就是一种坏的形而上学；其中道理，和我们评价一种坏的科学的根据是一样的。这不是说，好的形而上学理论是不可信的，而是说，它如此明显，以致人们不需要声明说自己相信它，就像人们不需要声明自己相信数学一样。形而上学和数学以及逻辑不同，数学和逻辑不需要以"某个事物存在着"作为它的工作前提。形而上学则需要从这句话开始，这是对事实的肯定，是形而上学唯一需要肯定的一点。

第三节　哲学的性质

在《新理学》一书中，我使用的方法完全是分析方法。在写完那本书之后，我开始感到负的方法（见本书第二十一章）的重要性。现在如果有人问我哲学的定义是什么，我将会辩证地（哲学术语称之为"悖论"）回答：哲学，特别是形而上学，乃是知识的一个分支，在它的发展过程中，最终成为"对于什么不是知识的知识"，即"不知之知"。如果这个看法不错的话，为达到这样的认识就需要使用负的方法。哲学，特别是形而上学，为我们增进对事实的知识并无用处；但是，它为我们提高自己的心智（心灵和智性）则是必不可少的。这里所讲的几点，并不仅仅是我个人的看法，而是如前面所述，代表了中国哲学的某些方面。正是这些方面，我以为可能对未来的世界哲学作出一些贡献。下面，我将对此稍加展开，来予以陈述。

哲学和知识的其他分支一样，必须从经验开始。但是哲学，尤其是形而上学，与知识的其他分支不同之处，在于它的发展将最终引导它到超越经验的"某个事物"。在那"某个事物"里，有某个可以体会却无法凭逻辑来感知的东西。举例来说，人可以通过感性来感到一张方桌子，但人无法感觉到"方"。这并不是因为人的感官不够发达，而是因为"方"乃是一个"理"；逻辑上已经决定：它只能存在于人的思维里，却不可能感觉到。

在那"某个事物"里，还有严格说来，不仅是人无法感觉、甚至是人无法思想的东西。在第一章里，我说，哲学是人对于人生的系统反思。由于这种反思的性质，哲学最终不得不思索在逻辑上不可能成为人思考的对象。在本书第十九章里，我举出"天"这个词，有时也被用以指总体；例如郭象说："天者，万物之总名也。"宇宙既是一切存在的总体，当人思考这一点时，人只能是进行反思，因为这种思考连同思考者自身都必定要包括在"万物"之内。但是，当人对万物进行思考时，万物处于人的思考之中，便不可能包括它处在其中的这个思想。"万物"既成为人思考的对象，它便必须处于思考着的人的对面。因此，人认为自己在思考"万物"时，实际上所思考的不可能包含"万有的总体"。但是，人必须先思考"总体"这个概念，然后才能体会，思考万有是做不到的。人需要思考，才能体会到事物之中有些是"不可思议"的，正如有时人需要有一点声音，才意识到周围多么安静。人需要想那"不可思议"的，但是当人开始这样去想时，它就立刻溜得无影无踪了。这是哲学最迷人又最恼人的地方。

从逻辑上说，不可能被感知的东西，自然超越于经验之上。既不可能被感知、又不可能成为思考对象的东西自然超越于智性之上。对那既超越于经验，又超越于智性的，人不可能说多少话。因此哲学，或至少形而上学是如此，它的本性决定它必然是非常简单。否则，它将成为另一种坏科学。正由于靠它的单纯的思想，哲学得以充分地完成它的任务。

第四节　人生的境界

哲学的任务是什么？在第一章里我说，按照中国哲学的传统，哲学的任务不是为了人对客观实际增加正面的知识，而是为了提高人的心智。这里正是对这句话加以说明的一个好机会。

在我所著《新原人》（人性新论）里，我说过自己的看法：人与其他动物不同，在于当他做什么事时，他知道自己在做的是什么事，并且自己意识到，是在做这件事。正是这种理解和自我意识使人感到他正在做的事情的意义。人的各种行动带来了人生的各种意义；这些意义的总体构成了我所称的"人生境界"。不同的人们可能做同样的事情，但是他们对这些事情的认识和自我意识不同，因此，这些事情对他们来说，意义也不同。每个人有他的生命活动的范围，与其他任何人都不完全一样。尽管人和人之间有种种差别，我们仍可以把各种生命活动范围归结为四等。由最低的说起，这四等是：一本天然的"自然境界"，讲求实际利害的"功利境界"，"正其义，不谋其利"的"道德境界"，超越世俗、自同于大全的"天地境界"。

一个人可以按照他的本能或社会习俗而生活。这样的人好像儿童或原始社会中的人，他们做各种事情，而对自己所做的事缺乏自觉，或并不真正意识到它的意义。因此，他所做的对自己并没有什么意义，这种人生是"自然境界"的人生。

还有一种人，他有私，时刻意识到自己，所做的事情都是为了自己。这不一定表明他就是全然不讲道德。他也可以做一些于别人有益的事情，但他这样做的动机是为了自己的好处。因此，他所做的每一件事，对他自己来说，都是"有用"的。他的人生境界可以称作"功利境界"。

还可能有些人，懂得世上并不是只有自己，还存在着一个社会，它是一个整体，自己是社会的一个组成部分。本着这样的理解，他做任何事情，都是为了整个社会的好处；或者用儒家的话来说，他行事为人是为义，而不是为利（"正其义而不谋其利"），他是真正有道德的人，所做的都合乎道德，都具有道德的意义。他的人生境界可以称之为"道德境界"。

最后，人也可以达到一种认识：知道在社会整体之上，还有一个大全的整体，就是宇宙。他不仅是社会的一个成员，还是宇宙的一个成员。就社会组织来说，他是一个公民；但他同时还是一个"天民"，或称"宇宙公民"。这是孟子早已指出的。一个人具有这样的意义，在做每一件事时，都意识到，这是为宇宙的好处。他懂得自己所做的事情的意义，并且自觉地这样做。这种理解和自觉使他处于一个更高的人生境界，我称之为在精神上超越人间世的"天地境界"。

在这四种人生的境界中，前两种都是人的自然状态，后两种是人应有的生命状态；前两个境界可以说是来自天然，后两种境界则是人自己的心灵所创造的。自然境界是最低级的存在，功利境界比自然境界稍高一点，更高是道德境界，最高是天地境界。这样排列是因为，自然境界的人生不需要对人生有任何理解和自我意识；功利境界和道德境界需要有一点对人生的理解和自我意识；天地境界需要的人生理解和自我意识则最高。道德境界所讲求的是道德价值，天地境界所讲求的则是超越道德的价值。

按照中国哲学的传统，哲学的任务是为了帮助人达到后两种人生境界，特别是天地境界。天地境界也可以称之为"哲学境界"，因为唯有经验哲学给人的宇宙情怀，人方始可能达到天地境界。道德境界其实也是一种哲学境界，因为道德行动并不仅仅是符合道德规范的行动，或由于人养成某些符合道德的习惯，它还要求人懂得自己行为中涉及的种种道德问题，而这正是哲学所要给予他的。

人在道德境界中生活的衡量标准是"贤"，它的含义是"道德完美"。人在天地境界里生活，则是追求"成圣"。哲学就是启发人追求"成圣"。在本书第一章里我曾说，成圣是人所能达到的生命最高点。这便是哲学的崇高任务。

柏拉图在《理想国》一书中曾说：哲学家必须从感觉世界的"洞穴"里上升到"智性的世界"。哲学家如果是在智性世界中生活，他也就是超越于人间世。在这样的境界里，最高的成就是和宇宙合一；在这种和宇宙的融合中，他也超越了智性。

在前面我们已经看到，中国哲学强调一点：圣人并不需要为当圣人而做什么特别的事情。他不可能施行神迹，也不需要去那样做。圣人所做的事无非就是寻常人所做的事；但是他对所做的事有高度的理解，这些事对他有一种不同的意义。换句话说，寻常人在蒙昧状态（佛家称之为"无明"）中做事，圣人则是在完全自觉（觉而又悟）的状态中做事。禅僧常说："觉字乃万妙之源。"由厕身宇宙之中的"觉"而直觉地"悟"到和宇宙融为一体，这便是天地境界。

因此，中国人所说的圣人，既在世界里生活，又不属于世界；中国哲学既是现世的，又是彼岸世界的。随着未来的科学进步，我相信宗教的教条和迷信将让位给科学，人对于彼岸世界的追求将在未来的哲学中得到满足。这个未来哲学既是现世的，又是彼岸的。在这方面，中国哲学可能有所贡献。

第五节　形而上学中的方法论

在《新知言》一书中，我提出，有两种方法，即：正的方法和负的方法。正的方法的实质是讨论形而上学的对象，这成为哲学研究的主题。负的方法的实质是：对要探讨的形而上学对象不直接讨论，只说它不是什么，在这样做的时候，负的方法得以显示那"某物"的无从正面描述和分析的某些本性。

在本书第二章里，我已经表示，同意诺斯洛普教授所说，西方哲学从不证自明的"公设的概念"开始，而中国哲学则从"直觉的概念"开始。由于这个缘故，西方哲学的方法论是理所当然地由正的方法占统治地位，而中国哲学的方法论则理所当然地是负的方法占统治地位。中国哲学的这个方法论特点在道家思想中尤其明显，它始于混沌的大全，又终于混沌的大全。在《老子》和《庄子》两书中，始终没有说"道"到底是什么，只说了"道"不是什么。而一个人如果懂得了"道"不是什么，也就对"道"有所领悟了。

道家的这种负的方法，如我们先前所述，在佛教思想中又加强了。道家和佛家思想的结合，形成了禅学；我更倾向于把它称作"潜默的哲学"。如果一个人领悟到潜默的涵义和它的意味深长，他便对形而上学的对象有所领悟了。

在西方，康德可以说是在形而上学中运用了负的方法。他在《纯粹理性批判》一书中探索到"不可知"的"物本体"（the noumenon, thing‐in‐itself）。对康德和其他西方哲学家来说，由于"不可知"的不可知，因此，人对它无话可说。既然如此，最明智的态度便是对形而上学止步不前，而以探究认识论领域为限。但是对那些惯于以负的方法来思考的人,"不可知"的不可知,乃是理所当然,从而应当对它缄默。形而上学不是要对"不可知"说出一番话来,而是应当说"不可知"是不可知的。人如果懂得"不可知"是不可知的,对它就是有所领悟了。在这一点上,康德已经作出了巨大的贡献。

在各种哲学的形而上学体系里,无论它们采取的方法是负的方法或正的方法,最后都往往戴上了神秘主义的皇冠。负的方法便是神秘主义的方法。但即便是运用正的方法的哲学大师如柏拉图、亚里士多德、斯宾诺莎,他们的哲学体系的高峰都是含有神秘主义色彩的。在柏拉图的《理想国》里,哲学家见到了"至善",并与之融为一体;在亚里士多德的《形而上学》里,哲学家面对着"正在对思索进行思索"(thinking on thinking)的上帝;在斯宾诺莎的《伦理学》中,哲学家发现自己"从永恒的观点来看眼前的事物"从而享受到"神的智性之爱":在这样的时候,他们除了静默之外,还有什么是可以用语言来表达的呢?用"非一""非多""非非一""非非多"来形容他们这时的心态,岂不更好吗?

因此,正的方法和负的方法不是互相矛盾而是互相补充的。一个完整的形而上学体系应当从正的方法开始,而以负的方法告终。它若不以负的方法告终,便不可能登上哲学的高峰。但如果它不从正的方法开始,便缺少了对哲学来说最重要的明晰思考。神秘主义不是和明晰思考对立的,也不是低于明晰思考,毋宁说,它是超越于明晰思考的。它不是反理性,而是超理性的。

在中国哲学的历史上,正的方法始终未曾得到充分的发展,或者应当说,它被过分地忽略了。因此,中国哲学里缺少明晰的思考,这是中国哲学往往被视为简单的原因之一。由于缺乏明晰的思考,哲学容易幼稚,然而"简明"本身又是一个优点。中国哲学所需要的是:除去幼稚气息,代以明晰思考。有了明晰思考,并不就是哲学的终结,它不过是任何哲学家都应有的思维训练;中国的哲学家们当然需要这样的思维训练。另一方面,人们在西方哲学的历史上也看不见负的方法的充分发展。未来的哲学将在这两者的结合中发展出来。

禅宗里有一个故事说,有一位禅师,每当被问到佛教的"道"如何解释时,他便竖起大拇指,一句话不说,只是让人看他的大拇指。服侍他的小和尚也学会了这样做。一天,禅师看到小和尚也这样做,他飞快地拿刀砍掉了小和尚的拇指。小和尚哭着跑开去。这时,禅师喊他,他刚回头,禅师又竖起了自己的大拇指。据说,小和尚就此得到了"顿悟"。

不管这个故事是真是假,它告诉人,在学会使用负的方法之前,哲学家或学哲学的人,都必须经过使用正的方法这个阶段。在达到哲学的单纯之前,需先穿过复杂的哲学思辨丛林。

人往往需要说很多话,然后才能归入潜默。

英文版编者引言

近年来，有关中国的各种著作不可胜数，但是需要承认，我们西方人对中国哲学的真实知识实在少得可怜。即便是受过良好教育的美国人，如果请他们列举中国的主要哲学家，除非是汉学专家，大概能举出的中国哲学家只有孔子，或可能再加一个老子。这个看法，甚至对一般哲学教师来说，恐怕也不为过。

有关中国哲学的英文书籍和文章为数并不少，但通常不是太专业，就是通俗到了乏味、没有价值的地步。读者现在手持的这卷书堪称是第一本对中国哲学，从古代的孔子直到今日，进行全面介绍的英文书籍。这样一本书出自中国知识界公认的最优秀学者之一的笔下，它的问世，就有了更大的意义。

读这本书的时候，我们会发现，中国哲学的内涵远远超过孔子和老子，或儒道两家著述所涵盖的范围。在漫长的二十五个世纪里，凡西方哲学家所曾涉及的主要问题，中国的思想家们无不思考过。还应看到的是：在多少世纪里，哲学家们所属的学派，尽管还继承了自古以来的名称，其思想内容却随时代的变迁而十分不同了。举例来说，如果孔子像佛家轮回理论所说那样，转世到12世纪朱熹的同一时代，他大概很难想到，朱熹的思想竟成为当时正统的儒家思想。

在这种多样性的后面，我们也会发现，有些主题反复出现，其中之一是冯博士在本书第一章里所描述的"内圣外王"之道。怎样能够得道，从而得以做到内圣外王？如果就精义而不是从字面看，这可以说是中国哲学的中心问题；并且如冯博士所指出的，它使中国哲学具有现世和超越的两重性。这一点是冯博士最近新著《新原道》一书的主题。笔者不敢在此妄论冯博士此书的全部精义，而只想指出：西方仅仅一知半解的这种哲学精神，使中国在西方人眼中成为既有高居峰巅、在松树下沉思默想的圣人，又有十分实际、只问眼前的俗人。

回想20世纪30年代我在北平学习中国哲学与文化其他方面的时候，令我最感愉快的是：1934—1935年间，到清华大学随冯博士读中国哲学。当时，冯博士刚完成他的两卷本巨著《中国哲学史》的第二卷。这部书很快便在中国的同类著作中居于数一数二的地位。有一天，冯博士问我，是否知道有什么人愿意从事把此书译成英文的工作。结果是，我承担起这项工作。1937年夏，日本刚发动侵华战争之际，我所翻译的冯博士《中国哲学史》第一卷出版。当时，我期望在两三年内，可以完成此书第二卷的翻译工作。

此后，我因工作关系离开了中国，接着是漫长的战争，还有其他的任务打断了我的原定计划。直到1946年秋冯博士应聘到宾夕法尼亚大学担任客座教授，我才得以重新开始原先的计划。自此以后，我选择了冯博士的《中国哲学史》第二卷中的若干章，有的已在哈佛燕京学社出版的《哈佛亚洲研究》杂志发表，有的即将在该刊发表，其目录已收入本书参考书目。由于得到富布赖特法案资助，美国学者可以到中国和其他国家进行研究，我将于近期赴北平，计划逗留一年，希望到1949年秋能够完成《中国哲学史》第二卷的翻译工作。

去年，我在宾州大学开始了这项工作。这时，冯博士决心自己动手，把他先前的著作《中国哲学史》缩写为英文的一卷本，并要我予以协助。结果就是现在的这本书。

这本书的内容主题与中文的《中国哲学史》两卷本并无出入，本书第一章到第十六章大致相当于两卷本的第一卷，第十七章到书末相当于第二卷。但本书的篇幅却明显地缩短了。举例来说，我所译的两卷本中的第一卷有454页，而本书比第一卷还减少了50页。其所以能做到这一点，是由于本书删除了原两卷本中一些次要的思想家，对主要思想家所用的篇幅也减少了。本书对两卷本中思想家的生平、著作时间的真伪的考证、参考书目和注释也压缩了篇幅。尽管有这些不同，学术水平却未因此减色，它的资料和诠释都十分准确，立论也平实全面。

本书与一般的缩写本相较，还有其他一些特色。首先，本书是作者为西方读者而写的，因此，它的内容和论述角度和为中国读者写时有所不同。本书的首两章是中文两卷本所没有的，便是一例；第二十七章的大部分也是新写的。

其次，本书里有些结论性的见解和重点，是冯博士自1934年完成两卷本之后的新见解。例如，第三章所概括的理论是冯博士于1936年两卷本所作的一个附录中提出的。在本书末章，冯博士论述他自己的哲学见解，这些见解原来散见于冯博士在抗日战争年间所发表的各部著作，收入本书时，又经作者重新写过。第十九章至第二十二章论述新道学和佛学各章，与两卷本相比，有明显的改动。（冯博士准备对两卷本的有关部分根据本书加以修改，然后再交我翻译。）

本书的内容主题、处理方式和具体写作，不消说，都是冯博士亲自动手的。我的工作主要是考虑西方读者的需要，就语言和易读性做一些编辑加工。本书中的许多引文都是按我所译两卷本的译文，原封不动地搬过来，只做了微小的变动。涉及中国哲学专有名词的翻译，冯博士往往自己已有成竹在胸，或是借用

E. R. Hughes 在《中国哲学之精神》（The Spirit of Chinese Philosophy）中的英文译名。其他许多引文的英译都是新的。参考书目和索引则是我编的。

为一般读者着想，在这里简单回顾一下中国历史的发展，在阅读本书时可能略微省一点力。中国古史传说历来由约公元前三千年以前的圣王尧舜禹等开始。长期以来，中外知识界对这类传说都没有质疑，由此造成中国历史异常悠久的印象。今日，中国史学界已经取得一致的见解：有关古代圣王的传说，是后人编造出来的故事，那些圣王充其量也只是神话中的人物。中国历史中的第一个朝代——夏朝（历来认为其起迄年代是公元前2205—前1766年）也难以确定，只有等待将来考古学的发现来予以认证。

历来认为继夏朝之后的商朝（起迄年代是公元前1766—前1122年），其历史证据较为充分。商都的一部分已经发掘出来，出土了一大批刻在甲骨上的文字。这批甲骨文就是本书第十二章谈到的卜辞。

继商以后的周朝（前1122？—前255）留下了丰富的史料。周朝也是中国哲学史上的黄金时代。在它的最初几个世纪里，黄河中下游谷地的一大批小国都臣服周王室，这种君臣关系大体上和欧洲中世纪的情况相仿。随着时间的迁移，这种封建体制逐渐瓦解，出现一批独立的国家。它们彼此之间进行战争，再加上政治、社会、经济的动乱，严重削弱了周朝的统治。面临种种紧迫的社会政治问题，人们要寻求解答，于是中国出现了第一次有组织的哲学思想运动，它构成中国古代的灿烂文化。孔子（前551—前479）是这批哲学家中间最早的一个。继他之后，兴起了一批哲学家，他们各抱不同的思想主张。本书的第三章到第十六章的内容就是讨论这些思想家的不同主张。在政治史上，孔子以后的几个世纪（前480—前220）通称为战国时期。

秦国并吞六国后，于公元前221年建立秦朝，第一次建立了真正统一的中华帝国。秦朝以中央集权、由中央政府委派地方官僚代替了过去各地区贵族割据、政权世袭的制度，由此开创了中国自此以后历朝的政治体制。这是中国政治史上，除1911年推翻帝制、建立民国之外，最重大的历史变革。

秦朝为达到它的政治目标，采取了严酷的手段，由此激起的反抗使秦朝很快便被推翻。它进行的统一中国的工作在继起的强大的汉帝国（前206—公元220）统治下继续进行。在汉帝国统治时期，中国的疆界扩张到今日中国本部的大部分，包括新疆的大部分。与政治统一伴随而来的是思想的统一。周朝的诸子百家，作为单独的学派不再存在，但它们的思想往往融入了儒家或道家。儒道两家这时成为两大主要的思想流派。本书第十七、十八两章便是叙述这个发展。

两汉四百年统治之后，继之而来的四百年也许可以称之为分裂时期（221—

589)。在这四个世纪的大部分时间里,中国南方分裂为许多统治时间不长的小国,北方也同样分裂成这样的一批小国。有些北朝的小国由非汉族的游牧民族组成,却跨越长城,在长城以南建立了国家。过去中国历史上,把这一时期看作"五胡乱华",看作"黑暗时期",因为民众遭受了许多苦难。但在文化上,这是非常杰出的时期。在哲学上,儒家思想暂时消沉,代之而起的是新道家和佛家思想。这两个流派的思想介绍便构成了本书第十九章到第二十一章的内容。

隋朝(589—617)唐朝(618—906)在政治上重建了中国的统一,不仅国力得到发展,文化也登上发展的高峰。在唐代,佛教也获得空前的发展。其中的禅宗是本书第二十二章的内容。自此之后,佛家在中国渐趋没落。另一方面,儒家却再度兴起,并在思想界建立起主导的地位。本书第二十三章开始的地方描述了儒家复兴的初期情况。

唐朝覆灭后,有五十年动荡不定。然后宋朝(960—1279)兴起。它虽在政治上不如唐朝强大,但在文化上却创造出同样辉煌的成就。从思想史看,这一时期里,儒家思想重新兴起,其繁荣为汉朝以来所未有。这场哲学运动在西方称为"新儒家"。本书第二十三章到第二十五章,对这段历史作了介绍。

取代宋朝的是元朝(1280—1367)。它是全中国第一次被一个非汉民族——蒙古族——所统治,这一点在文化上的影响倒并不很大。明朝(1368—1644)使中国回到汉族统治之下。从社会生活来说,明朝比元朝愉快些,但社会经过一番剧烈变化,文化却没有相应的新鲜气息。在哲学思想方面,值得一提的是:心学发展到了高峰。本书第二十六章叙述了这个发展。

在清朝(1644—1911)统治下,中国再度由非汉民族的满族统治。直到19世纪之前,清朝统治的中国繁荣昌盛,版图甚至超过了汉唐;在文化方面,有的领域有所前进,有的领域则出现衰退。19世纪以后,清朝统治走下坡路,内部衰弱和西方工业国家的政治、经济压力接踵而来。这些发展对思想领域的影响,请看本书第二十七章。

1911年的民国革命,推翻清朝统治,也推翻了世界最古老的王权体制,成为中国历史的一个转折点。1912年,中华民国成立。此后几十年间,中国在社会、政治、经济各方面都亟待改革,这些改革,在西方国家用了约三个世纪,中国只能迎头赶上。改革在短时间内纷至沓来,势必造成内部在政治和思想上的动荡,外国又乘机进行侵略压迫。我们环顾西方各国,同样可以看到:这一时期发生着巨大的变革,它的后果,现在还难以预料。中国的未来难以预料,也是不足为奇的。但中国过去的历史不止一次地告诉人们,中国人常常能够战胜种种困难向前进,尽管需要为此付出巨大的代价。现在中国人同样能够做到这一点,重要的是：世界各国能够迅速吸收中国政治思想中的天下为公思想（见本书第十六章到第二十一章）。中国在它未来的变革中，势必要抛弃许多过去的意识形态，但是，其中也将有一些会保留在世界的哲学遗产之中。中国哲学在哪些方面能对世界有所贡献，冯博士在本书末章对此进行了探讨。

德克·布德[1]

---

[1] 德克·布德（Derk Bodde，1909—2003），美国宾夕法尼亚大学汉语研究中心教授，一生致力于向西方世界介绍中国历史及文化，曾用二十年时间，将冯友兰先生两卷本《中国哲学史》译为英文。1946—1947年冯友兰先生在宾夕法尼亚大学用英文讲授中国哲学史，此英文讲稿后由布德整理成书，就是这本《中国哲学简史》。

译后记

冯友兰先生的《中国哲学简史》英文版由美国麦克米伦公司于1948年出版，迄今已经半个多世纪了。在这半个多世纪里，世界和中国都经历了巨大的变化，冯先生也已经仙逝多年。但是，细心的读者读冯先生的这部著作，会觉得如同是新著一样。为什么会是这样？我想，原因之一是因为，冯先生治中国哲学史六十余年，他不仅是迄今无出其右的中国哲学史家，而且是"贞元六书"的作者，自己就是一位哲学家。《简史》问世之时，是在冯先生两卷本《中国哲学史》出版十几年，又在"贞元六书"完成之后；资料是古代的，眼光却是现代的；运用史料时是史家，探讨问题时却是哲学家。就篇幅说，此书远少于《中国哲学史新编》；就内容说，却正好最鲜明地表现了冯先生自己的特色。原因之二是，冯先生轻松驾驭着中国哲学史和西方哲学史这两部历史，来写作这部《简史》，思想资料是中国的，考虑哲学问题的眼光却是世界的，这是迄今在国际学术界还未见有第二位能做到的。这本书引人入胜，就由于它的这些特色。

翻译本书，如同探险，个中乐趣，其味无穷。念自严几道先生悬"信、达、雅"为译事三难之后，三字已成翻译通则。朱光潜先生认为，三字中，"信"字最为重要，这不难理解，但要做到，并非易事。翻译外文书刊，大概诗歌、哲学两类著作最费斟酌。这两类著作如果依循原著，逐字逐词按字义翻译，应不是十分困难；难的是在翻译这两类著作时，不能只满足于"形似"，还要求其"传神"。这本是中国文化传统中对艺术的要求；仔细想一下便能发现，无论是诗人、艺术家、哲学家，都往往是社会里受过一定教育、有一定生活经历而十分敏感的人，在物质和精神两方面生活的磨难中对历史、时代、社会、人生进行反思。社会变动越急剧，这种反思也越像大海波涛一样无法自已。人的生活感受往往超过自己用语言文字表达的能力，为此而"言不尽意"。在中国，还有时是由于两千年专制统治形成的社会环境限制，而不能畅所欲言，于是只好运用比喻和暗示而"意在言外"。诗人、艺术家、哲学家除了在自己作品已说的之外，常"言有尽而意无穷"。视听艺术诉诸人的形象思维，语言艺术则离不开语言，因此，中国的诗人和哲学家都同样强调"言外之意"。艺术家的手法和哲学表达自己思想的方式,在这一点上十分相似,这成为中国艺术的特色,也成为中国哲学的特色。为此,诗歌和哲学著作的翻译,往往需要迈过"形似",而要求"传神"。如果低于这样的要求,译者便难免会感到内疚。这是我在翻译本书时,常常深夜扪心、惴惴不安的地方。举例来说,魏晋以后十章,在书中篇幅虽较先秦、两汉部分为少,而涵盖历史事件和时间则远超过前半,牵涉的问题也远超过前半。

第十九、二十两章

第十九章标题:"Neo – Taoism: The Rationalists",布德教授的英文标题在逻辑上似略有毛病,"ism"是学说,后面"ist"则通常是指人,前后不够一致。但英文原文在中间使用的冒号":"也可以使它有另一种理解,作者是说:"新道家是一种理性主义者"。中文旧译:"新道家:主理派",是可以这样理解的。但接下去,第二十章标题是"新道家:主情派"。读者在这里不免要问:冯先生的意思是说,新道家既是"主理"的又是"主情"的,抑或新道家中既有一个"主理派",又另有一个"主情派"呢?中文旧译本对十九、二十两章的标题分为"主理派"和"主情派",很容易使读者体会成他们是两派,这究竟是否冯先生的原意?如果冯先生认为,新道家中有两派,则第二十章的内容和第十九章的内容应该针锋相对,表明是两派;而现在冯著第二十章的内容在于该章末尾结束语所说:"晋代新道家风格的特点和当时所谓'风流'的实质","重理"和"任情"在第二十章里,都从属于解释"风流"。这样,第二十章的主人公和第十九章的主人公就不是两批人,而是同一批人了。既是同一批人,处于同一个时代,为什么在本书里又分写为两章呢?我的体会是为了着重说明"晋代新道家风格的特点和当时所谓'风流'的实质"。这个问题为什么值得中国哲学史家特别关注呢?我体会,这与冯先生对哲学的认识:"哲学是对于人生的有系统的反思"有内在的关系。中国历史上,先秦、魏晋、晚唐、南宋等,都是社会剧烈动荡的时代。在这样的时代里,旧的社会秩序被打乱,社会结构被破坏,思想界、知识界为自己、也为社会寻找出路时,首先遇到的是与王权的关系。如战国时期屈原和楚怀王的关系;西汉初,刘邦当上皇帝、踌躇满志后,张良与刘邦的关系;东汉末诸葛亮《诫子书》中说"淡泊以明志,宁静以致远"的人生哲学。但在"士"来说,仅仅超脱了眼前政治的激流漩涡,却还未曾超脱历史。个人既无法左右历史,只有在精神上努力超脱,这正是魏晋文士面临的人生处境。"风流"便是魏晋文士的生活态度和生活风度,这对外界现实,无论是物质或非物质,都毫不粘着,不为物役;"风流"是指事物本质所具的神韵,可以不需要文字语言,却自然在人的生活中表现出来。因此后来司空图在《诗品》中可以说:"不着一字,尽得风流。"鲁迅曾有文,论不少魏晋文士服用药酒,引起全身燥热,为此衣带必须宽松,动作自然从容。这项考证似并未体现出魏晋文士的真正精神面貌。古代思想史著作中,像冯先生此书对魏晋文士思想和风格提出一个完整的认识,在中国哲学史上实属首创。冯先生不仅介绍魏晋文士特有的精神面貌,在介绍北宋五子时,同样把周濂溪教二程"寻孔颜乐处"、把张载《西铭》重点介绍出来,刻画出中国古代思想家的风貌。鲁迅曾认为,中国文人若不做官,便隐居山林,隐居其实只是为做官提高身价。这是讲受儒家思想影响的文人。冯先生在这里指出:中国除浸透儒家思想的"儒生"外,还有另一种读书人,身上另有一种超越世俗的气质,这不仅是由于"学",由于道家和佛家思想的蕴积,还由于乱世给人的锤炼。"道"既无在无不在,在求道之人的身上,也无时不在,在战乱之世就更突出。这是中国哲学的精神,它不仅是时代精神,也是中国文化、中国哲学一贯的精神,这也是中国传统文化教人领会的"美",也是中国哲学所讲人之所以为人的精神所在。冯先生的哲学挚友金岳霖先生在他的名著《原道》一书全循逻辑阐明中国哲学之后,最后说,只讲理性之人并不可爱。王国维先生曾叹息读哲学时,自己所信的不可爱,认为可爱的却又不可信,因此而苦恼,以致不得不放弃哲学。王国维、金岳霖两位所苦恼的,正是西方哲学的窘境。冯先生在本书末说到中国哲学可能对西方哲学有所贡献的是在精神境界方面,也正在此。因此我觉得,十九、二十两章是冯先生此书精义,垂范后世之处。而旧译在此处给读者的印象,似乎突出了两派,却贬低了原文要讲的时代风格("风流"实质)。从英文看,"sentimentalists"通常译作"感伤主义者",也可作"多情善感的人",勉强译作"重情"是可以的,但如果把"主情"和"主理"对立起来,则恐不是原著本意。细读第二十章,着重讲的是魏晋名士的"风流"的实质,明确提到两派的是一句话:"在这里,只需指出一点就够了:虽然许多新道家注重理性,但更有许多人是重情的。"这里指出,"虽然许多"新道家注重理性,同时,"许多人"也重情。我的理解,这话的涵义,重点在于讲新的道家虽然崇尚理性,同时却又是重情的,是充满人性的。这是新的道家的两重性,也是特性。原书在此因是标题,只能简略,故而比较含糊。旧译循英文本标题,而把它延伸到新道家分"主理""主情"两派,对读者似易误导。现把第十九章标题译作"新道家:崇尚理性的玄学",把第二十章标题译作"新道家:豁达率性的风格"。与布德教授的文本略有出入(旧译也有类似做法,如把英文本"杨朱的乐园"改译为"《列子》的《杨朱》篇"),但对原著内容是否较为忠实一点?

第二十三章

本书原文用"新儒家"。现在学术界用"新儒家"一词来指20世纪的儒学和这一派学者，现已流行成俗。为此，拙译中，对第二十三至第二十六章，凡"新儒学"译作"更新的儒学"，"新儒家"译作"新的儒家"，以区别于20世纪的"新儒学"，便利当今读者。

旧译第二十三章标题"新儒家：宇宙发生论者"。按布德教授英文本是"Neo-Confucianism：Cosmologists"。在西方，Cosmology是"宇宙论"；"宇宙发生论"则另有英文专用术语是"Cosmogony"。西方从事哲学工作的人都对宇宙的本体论和发生论加以区别。在中国，阴阳五行学说是宇宙发生论，讲"宇宙心"，"宇宙之理"则更多是属于本体论范围，因此，还是回到布德教授用词"cosmology"，译作"宇宙论"。

第二十四章

末一节标题"寻求快乐"，旧中译本循布德教授英文本用词，本无缺失。但这是西方哲学的概念，西方哲学所说的"寻求快乐"与新的儒家所讲的生命之"乐"，只是"形似"，在实质上是不同的。冯先生讲中国哲学史，从智性的探索开始，以智性的"生命之乐"为终结。无论前面所说的"风流"实质和此处讲"快乐"都是中国哲学思想精华，为以前易遭冷落处，这是以哲学为工具和以哲学供自己（亦即人人）受用的根本不同之处。冯先生此书的引人入胜之处、净化人心之处、精彩之处，窃以为要从这些地方去找。现根据原著内容，将小标题改译为"寻孔颜乐处"，行文和旧译也略有不同。翻译工作按译者的体会，似乎有两个过程：第一步是循词探意，理解原著的文字；然后，第二步所要求的是循意探词。翻译本书时，译者常常设想的是：如果冯先生这时是在讲课，他会怎样讲呢？这可能是一种冒险的设想，但翻译本来就是冒险。翻译本书，只能循中国哲学之意、循冯先生之意，来探求译文如何达意，因此总是设想几种方案，经过比较，才敢论定。

第二十八章

第二十八章是全书结束，也是全书高潮。末后，作者说："在各种哲学形而上学体系里，无论它们采取的方法是正的方法，或负的方法，最后都往往戴上了神秘主义的皇冠。"原文作"The great metaphysical systems of all philosophy,……have crowned themselves with mysticism."旧译作"哲学上一切伟大的形而上学系统……无一不把自己戴上'神秘主义'的大帽子"。译者体会，冯先生这话是十分严肃、十分深刻的话。哲学通常分"宇宙论（本体论）""人生论（包括伦理学）""认识论"三部分。西方哲学自前苏格拉底时期，探索的是宇宙本质，即本体论，即形而上学。中国哲学史上，最初也是探索对外部世界的总体认识，然后探索人世、人事变化及其所由来。人从已知出发，去探索未知，这是对无限的探索，最后总要到达人的认识的边际极限，所谓"神秘主义"，其实无非是指到达认识边际极限后，人向前眺望自己不懂得、无法加以解释的东西，只有称之为"奥秘"。说到"这是奥秘"，意思是说，在言语所能及的范围里，这是最后的一句话了。这可以说是为前面所说自己的理论"戴上冠冕"。任何严肃、实事求是而谦虚的哲学家都会承认自己认识能力"有限"，已说的话已经说到了头，再向前就无法多说，只能称之为"神秘"了。也就是冯先生在本书最后所说，已经说了许许多多话，然后应该进入潜默，也就是神游于无限了。英语行文可以称为"戴上神秘主义的冠冕"，但这不是"戴大帽子"！此书旧译把"戴上皇冠"（crown）译成"戴大帽子"，恐不免"以词害意"。所以，此处按"冠冕"本意行文，译作"戴上皇冠"。

冯先生在本书第一章末后对翻译讲了十分精辟的见解，说："一种翻译，终究不过是一种解释……实际上，除了译者传达的这个意思，原文还可能含有许多别的意思。原文是富于暗示的，而译文则不是，也不可能是。所以译文把原文固有的丰富内容丢掉了许多。"翻译此书时，常常吃惊，冯先生此书写作于五十多年前，怎么竟像是对着当前的时代，为新的一代而写的新著一样？从书中读到冯先生的思想风采，心向神往，希望不要轻忽辱没一分一毫。同时又觉得能做的十分有限，为此战战兢兢，如履薄冰，自知缺点错误在所难免，敬请读者随时指正。在惴惴小心之中，又因为窥见了一座大花园而有一种喜乐。这是翻译本书特有的一种经验，一种受用。

赵复三
2004 年 7 月 15 日